阳乐谐然德义化习庸遥非悲人字维行死名信照在性悟止定明神官静笑爱儒修
阴礼和自道仁文学中逍是慈大数思知生姓诚观自心感

中国传统文化

33个关键词

韩书堂◎著

人民出版社

责任编辑：姜　虹

图书在版编目(CIP)数据

中国传统文化33个关键词/韩书堂 著. —北京:人民出版社,2022.3
ISBN 978-7-01-023636-0

Ⅰ.①中…　Ⅱ.①韩…　Ⅲ.①中华文化-研究　Ⅳ.①K203

中国版本图书馆CIP数据核字(2021)第154179号

中国传统文化33个关键词
ZHONGGUO CHUANTONG WENHUA 33 GE GUANJIANCI

韩书堂　著

人民出版社 出版发行
(100706　北京市东城区隆福寺街99号)

环球东方(北京)印务有限公司印刷　新华书店经销

2022年3月第1版　2022年3月北京第1次印刷
开本:710毫米×1000毫米 1/16　印张:18
字数:276千字

ISBN 978-7-01-023636-0　定价:68.00元

邮购地址 100706　北京市东城区隆福寺街99号
人民东方图书销售中心　电话 (010)65250042　65289539

目　录

阴 阳

“阴阳”是中国文化的元范畴。“元范畴”意思是最原始的范畴，具有最强的概括性、高度的抽象性和广泛的适用性。几乎任何现象的产生、构成、状态、发展，都可以用“阴阳”来解释。所以，“阴阳”在中国文化的各个方面，如儒、道、佛、易、医思想，所有的器物文化、制度文化、生活文化等，都能发挥解释的功能。《周易》之所以在中国文化和中国人的生活中具有如此大的影响力，原因就在于此。“易”是“一以贯之”于中国文化的思想、观念、工具。懂得了“易”，就懂得了“阴阳”及其原理，在学习、体验、实证儒、道、佛文化，在修养、修行和具体的生活方面，就能够充分享受中国传统文化的馈赠，使自己的人生有深度、有厚度，大幅提升幸福度。

世界生于“道”，万物有阴阳。“阴”与“阳”的对立统一，是中国哲学思想的基石。“一生二”，“太极生两仪”，继之以“二生三，三生万物”，“三为万物之母”，以及“两仪生四象，四象生八卦”，世界从绝对抽象的“道”，经过不断的感性化、具体化和物化，渐次展开、呈现为现象世界。这一思路与黑格尔的“精神现象学”类似。中国早期智者，对世界进行高度抽象，根据现象世界万事万物的不同属性，概括、归类为“阴”性与“阳”性两大对立的方面：“阳”者，为天，为男，为热，为光，为化，为气化，为尖突，为主，为强，为刚，为雄，为有余，为牡……“阴”者，为地，为女，为寒，为暗，为聚，为实体化，为凹进，为次，为副，为柔，为雌，为不足，为牝……举凡阴阳之例，包含南北、天地、日月、昼夜、寒暑、春夏和秋冬、雷电和雨雪、君臣、夫妇、男女、律吕、奇偶、动静、开合、阳间和阴间、生杀……

世界来自哪里的问题，是哲学和宗教共同要探索和回答的问题。这是个本体论问题。世界万事万物纷纭复杂，千头万绪，各不相同。在认识领域，人类总是有一种抽象的本能：这些事物的共性是什么？它们有共同的来源吗？当然有，中国古人的回答就是“道”。老子的回答最为经典。首先，“道”是不可言说、不可解释、不可描述的东西，是无形无象、看不见摸不着、不可把握的东西。其次，“道”是世界所有事物的源泉、母亲，生产化育万事万物，并为之安排秩序（“天地位焉，万物育焉”）。再次，“道”“功成弗居”，造化万物之后，退隐于事物内部。最后，它虽然无形无相，但它又是广泛存在于事物当中。“道”，“须臾不可离也，可离非道也”。这个“道”，古人用图式化表现出来，就是我们熟知的太极图。“太极”，就是“最极”的意思。事物到底从何处来？事物最大、最小是什么样子的？这个“最”，就是“太极”。而“太极”就是“无极”，追问没有终点，如果非要给它一个终点，那就是“无”。而“无”就是“有”，因为“道”就是一切；而一切都是“无”，因为具体的事物是有生死、增减、变化不定的，是“无自性”的。所以，什么是“有”，什么是“无”？不必区别它们，只是回答说，一切都是太极图表示的“道”，就可以了。

找到了世界的起点，那么下面的问题就是要解决世界怎么生成。“道生一，一生二，二生三，三生万物”，简捷明白。“道”即“一”，“道”是抽象的“一”，所以道家把“道”又称为“无”。“一”是具体的“道”，所以“道”又是“有”。所以，“道生一”，有生于无，无中生有。世界源于“一生二”。我们看太极图，圆形的太极图是由恋人一般缠绕在一起的俗称“阴阳鱼”的两个部分构成的，二者首尾相接，盘旋不止，相依相生，互动互根，这就是“阴阳”，而“阴阳”的这种关系就是“辩证法”。这种关系也就是老子所说的“返者道之动”（转圜之功，回环、缠绕不止），道的运行原理就是如此，世界的运动原理也是如此。周敦颐的《太极图说》有一段这样的描述：“无极而太极。太极动而生阳，动极而静；静而生阴，静极复动。一动一静，互为其根。分阴分阳，两仪立焉。”是故“易有太极，是生两仪”。这就是“太极生两仪”，太极生出“阴”和“阳”来。继续下来就是“二生三”。周敦颐还说：“（阴阳）二气交感，化生万物。万物生生，而变化无穷焉。”阴阳和合化生，万物以此产生、发育并获得秩序。如男女化合生子为三人，天地人构成“三才”，生出天地间的现象万物。《周易》的“卦”，每一卦都是由三爻构成，这个由三爻构成的基本元素，再经过叠加化合形成六十四卦以至于无穷，就是“三生万物”。这也就是“两仪生四象，四象生八卦”以至万物的过程。对人而言，人生出来了，环境形成了，文明也就有了基础。

这是一个“从无到有”的世界生成过程；同时，还有一个与此相反的“从有到无”的过程，即“回归”。人们有对世界进行抽象认识的精神冲动。世界太复杂、太多样，人们感觉对世界应接不暇，不能全面掌控，充满畏惧和崇高感。同时，物质文明在养育人类的同时，也使人们被物化得越来越严重，离“道”、离自己的本来面目越来越远。解决人们“生之痛”，成了哲学、宗教和思想的必然命题。人们需要简化，需要把对人生多余的东西抛弃，需要把过于动荡的因素去掉，需要消弭由区别造成的两个对立因素之间的鸿沟，使人不再受物质因素、外力因素带来的情感与心理上的分裂与撕扯、矛盾与斗争干扰。追求“静”和“净”的简捷、轻松、简单，使自己止、定、静、安——知道适可而止，止于至善，然后就能安定、安稳、不游移、不动荡、不三心二意、不心猿意马、不欲壑难填，然后就能静心凝神，最后做到“安心”。这就是哲学的探索、宗教的修行和人生修炼的内容。由此，哲学、宗教就在走着一个相反的道路，就是如何从纷繁复杂、压抑与异化人的物性世界，经过简化、抽象，回归到大道本身去。他们抽象出来一些符号，如文字、公式，或哲学的表述、宗教的教化、道德的律令等。符号最终简化成“三”（“三”是最稳定的元素），“三”简化成“二”，“二”简化到“一”，“一”就是“道”——与世界的生成的过程相比，这是一个逆向的、回归的过程：从复杂到简单，从现象到本质，从万事万物到“一以贯之”之“道”，也就是人生从被异化为非我、物化成对象、失去本真之心的痛苦向着本我、真我、符合大道之我的“本来面目”的回归。这个“回归”（“返”）是通过“损”（做减法、断舍离）而达到的；不断地“损”，就回到“太极”这个“道”了（“损之又损，以至于无为”）。而若一个人真的能回归到道体本身，那就是道家的“至人”“神人”“圣人”“仙人”，也就是儒家的“君子”，佛家的“佛”或“菩萨”了。此时此刻此境，这个人与“道”没有任何不同，意思是，这个人是万物又不是具体的万物，所以他处于万物之中却不受万物的伤害、没有具体事物的累赘，他具有万事万物的任何可能但是却凌驾于万事万物之上的“道”。它无处不在、支配万物却不受万物的伤害。（庄子《逍遥游》：“肌肤若冰雪，淖约若处子；不食五谷，吸风饮露；乘云气，御飞龙，而游乎四海之外；其神凝，使物不疵疠而年谷熟。”“之人也，之德也，将磅礴万物以为一，世蕲乎乱，孰弊弊焉以天下为事！之人也，物莫之伤，大浸稽天而不溺，大旱金石流、土山焦而不热。是其尘垢秕糠，将犹陶铸尧舜者也。”）这是道家阴阳生克、有无不二的神仙境界。佛家的回归是由虚假（有）向真实（空）切入的。佛教认为，“世界”是因缘而生，心性（即“道”）是真实的，所以，由有到空、由虚假向真实的回归，是佛教的修行之路。产生于我们的感觉器官与意识（五蕴）的世界，没有自性，它是时时生时时灭、时时增时时减、有时干净有时污染从而没有定性、没有自己的本性，而我们的心性却被这种“客尘”污染、蒙蔽，认假为真，认为这种源于感觉或意识的、虚假不实的外物，比如金钱、美女、美食、美声、各种物性的存在是真实的，从而产生对于外界虚假之物的“执着”。这正是我们“痛苦”的根源。我们必须要放下（不执着）这些虚假之物，回到原初的那个“本心”“本性”“自性”；放下二元对立的观念给人们带来的痛苦，认识到“不二一体”的本质，回归到空空一如、澄明一体的圆融状态。于佛家而言，这就是涅槃，就是人生的解脱。这与道家向着大道的回归，是同一道理、同一模式。当然，佛教更为深刻的一点在于，回归到这个原初的心性还不能算完：如果认为有一个原点可以回归，有“空”可以把握，那是一种新的执着——空亦是空，连“不执着”都不要执着、成佛也不要追求，所以真正的佛是呵佛骂祖的，是真正的“目空一切”——这才是完全的“放下”。这样的“空”，就“空”掉了一切，连“空”也被“空”掉了，从而进入“惺惺寂寂”（既安定又清楚明亮）的空寂状态，萧索而散淡。但是，中国化的佛教即禅宗还是从中国人的角度给出了与印度佛教稍微不同的路向：生活还是很重要的，生命还是很有诗意的，生命与生活还是要执着的，所以，我们要有“禅意”——在日常生活中，“自然”地沉浸于诗意的澄明与融合当中：放下又要担当责任，不执着还能精进进取，拿捏好度，自然随意即可。

这个“回归”或“简化”的过程，在学理上，实际上是对“阴阳”二元对立关系的否定。中国文化与西方文化不同，中国文化是一元思维。“阴”与“阳”，不过是一个学术性的或逻辑形式的假设、假定，是暂时的概念设定，是观察的理想角度。并不存在“阴”与“阳”。一旦“分析”完成，“阴”与“阳”的观念及其对立就应该随即被放弃，因为世界没有二元的对立。二元系统，只是一个理论分析框架，对立不是终极，统一或同一才是本质性相。二元范畴、二元概念或观念，只是一个理论分析的状态、过程，而不是对于世界本相或本质的认识。世界是一元的，世界的本质，必然是与道相合的“不二圆融”“混一冲和”，只是因为，要对世界进行更真切和准确的把握，理论势必要进行对世界整体的“分析”——“分”即以工具一分为二，“析”即以工具把整体人为割裂为部分，“一”的世界必须“分析”为“二元”的理论形态，即哲学性思维的“阴与阳”“有与无”“色与空”等。

立足于这个假定的、暂时的、纯粹意识的二元观念，以及这个二元观念间的辩证关系，中国文化生成了独到的观念系统与思想体系。例如，个人与外在关系的“内与外”（物与心、理与欲）、“群体与个体”（自由与体制、他在与自在、国家与个人）、“自然与人”等；心性修养方面的“善与恶”“理与心”“情与性”“悟与迷”等；价值理想的“实用与理想”“有用”“无用”等；社会政治领域的“礼与乐”、法与情、循与酷等；人生行为规则方面的“持守与放下”、进与退等；语言学与哲学领域的“名与实”、“道与术”、“知与行”、知识与义理、渐与顿（格物致知与致良知）、诗与思；等等。这些二元概念，就是为了理论分析而设定的具体概念。这个二元系统，构织成中国思想的理论体系，形成了历史源流，解释了世界现象，指明了实践道路和方法，是中华文明的精神核心和宝贵资源。

然而，对立的二元不是绝对的，而是相对的；不是客观存在，而是主观意识；不是终极的世界本相，而是暂时的理论工具。二元对立的观念只相当于一个登天的云梯，一旦登天完成，这个云梯就应该撤掉。这个“天”，就是“道”，具体化为天人合一、心物合一、人我合一，就是“冲和”，就是融通，就是统一或同一，就是仁和平定静止，就是无漏智慧，总而言之，就是明明白白、清清楚楚存在于那里的“一”这个至简之“道”。

二者是“对立的”、多元的，最终却是“一体不二”的，“不一不二”就是中国思想中最重要的辩证法元素。阴阳相生相克，相克即是相反性的属性，相生即是互依互在互存的属性。“阴”与“阳”“互根”——二者互相作为对方的源头，无阴即无阳，无阳即无阴；“阴”与“阳”“互体”——二者是相比较而存在的，没有对方，自己也就不存在；“阴”与“阳”“对立”——面对面的存在，既是一种矛盾，又是一种亲昵的不可分离；“阴”与“阳”“消长”——此消彼长，你短我长，你进我退，你退我进，你多我少，我多你少，二者合起来，才能“圆满”；“阴”与“阳”“转化”——阴不会永远是阴，阴会转化为阳，阳不会永远是阳，阳会转化为阴，无阴无阳，无阳无阴，阴即是阳，阳即是阴；“阴”与“阳”“平衡”——阴阳相反相成，首尾相接，但体积、力量相同……相亲相杀，相生相克，相互依赖，相互制衡，相互转化，处于动态的平衡当中。没有静止的存在，没有绝对的肯定，肯定即是否定，否定即是肯定，否定再否定，以至于无穷。这就是新陈代谢，就是发展前进，就是辩证法。

“世界”生于“道”（“一”），万事万物分“阴阳”，复杂、变动的现象复归于“道”（“一”），这就是“世界”从产生、存在到发展变化的基本面。其中，“由二而一”、由“分殊”而至“理一”的过程，包含了中国人的世界观（“道”“一”）和致思方式（大道归一、一以贯之、执两用中与不二一体、圆融混一）。对于“道”的探索、追求和执着，坚持“世界生于道且最终必复归于道”的理念，是中国文化和智慧的根本核心，也是打开伟大的中华文明精神奥秘的钥匙。

“阴”与“阳”两个方面的东西是现象性的存在，是能够为我们感知的世界，是动态的、没有定性的现象，所以是虚假的，而不是宇宙的真实。宇宙的真实是不二一体的，处于动态的否定中，而我们的感觉器官感知到的那个固定的、静止的、可以描述的世界，与本质、本然的世界并不等同。此即所谓“假”的原理。世界是缘起的，而缘起者性空，空无自性，随时生灭。世界是由我们的“五蕴”即眼耳鼻舌身感知到的，感知的信息在“意”即意识层面上显示，即我们身处其中的世界。而这个世界呈现为二元对立的两个方面，于是有了天地、男女、高低、美丑、穷富、贵贱、善恶、利害等的区别，于是我们就在欲望的驱使之下，向往追求好的而规避坏的，于是就有了执着之心，于是就有了痛苦的轮回。所以，修行的目的就是，认识到缘起性空，抛弃我们对“世界”的二元区别，以不二一体、无差别的世界观，放弃对世界的主观自我的判断，回归到本无区别、不必判断的干净而安静的本来状态，归于寂静的涅槃或禅境，也就是心性自身的“自性”。老子在哲学上论证了“道”的冲和不二性，庄子通过《逍遥游》说明放下二元差别的错误，在《齐物论》中直接论述世界无差无别的一体状态。儒家思想者们虽然强调具有差别的社会等级性（“礼”），但他们还是要在保持社会差异等级的同时，追求一个和谐而非对立的世界与社会（“仁爱”“诚一”）。“一以贯之”之“道”，仍然是儒家思想的最终价值。所以，对世界的分析，始于阴阳二元的对立，却必然终于一元之“道”的整体合一。在这个过程中，二元对立的“阴”与“阳”，在不断地沿着圆形的周边做相向的运动、变化中，呈现为向相反方向的转化，最终统一与互化。阴阳是和合的，乃至于是一体的、无分别的，“阴”即是“阳”，“阳”即是“阴”。在佛家那里，被表述为是就是非，真即是假，有就是无，善就是恶，即色即空，即有即无，即是即非，无善无恶，真空妙有。在禅宗那里更是表达为“是心是佛”乃至于“非心非佛”。庄子说“有用”与“无用”，也本无差别，“有用者”未必真的有用，“无用者”未必真的无用，而应该是“小大由之”，主张无用之用和有用之无用的辩证。无论是儒，还是道、佛，都主张无我、无相、无差别的和谐统一。而这个统一，却是以对立的形式表现为冲突的过程，在对立与冲突中向相反的方向转化，呈现为“和而不同，不同而和”的形态。阴阳的二元性，表明了世界的多元性、动态性、生命力；阴阳的统一与互化，表明了世界的整一性、规律性、统一性。

“阴阳”二元对立统一的范畴可以具体化为“自然与人”“内与外”（物与心、理与欲、性与命、自由与体制、他在与自在、国家与个人）等的二元对立统一。在“天地人”这“三才”构成的世界中，人居于思维主体的地位，所以，人与他者（他人或物）就成为最重要的二元范畴之一，西方哲学称之为“主体与客体”。内与外的关系，从“人”这一生物群体的角度看，是人与自然的关系；从社会的角度看，是个体与群体的关系；从个体的角度看，是心与物、理与欲、性与命的关系——

第一，人与自然的二元统一。中国文化是敬天畏天的，早期的天地就是神，中国的宇宙论就是以天地论为核心的，中国思想的起点也在于“仰视于天，俯察于地”。而和谐的宇宙，需要人处理好天地人即自然与自身的关系。一方面，要敬畏天地，同时，也可以“人定胜天”，二者结合起来，就是利用自然并保护自然，敬畏自然并亲和自然。这也是中国生态文明的内涵。人和自然的关系，是中国和谐文明的基石。

第二，个体与群体的二元统一。处理好人与自然的关系，还要进一步处理好社会群体与个体、社会性与个体性的关系，即自我与他者的关系。世界是为人的世界，实践是为我的实践，个人是社会发展的具体目的。个体的福祉、个体的权利要得到保障，这是社会存在的根本意义。然而，人的本质是社会性，个体不能离开群体而存在，没有群体，就没有个人，作为“单个的”“一个一个的”能够独立存在的“人”是没有的。所以，个人存在的物质保障和安全保障，必须以社会性为前提。为此，人类建立组织、统治机关，形成“体制”。所以，自由和体制的关系是，体制是为了自由的体制，自由是体制限制之下的自由。自由自在，以“他在”的约束为前提，理学的“天理”太过极端，心学的“良知”同样太过极端，一极端于客观外在，一极端于主观内在。理与欲、天理与良知的对立，应该同一内化为一元一体。《中庸》称之为“诚”。“诚者一也”，“诚”就是整体、和谐、无分别、无对立。“诚”为中庸“中”“和”的最高境界：于己、于内为个人修养，于社会、于外为关系，其义为天人合一、人我合一、身心合一、知行合一。在人际关系与社会层面，他者是自我的映象，没有他者，就没有自我，没有自我，也就没有他者，自我与他者，是一而二、二而一的矛盾性、相生性存在，若在皆在，若无皆无。同样，国家与个人的关系亦是如此。儒家思想尤其善于处理社会性，它对于“内圣外王”的理想设定，对“诚意正心”“修齐治平”的价值肯定，其实就是要完善地处理这些内外关系，所谓的“中和”，也就是群体关系的美学化处理，是群体合唱一般的社会学美学。建设天下一家、和谐共和的大同社会，一直是儒家思想的宏伟目标。例如，所谓的“大学之道，在明明德，在亲民，在止于至善”，就是把先明己德，再处理好社会关系，然后行事做人才能“止于至善”，作为最高的学问之道来看待的。

第三，从个体的角度看，“内与外”的关系体现为心与物、理与欲、性与命的关系。首先是心与物的关系。心物关系处理的是人心与外物的利益关系与审美关系。这有点类似但不同于物质与意识的关系。“物”，或指外部世界自然之物，或指作为消费对象，或指心理欲求的物质名誉利益，总之，是与“心”相对的一切现象实体的总和。儒家思想从不讳言利益问题，但是，利益必须取之有道，即必取之以义，“盗亦有道”，凡是“宜于”社会的利益，取之则是“义”的，反之则不义。道家与道教总体上也不贬斥功利，无论是社会的发展与进步，还是人心的修行与进阶，抑或是身体的健康和长寿，都是他们追求的目标。佛教对利益有自己的理解。佛教认为，利欲足以熏心，物欲导致痛苦，因为人们对物性利益的过度关注，使原本干净而平静的个人心性，受到外尘之污染，从而执着于外物，被外物牵制，陷于悲惨与痛苦的轮回中而不能自拔、不能解脱。人必须通过种种修行途径，割断自我与物质利益的联系，要么禁欲守戒，要么面对外物的诱惑，以定生慧，回归“父母未生我之前”的本来面目即佛性状态。这样，一个纯净的、干净而幸福的个人自我就会出现，从而在均质一体的世界上，做到自我与世界的完美同一，达到澄明净洁的境界，这就是解脱，就是涅槃，就是真正的自由自在。佛教对物质利益的东西是排斥的，而对于人与自然界这种外物的关系，是主张不二一体的，人与自然本为一体，分裂的状态是假是空，色空一体，有无不二，即心即佛，所谓澄明的禅境、所谓寂灭，不过是物我一体之“不二法门”。六祖所谓“无我”“无相”“无念”“无著”，也不过是否认从而不再执着于自我与外物的分别、牵挂与意义指涉。老子主张“功成而弗居”，功成身退，庄子主张“至人无己，神人无功，圣人无名”，就是以无我的精神，抛弃过于功利的实用价值诉求，无论是物质的还是精神的，包括权、利、名，因为它们是相对性的存在，是不实在的存在，所以都应该抛弃，从而回归自然。这种思想，体现为道家思想的自然主义美学，也体现为诗意盎然的禅宗，尤其在中国诗学中，心物统一、心物融合（如“意境”“意象”），成为一个最高的审美要求。所谓诗性和诗意，是通过意象的使用，呈现出物我合一美学境界的诗歌属性和主体感觉。中国诗学是以天人合一的世界观为基础，以物我合一的体验为终极目的，它追求一种自然、一体、无我的“我”的心性状态。这种合一、纯净、无我无相、无内无外的“逍遥”、自由、自在的心性状态，就是中国诗性最深刻集中的审美特性。其次，还有一个“理”与“欲”的关系。这个关系处理的是“天理”与“人欲”的关系。人心迥异，人心思变，故人心叵测，难以把握，但人心有无一个标准？人的行为有无一个统一的律令，并使之深化于人心内部而成为自觉的行动规范？这是宋代道学与程朱理学探索的核心问题。“理”是“天理”，即“道”。这个“道”，一方面是自然之道、宇宙公理，同时也是圣人之道、社会公义。在圣人那里，自然之道即社会之道，宇宙公理即社会公义。故，“理”是客观的“道”，是“天理”，而此“天理”亦是人性人心的榜样和终极目标。社会伦理建立在道德心性基础之上，有了好的道德基础，社会伦理自然就被自觉遵循而被视为自然性的理所应当。理学家们主张通过“格物致知”，达到“明理知性”，这样，整个社会就可以“同风俗，一道德”。显然，虽然理学家们主张理与欲即客观之道与人心的合一，但是首先他们是把这个“理”与“人欲”彻底区分开来，把“理”当作一个高标，作为一种高高在上的道德律令高高悬置于人心人欲之上。“理”与“欲”的统一，是以“存天理，灭人欲”为行动纲领的。在宋明陆王心学那里，“理”与“欲”的分野才得以抹平。心学主张“天理即人心”，没有一个居于“人心之外”的“理”。如果有“理”，非他，而只能是人心本身。“格物致知”的外向性努力，被“致良知”的内在的体悟所取代。这样，“心”与“理”完全“同一”，不再有天理与人欲的二元分别，而只有“心即理也”的不二一体。程朱理学的“理欲合一”以其分裂、矛盾为形式，把“欲”（人心）统一于“理”，“欲”被取消；陆王心学的“理欲合一”则是以“理”合于“欲”，“理”被取消。但无论其视角、走向与结果如何差异，他们的初衷都无非是“统一性”。再次，就是“性”与“命”的关系。此关系处理的是心性与身体的关系。“性命双修”是道教的重要思想与教义，也是内丹学术语。“性”指人内在的“道”，心性、思想、秉性、性格、精神等。“命”指人外在的“形”，身体、生命、能量、命运、物质等。“性命双修”也就是指“神形兼修”、心身全面修炼。身不修，命不存；性不修，道不存。身心合一，性命双修，才是仙道最高旨意。人要有形气之生命，也要有精神意识之性，生命与精神意识即命与性统一。修命以物理和生物学方式解决，修性则以宗教修行和直觉体验等方式达成。二者共同进行，不可偏废，所谓“神不离气，气不离神”“性不离命，命不离性”，以生理变化心理，以心理变化生理，内丹与外丹结合，修身与修心不离。或从命功入手，炼精化气，祛病健身，然后心神安定，炼气化神，炼神还虚，提高精神境界；或从性功入手，炼己筑基，排除私心杂念，调整平衡，提高追求层次，开拓心胸情怀，互相带动，共同长进。修性可以通过理性认识活动、道德修养活动和宗教体悟活动达成，修命则可以通过形体锻炼活动、养生、作息制度、社会实践活动达成。在儒家那里，性命问题，体现为“内圣外王”的王道修养，内圣即“格物致知”“诚意正心”，即“明明德”；外王即“修身齐家治国平天下”，即“亲民”。这样，一内一外，一圣一王，知本知末，二者统合在一起。通过“慎独”，通过“三省吾身”，通过“心斋”“坐忘”，“知止而后有定，定而后能静，静而后能安，安而后能虑，虑而后能得”，内圣可以达成。“物有本末，事有终始。知所先后，则近道矣。”“自天子以至于庶人，一是皆以修身为本。”修身为本，“本立而道生”。“古之欲明明德于天下者，先治其国。欲治其国者，先齐其家。欲齐其家者，先修其身。欲修其身者，先正其心。欲正其心者，先诚其意。欲诚其意者，先致其知。致知在格物。”这是内圣的方向。“物格而后知至，知至而后意诚，意诚而后心正，心正而后身修，身修而后家齐，家齐而后国治，国治而后天下平。”这是外王的方向。而其天人合一，相向而行，做到内外合一，圣王不二，此即是儒家之“性命双修”。

总之，心与物的关系、理与欲的关系、性与命的关系，就是人处理内外关系的三种模式、三种形态。而内与外的关系、自我与他者的关系、自然与人的关系，解决了人与自我心性、人与他人、人与自然的三大关系，人的存在形态被清楚明白地描绘出来，在理论或逻辑范畴上，人类获得了存在感，才能够安心地存在于世界。

“阴阳”二元对立统一的范畴在心性修养方面体现为“圣与王”“身与心”“善与恶”“理与心”“情与性”“悟与迷”等。这一组关于心性德性修养的对立范畴，仍然是“内外关系”的子范畴。如前所述，儒家思想的君子理想人格和修养就是内圣外王，内圣就是诚意正心修身，外王就是修齐治平，内讲“中庸”而外讲“中和”，涵养成温文尔雅的君子之风。可以读经格物以致知，可以心斋坐忘以修性；可以以儒法面向社会实践，可以以道佛深入心性肌理；需要修性，也要修命。是穷天理灭人欲，还是天理人欲人心本来即一；情感欲望与心性是统一还是分别，等等，可以争论，但是，通过渐次艰苦的修行，即可以做到明大体，去有漏，得光明，祛黑暗。无论是性善，还是性恶，儒道佛三家均能从或善或恶的人性论出发，找到心性修养的不同途径和方法，本诸“诸恶莫作，众善奉行”的行为准则，以“积善之家必有余庆，积恶之家必有余殃”为心理训导，以感应机制、灾异预警为现象提示，规训人们弃恶从善，这符合自然界的能量交流原理。或者，对于天资甚高的人而言，抛弃渐修的艰苦、烦琐，抛弃执着之心，甚至将作圣、升仙、成佛的这种心性执着也放下，刹那之间，触破天机，直达心性原本光明之境，于一片澄明之中，获得人之心性本具之纯净、纯洁和纯美，也是德性修养一个难得的便捷途径。总之，渐修与顿悟，无所谓高下之分。无论是渐修还是顿悟，都是为了使人在德性修养上提升自己的境界，走出“迷误”，走向本有、至善之境，走向心灵的安定与平和。所以，善与恶只是一种理论的划分，只是一种教育与规训手段，并不是德性修养的最后目的地和最佳境界。事实上，如果人们的修养已经达到圣、仙或佛的至高境界，成为“神人”“圣人”“至人”，一定会从这种从权策略的二元对立中超越高走，走向无善无恶、无是无非、无义无不义的理想境界。通过对善与恶的对立、天理与人欲的对立、情与性的对立的理论性分析，中国文化对个人德性修养的要求，达到了一个非常高级的超越性目标。

如果一个人将“阴阳”原理内化于心，他就很容易把夫妻关系、家庭关系、心物关系、内外关系、生死关系、刚柔关系、得失关系、义利关系、毁誉关系、进退关系、是非关系……处理得恰到好处：不即不离、即即即离，不无不有、即无即有，不肯定不否定、即肯定即否定，不是不非、即是即非……没有对立，没有矛盾，只有自然而然，顺其自然：生活如此安定，心境如此恬适，关系如此和睦。这就是“大道至简”“道法自然”了。

礼　乐

如果说，“阴阳”是中国文化的元思维模式，一切事物、现象及世界的存在状态和发展变化，都可以用“阴阳”来解释，充满着辩证思维的理性光辉，那么，“礼乐”则是中国政治体制、经济组织与社会伦理的基本架构，用以规定中国社会的结构、组织关系与人际关系，乃至于心理集体意识。

关于“礼”与“乐”的关系，有各种不同的认识。“礼乐”文化的“礼”与“乐”是一组相对性概念。在具体的祭祀活动中，“乐”是祭祀之“礼”的内在部分，作礼之时有音乐相配合，但从“礼”与“乐”的功能看，作为“仪礼”的“礼”和作为音乐的“乐”却是不同的。“乐”配合礼，作心理上柔性的宽慰与熨服，以缓解“礼”的严肃带来的压抑感。所以，“乐”与“礼”又是并列的。“礼”是“阳”，是外在的、被给予的、必须遵守的规范，而“乐”是“阴”，是内在的、主动自觉的心性修养。“礼”与“乐”阴阳和合、刚柔兼济、辩证统一，中国社会因此既有人人遵守的外在规范，又能够把这种规范建立在“我愿意、我快乐、我认可”的心理基础之上，使之获得超级稳定的结构和心理服从的基础。

中华文明源远流长，薪火相传，代代不息，蔚然壮观而独立于世界民族之林，“礼乐”文化是一个关键因素。中华文明肇基于周代成熟的礼乐文化，而礼乐文化的基础是商代以来的祭祀礼仪与巫术。自“开天辟地”以来，控制着人类社会的天地系统、神鬼系统与祖先系统，作为神秘的力量一直在控制着社会组织、人的观念与行为范式。对于这些神秘力量的崇拜与礼敬，形成了以“巫”、“史”、“祝”、宗这些人为主体行为责任人，沟通天、地、人与鬼神、祖先的祭祀，并按照严格的程序、不同的规格待遇、不同的礼节安排进行。这种祭祀中的程序、规格待遇的差别，结合对于天道的体察，渗透着对社会和人性的把握，构成了“礼”这种规范人们行为、映射国家体制和政治形态的仪式化、秩序性真理，呈现为一套专业化的仪式，构建了完整的象征系统，并以数字化系统指征出一个秩序井然的世界。这是一种蒙昧形态的巫术文化，但是，这种文化对于“秩序”的强烈要求，却作为中华文明的基因，贯注于整个中华文明形式和内容当中。

从字源上看，“礼”本字是“豊”。“豊”，甲骨文=（像许多打着绳结的玉串）+（壴，有脚架的建鼓），表示击鼓献玉，敬奉神灵。金文承续甲骨文字形。当“豊”作为单纯字件后，有的金文再加“示”（祭祀）另造“禮”，强调“禮”的“祭拜”含义；同时误将“玉串”和“建鼓”构成的金文，拆写成“曲”和“豆”，玉和鼓的形象消失。有的金文加“酉”（酒）另造“醴”，表示以美玉、美酒敬神。籀文将金文字形和加以综合，取之“示”，取之“酉”，并以“水”（酒）代“酉”（酒），大大简化字形。造字本义：击鼓奏乐，并用美玉、美酒敬拜祖先和神灵。篆文承续金文字形。俗体隶书基本承续籀文字形，将籀文字形中的“水”形写成“乙”形。《说文解字》：“禮，履也。所以事神致福也。从示从豊，豊亦聲。”所以，“礼”字本义，是祭祀时击鼓献玉、供奉美酒，以崇“以下尊上、以生敬死”之意。

所以，“礼”这个字，本义是祭祀之仪。祭祀是中华文明最早期的形式。人们崇拜上帝、鬼神、祖先，信任和依赖它们的神秘力量，并试图从它们那里获得护佑，为此，人们必要以祭祀的形式，奉献牺牲，祷告祈福。这里有几个重点：一在于生人与它们的距离感，二是对于神圣、神秘对象及其力量的崇拜和尊重，三是以恭敬崇拜之意对待它们的礼节、仪式，四是实践（“履”）价值，即要达到某个具体目的。就第三个而言，对于不同的神仙、鬼神或祖先，根据其与自己的关系的远近、尊卑程度（这一点往往是由血缘关系的远近决定的），确定、规定不同的待遇和礼节，比如，奉献多少祭品（牺牲）？烧几炷香？磕多少头？能够祈祷什么样的福气祥瑞？等等。这种不同的待遇，意味着地位高低不同、尊卑各异。各种鬼神、祖先肯定都高于人类，而它们之间也是有等级差异的。这样，在祭祀中，就形成了一个等级严格的“秩序”。根据古人的“外推”思维，把祭祀的礼仪扩大到社会，社会就应该呈现为一个“级差序列”，类似于台阶或金字塔那样的结构。这样，祭祀中的“礼”就在后来被引申为伦理、规范、秩序、系统、体制、范畴之意。在古代中国，“礼”与“法”合用，礼似乎取代法，礼治取代法治，德治超越法律，是中国宗法社会存在形态与政治意识形态的关键。

“礼”的秩序规定与中国古人的宇宙观有关。他们认为，天地、社会与人心是“异质同构”的，并可以“由此及彼”地被推知和“相互感应”。中国古代思想一开始就与“天”相关。天地秩序是世界的本原，也是人类秩序的参照样本。宇宙的起源是道，“太极生两仪，两仪生四象，四象生八卦”；宇宙的结构则是以五方八卦、九野二十八宿这样的规则组合，万物就在这种整齐有序的格局中有秩序地循环不息。宇宙是一个从中心向四方（或是六方）无限延伸的、对称的、整齐的空间构成的整体；由相对而在的天地及其时空构成的宇宙，是规范而有序、相互影响、机械的组织系统。平面视之，天是“天下”的核心，政治集权主义、华夏中心主义、以民为本的政治观念、平等观念的“同心圆”结构即源于此；立体视之，天是结构的最高点，因而，具有最高的权威性和神圣性，皇权至上论、专制政体的“金字塔结构”即源于此。

关于宇宙的本质，古人认为，居于宇宙中心和最高位置的是北斗、北极。它逐渐被哲理化为本体——“道”“太极”“太一”“一”。它是宇宙的本原和本质，是现象世界之母，也是世界的起点和终点。它拥有其他一切现象世界中各种事物都不具备的绝对性和终极性，它是“道枢”“枢”，若“得其环中”，即可“以应无穷”。它作为“中央者，太一之位，而神仰制焉”，天地中心被想象成绝对的“道”、终极的“极”和无上的“一”，一切都由此而来。天地包容一切，而天地的中心却是一切的依据。这是天地之本、宇宙之道、社会伦理与道德规则，是知识的起点和终点，是学术、思想与精神探索的神秘终极目的地，更是自然和人类社会最直接、最具体、最强大的决定力量。

关于宇宙的结构，古人认为，天以北斗为中心，天道左旋，星辰定位，年复一年，一年分四季，四季配四方，春与东、夏与南、秋与西、冬与北相配。地由中央与四方构成，中央的地位高于四方、四方要环绕中央。地分五服即甸、侯、宾、要、荒；或分五方即东、西、南、北、中；或分九州，中州之外有八方，层层向外推衍。四方各有星象，四方又与四季相连，四季又各有物候。这种观念决定了政治上的权力中心主义、皇权神授法则，决定了善恶刑德的社会学原理，决定了中国与四夷的“华夷之辨”。把天、地、人、鬼联系起来而成为整体的基本要素是古代中国源远流长的“阴阳”“五行”“八方”等，它们贯穿了一切领域，也使天、地、人、鬼成为一个可以相互系连的大网络，一个包含时空、共时与历时、静态与变化的大系统。

为什么天地宇宙结构能够成为社会人事组织的结构呢？从思维方式上看，古人使用的是“推衍”与“感应”的方法与认识。从天可以推知地，从地可以推知人，从自己可以推知他者（如“恕”，“己所不欲，勿施于人”）。同时，天、地、神、人等组成宇宙的各个主体要素及其关系，都被人格化了，它们之间可以产生情感或感觉上的“感应”——某种莫名其妙但是真真切切的同一情感或知觉。中国的诗性思维重视的天地关系、体验、直觉，都是这两种方法的表现。同时，这种思维使古人把自然灾异与政治人事相联系，例如《史记·董仲舒传》记载：董仲舒“以《春秋》灾异之变推阴阳所以错行，故求雨闭诸阳，纵诸阴，其止雨反是”，以及《春秋繁露》中关于“灾异”是“天谴”、帝王将兴有“美祥”、将亡有“妖孽”，治世与乱世有不同征兆与不同之气等，就是典型的推衍与感应。《吕氏春秋》的“类同相召，气同则合，声比则应”，陆贾所说的“事以类相从，声以音相应”，公孙弘所说的“气同则从，声比则应。今人主和德于上，百姓和合于下……故阴阳和，风雨时，甘露降，五谷登，六畜蕃，嘉禾兴，朱草生，山不童，泽不涸”，董仲舒也说“气同则合，声比则应，其验皎然也”，都相信“气同声比”时的感应。人类早期的巫觋活动，后世道教的模拟自然、祈福禳灾、画符治病，都是以这种思维方式主导的实践活动。

所以，人间社会与天地同源同构，拥有同一来源、同一结构、同一特性，并呈现为与天地对应的秩序。天、地、人、鬼之间发生着神秘的、必然的联系和感应，宇宙、社会、人类具有同样的状态、规律和特点，这就是天象预警、察天象而知人事、预测与先知、趋吉避凶的卜卦与风水相面术的理论基础。当人们把自然宇宙的本原、结构、属性和原理进一步推衍到人与社会，一个彼此相连又和谐的整体，一个由天、地、人组成的整齐和谐的秩序性宏大系统，就被建构完成。在这一秩序中，古代中国确立了自己的价值本原、观念样式和行为依据。把这一原理推衍到社会，形成周代礼制的核心，就是确立血缘与等级之间的同一秩序，由这种同一秩序来建立社会的横向的“亲疏”与纵向的“高下”两种秩序：以父、长子关系为纵轴、夫妇关系为横轴、兄弟关系为辅线，来划定血缘亲疏远近次第的“家”；以君主关系为主轴、君主与姻亲诸侯的关系为横轴、君主与领属卿大夫的关系为辅线，来确定身份等级上下的“国”。而且，自然宇宙、家与国相重叠，构建了一个严整、和谐、有机并具有相当深刻的道德和伦理内涵的秩序系统。如此，建立各种礼仪制度便有其理论根据，如君臣尊卑仿效天地，官僚体制模拟五行，依四时春夏则有仁爱慈柔，依四时秋冬则有刑德赏罚、法纪严明。这样，社会就应该是一个法天地阴阳、高度组织化的君臣制度体系。至于人，只是一个法天地阴阳的小宇宙。“气”分阴阳，阴阳化合而生人，人以天地为法则。男女仿佛阴阳，正如气分阴阳一样。头圆像天，足方似地，五官是仿效五行，四肢是配合四时，三百六十骨节如三百六十日。在这种庞大而复杂的理论体系中，包含了一直作为中国古代知识背景的阴阳五行思想、名实语言的思辨、法律制度的基础与依据，以及儒学以道德探讨人之“道”的社会道德，道者通过体验寻觅天之“道”的自然理想，甚至还有墨子的鬼神崇拜，这些内容都以数字化的（一、二、三、四、五、六、七、八、九、十、十二）、程式化的理路整齐有序地编排在一起。人与社会得到自然法则的支持，具有极强的合理性与合法性；道德既来自人性又吻合自然秩序；法律制度既是社会纲维又出自自然法则，逻辑是外在世界的程式也是内在思维的理路；名称是“道”生万物之后造物主命名的产物也是万物无可逃遁的符号；就连医药知识也因为有了阴阳五行的支持而拥有说服力；养生方法也因为吻合了宇宙起源的次序而获得理论支点：一切都显得那么井井有条、合情合理。在这个不容置疑、有着不言而喻的终极依据的系统中，人们才感到安全和安心。

这就是中国古代“礼”文化的基本图景。天地人鬼神、自然社会与人心，都有这么一个“秩序”作为终极的存在样式，并且都必须以这一秩序作为存在的法则。这种秩序法则和对于秩序的钟情，在自商周以迄今天的中国社会中，仍然是不能移易的铁的法则和情感诉求。可能在思想争鸣或政治动乱或战乱频仍或国家分裂的某些时间段，这一原则受到一定程度的挑战，但是，暂时的挑战不可能颠覆这一原则。所有的思想都是为这一秩序原则服务的，所有的政权都要建设自己的政治与社会乃至于人心的秩序，中国文化把个体性、个人权利压缩，而以集体主义的、道德主义的、理想主义的秩序性，保证了国家的强大、保障了文明发展的连续性。只有到了近代及以后，中国知识与西洋知识相遇，古典的天地宇宙系统才真正地“天崩地裂”，中国思想与精神在古与今、中与西、体与用的对立中，反复探讨、争论和实验，继续寻找另一种可能的秩序形式与系统。然而，古代中国对于“秩序”的追求，却永远不能消失于中国文化精神的核心圈外，古典或传统文化的复兴，其要义仍然在于，借助于古典的知识、学术与理论资源，在人与自然的关系、社会与政治伦理、人心与道德关怀方面，建构一个符合时代要求和特征的“秩序”来。

然而，“礼”毕竟是外在的、被给予的、被规定的、必须遵守的，对个体的人的意志和情感、生存状态可能都是一种压抑和阻滞。这个非我的、客观的“礼”的“压抑”或“阻滞”，极易引起人们的反感和抵触，比如后来春秋战国时期的“礼崩乐坏”、魏晋时期以“任自然、反名教”回复自然、明代心学对于个人意志的强化等，都是明证。外在性的体制形成的一个固化的、沉闷的组织系统，往往会成为专制的压抑政体或组织，其中产生的压力，必须得到及时的疏解和宣泄。中国古人的智慧就在于，在确定“礼”的核心地位、不可移易性的基础上，同时也给人们准备好了一个安全阀，就是“乐”。商周以祭祀仪礼为基本形式、以“礼”规定的“秩序”约束人们的行为、以“乐”等诗性元素对冲“礼”之规范的压力，从而形成阴阳和合、刚柔兼济的礼乐文化，是中华文明的总开端和最有生命力、传承性的元素。

“乐”有音乐、诗歌、戏曲、游戏、书法等艺术形式，有快乐、优美、崇高、和谐等审美的快感，是诗性的、柔软的、情感的。中国文化是诗性的、审美的，特别重视诗的美感和诗化的教育。“诗”（艺术）是人生的基底，而“礼”是人生得以成就的根本，“乐”是人之所以成为人的基本属性，艺术化人生，才真正算得上是逍遥的人生。“诗礼传家”，成为很多人家的门匾箴言。能够“兴于诗，成于礼，立于乐，游于艺”，当然既要依赖于“礼”的规制，又要消除“礼”的刚硬和压抑，以阴柔的形式使得“礼”的负面作用得以消解。

“乐”与“悦”不同。“学而时习之，不亦说（悦）乎”的“悦”，是因为一个人能够在“学而时习”的过程中，获得个人的成长，成为一个君子，通过他自己的努力而获得心性的快乐。所以，“悦”是个体的快乐。“乐”不同。“有朋自远方来，不亦乐乎”之“乐”，显然是由于朋友的到来、人与人琴瑟和谐的情感体验引起的，是群体性的、社会性的。“樂”，甲骨文=（丝，丝弦）+（木，架子，琴枕），字形像木枕上系着丝弦的琴具。金文承续甲骨文字形。有的金文加“白”（说唱），强调弹琴伴奏歌唱。造字本义：和着演奏歌唱。《中庸》云：“喜怒哀乐之未发谓之中，发而皆中节谓之和。”人之有喜怒哀乐，不得外发之时，即集中于个体之上、之内，是为“中”。若寻找机遇向外发泄，亦不能随意乱发，发出来要符合音乐节拍、韵律，如此所发之情感，谓为“和”。人类之所以有歌、有乐器，就在于人类必须向外抒发胸中之气使之不郁结于内，保证心理健康，做到与自然、社会和合为一。而人于弹奏乐器、载歌载舞之当下，心物合一、人我合一、天人合一，诸种关系其乐融融，天地人之间充满诗情画意。这就是“由依据人间关系的艺术和音乐带来的快乐”。可见，“乐”者，一是源于七情六欲之外发，以乐器之弹奏得以表现；二是由于此种快乐是源于“朋”之人际关系的和谐，故“乐”是由外缘激发的一种快乐，是“社会性”引发的快乐，与个体性的快乐之“悦”不同。“悦”与“乐”，成为与“礼”对立、相辅相成的“乐”的两个方面。

如前边所说，“礼”是被给予的、外在的约束、规定与压抑。到了宋代，为了建构“同风俗、一道德”的封建文化和社会，原来的“礼”就变成了“理”。这个“理”本质上与“礼”一样，是外在于人的、客观存在的规范，不过，“理”这个字本义上却含有人的、意识的、理性的、情感的意思，较为更容易被人们接受。这是理学家们为什么用“理”取代“礼”的时候考虑的。但是，在实际运用上，“理”仍然与人们的主体无关，甚至“理”作为“天理”，与人的“欲”是完全对立的，以“天理”灭“人欲”，每个人都必须放下自我的情感、意志、个人性，服从那个外来的、非我的、同一个“天理”，强制形成风俗与道德的整一性。这种僵化的思想，对中国封建文化的成熟，起到了上层意识形态的作用。但是，其危害亦大。宋代是中国封建文化最成熟，同时也是一个盛极而衰的时代，以《周易》的说法，是“既济”之后必然“未济”，盛世随即转向末世。它不仅使中国文化停滞、中国社会停滞，更是压抑了中国人的诗性体验能力和个体的创造力。所以，阳明心学对此特别反感，毅然打出“心学”旗帜，完全从自我、人心、意志、欲望的角度肯定人、肯定个体。他说，哪里有个客观的“理”呀？如果有，“理即心也”，这个“理”也不过是人心的“理”——我想做什么，由我说了算——这才是“天理”。个体的心性自由，才是道德的律令。历史地看，理学的“理”，更强调“礼乐”文化的“礼”；心学的“心”，更强调“礼乐”文化的“乐”。“礼乐”文化，在宋明以后分化成了不同的历史形态。后来，王学末流们把阳明心学发展成为欲望的伸展，发展为无节制的自我个人主义，显然与中国文化的本质相悖。所以很快，历史的语境转向了中国文化与西方文化的对立较量，中国文化开始在东西对接中寻找新的秩序。

“礼乐”文化确实是中国传统文化的基因。它表现为“礼”与“乐”的辩证关系，二者相左相背且互为依赖、彼此成就、不可分离、相互转化，刚柔兼济，动静和合，于分别中致统一，于同一中有差异，使中国文化成为一个类似“太极图”的那个“圆满自足、完整完善、能量满满、生命不息”的系统。具体到个人，其实就“应该”做到两点，一是要守法、守礼、守道德，规规矩矩做人做事；二是要强化艺术修养、心性修养，心性快乐，情感丰富，人际关系和谐，使生命生活充满音乐的美感。法律、天理、道德不可违，自然、心性、自我意志不能放，辩证地活成理性与诗意完美统一的形态来，这大概就是幸福的本原意义。

和　谐

“和谐”是人的存在所必须追求的本质的、本然的基本属性，是中国文化观念的核心，是社会主义核心价值观之一。我们党提出构建社会主义和谐社会，既要保证民生，又要保障民权。“和谐”就要追求自然界的和谐，人与自然的和谐，人与人的社会关系的和谐，人之身与心的和谐，等等。

那么，什么是和谐呢?

和谐主要指系统、组织的整体性和要素之间的良性关系。我们通常讲，人与自然要和谐，人与人的关系要和谐，和气生财，一团和气，和和美美，等等，重点关注的就是各个方面的关系。如天人关系要合一，意思是人与大自然是一个整体、一个有机系统，二者要和谐共处，按照自然规律开发与利用自然，不要做反抗大自然的事，重视自然生态建设和维护，保护大自然。例如，人和人的关系要和气、平等、友善、诚信、互爱、守法，重视伦理道德的规范作用。再如，人和物的关系要同一，意思是人和物也是一个整体、一个有机系统。人和物，哲学上讲是主体和客体、人和对象的关系，但在现实中，这个关系不是对立的，不是人对对象的控制或屈服，“人”也不是作为“万物的灵长”统治万物。人和物的关系应该是庄子所说的“齐物”，就是平等、一体、融合、不对立，呈现为诗性的意象，人在世界中，就像诗的意境那样。那么，人心和外物的关系要一体同一，或相互感应、应和。“心”是意识，是主体思维与感受，是人思考、应对外在世界的逻辑或情感功能。心如镜子，反射、反映外物，并能接受外界信息予以加工处理，生成态度、方法、意向、学术与文化；有时心也能产生物、改造物。总的来看，心和物不是对立的，而是相应相和、同频振动、交融一体的。其他，如组织和组织的关系要协同，国和国的关系要和平，自己和自己的关系要回到自己的本来面目、回归自我、居敬守一，等等。

在中国文化里，世界、社会、组织以及人自身，大体被划分为两个方面，《周易》用“阴”和“阳”表示。这个“阴”和“阳”不是西方哲学的主体与客体、人和物的二元对立关系，而是运动着的、变化的、互转互依的，并且总是处于互补、互助、互相成就、不可分割分离的整体状态。儒家思想中的“大同”社会、君子人格、仁义道德、明德亲民，道家思想里的“冲和”“损益”“齐物”“逍遥”，佛教讲的“不二法门”“即心即物”等，都是“和谐”问题。世界其实本来没有对立、矛盾和不和。世界是一体的，宇宙作为一个能量体，是整体，是机体，是一个均质存在、圆融混一的东西。庄子讲的齐物论，就是说万事万物齐于“一”，齐于“道”，大道至简，道通为一，没有任何差异与不同。“道”即“一”，“一”生“二”即“阴阳”，“阴阳”比如男女和合生子即有了“三”，“三”生万物。万物作为差异化的东西，其本原只是个“道”，只是个“一”。如果说世界就是“阴阳”，就是差异，就是万物，那就短视、虚假、愚昧了。它们都不过是“道”的产物，属于本质之道在现象界的具体呈现。我们总是被这些“相对性”的东西限制住，认为这个世界有差异、有差别。然而，这些对立的现象不过是虚假的、暂时的。

思想以及宗教修养总是在试图归于“一”、以“易”（变化、辩证）归于“太极”即无极。去掉关于这个“差异”的误解，就可以在“道”的本原层次上达到逍遥的状态，与万物一体，遨游于宇宙当中。此时此境，定然是没有心，没有物，没有你，没有我，没有高低优劣等诸种差异，总之，宇宙就是一元混融的状态（佛家谓之“空寂”）。它本来没有二元、多元，没有对立，只是人为地把它二元化、多元化了。列子腾云驾雾，不是列子与云雾是两个东西，而是列子就是云雾本身，云雾也就是列子，它们二者一体。没有作为主体（主语）的列子，没有动作（谓词）“腾”和“驾”，也没有对象（宾语）“云雾”。列子即云雾，所以列子才能神乎其神地操纵云雾，从而超越了人的局限性，成为“神仙”，这是道家神仙境界，也类似于佛家禅宗境界。所有的东西都是平等的、一体不二的、没有差别的，都是“道”“一”“心”“理”“性”（这一类东西相当于西方哲学里的“本体”）的产物，其来源、终极去向和目的地、属性等本无任何区别。此即所谓“不二法门”“不一不异”。看上去世界是纷繁多样，等等不一，多姿多彩，万象纷呈，实际上不过是个“一”，“不一”的东西却是“不异”的，“看上去”有区别的东西本来没有任何区别、差异。所以，不要判断，不要说话，更不要辩论（庄子所说的“辩无胜”）。易与老庄佛禅，均主张玄意幽远、不落言筌，不立文字，言语道断。“悟”，那种灵识一现间对宇宙本相的一种把握，那个瞬间的打通，那个瞬间看到、回归到了的本然的、一体的、一片澄明净洁的状态，也就是人们所谓的“观照”到的境界，就是世界的本相：此处此时，没有你我，没有物心，没有一二，没有有无，没有是非，没有善恶。这就是“道”，就是“齐物”，就是“悟”，就是“和”。以儒而言，为“和合”；以道而言，为“道”为“齐”。生成于道，和合于一，回归本来自然真相，不一不异，大道相通。智者们的努力，都是一个共同的目的，都不过是让我们从作为人的愚昧认识和妄想中走出来，回归到那个“本然”、那个“真相”、那个“本来面目”。

因为人认识能力有限，人类以自己的感觉器官接受宇宙的光、色、声、形，然后在意识领域，“人为”地构建、创造着“为人的”“世界”。这个人存在于其中的时空即“世界”与客观存在的“宇宙”并不等同。“宇宙”是客观存在的本然本相，目前人类对“宇宙”的认识能力和范围极其有限；在“人类的认识能力和范围极其有限”这个设定基础上，人们认为，“宇宙”是客观的，而这个“客观”的宇宙是超出了这一“能力和范围”的。没有人会无知地认为“宇宙”是假的、不存在的。而“世界”是为人的、因人而生的、主观创造的存在，是“因人而在”的、由人的认识构成的，所以，“世界”是可知的。但是，“世界”却是意识的，因而，人们认为是“客观存在的世界”，并不一定是客观的、并不一定是全部的真实。佛教所谓“世界是空的、假的”，因为它认识到一个事实，“世界”起因于人的感觉系统；世界有生有灭、有增有减、有垢有净，因而并不长久、并不稳定、并不纯一，就是说，“世界”没有“自性”，不能自我生成、自我圆满、自我完善，而是依赖于人的感觉与认识。对于“三界唯心”“万法唯识”这个哲学和宗教命题，人们有误解。佛教并没有否认“宇宙”的客观性，问题的关键在于，人们把“客观存在的宇宙”与“主观人为的世界”混淆了，把“界”“法”（“意识中的”“世界”）当成“宇宙”了，所以就认为佛教否定“宇宙”的客观性。由于在表述中没有明确地把“世界”与“宇宙”区别开来，造成了理解上的混乱。人们可以“人为地”“为人地”在认识上把“世界”一分为二、进而分解出千般面貌、万般形态；这其实也是我们“看到”“意识到”的“实在”样子。这是“世界”。而“宇宙”并非如此。宇宙是整体的、化一的、均质的、圆融的，是“道”的层次、“天”的层次；而“世界”是“现象”的层次、“人”的层次。人存在于“世界”中，但是，“道”——儒道佛所共同向往的境界、对本质的定义——却是以“宇宙论”为蓝图的。所以，与“宇宙”对应的“君子人格”“仁义社会”“神仙境界”“涅槃寂静”，就成为生源在“世界”中的人们的理想与修行目标。“天道”“宇宙”是“人道”“世界”的理想范式、参照样本和规范，而中国传统文化就一直在追求这种理想范式，参照“道”的标准来规范个人修养、社会制度，所以，中国传统文化显现出高雅、高贵、贵族化的理想性特质，当然在某些时候会表现为某种程度的“空想”。强调一下：理解中国文化，要从“宇宙”观上看一切，而不是“世界”观。从“宇宙”之“道”的高度理解，就能很方便地理解中国文化的奥秘了。

正是在“宇宙”而不是“世界”的意义上，儒家思想讲究“致中和”的温柔敦厚的社会和谐，道家思想追求“回归”到“冲和”的天人一体状态，佛教也尽力阐明不二一体、无差别性，告诉人们不要判断，不要起心动念，不要执着于差异之物的外相，都是要回归本相，也就是，试图在认识上从虚幻的“世界”回到真实的“宇宙”：既然“世界”是“认识”构建的产物而不是本相，那么，智者们的努力就是“回归”，如老子讲的“返者道之动”的道理，颜回修炼的“坐忘”功夫；庄子也说大鹏和蚂蚁本无区别，只要去掉各种人为的、有局限的差异，就可以“逍遥”“齐物”了。所以，和谐，就是一种去掉蒙昧、虚幻、妄想而回归宇宙本相的努力的结果。这个努力，就是回归到认识的起点，从而贴近或圆满地呈现宇宙的本来状态，也就是“本相”。这个本相就是“和谐”。所以，和谐就是无差异、不分别、均质一体、平等齐物。人类就是在差异中寻找无差别、在动态中寻求静态、在竞争中寻求平等互利、在多元中达成同一的。例如，在对立与竞争的关系中，赢得了成功，打败了别人，但是在打败别人的时候却能维持关系的平等、平衡与深化，不伤感情，还能加强感情，就算得上和谐的一种形式。我们相互依赖、相互对立、相互索取，也相互奉献。对立与差异是假相，是暂时的，和谐同一才是真相，是长久的。所以，“和谐”观念，首先保证了“世界”的整体性，其次保证了世界上的人、物、事、组织、社会之间的融洽关系，这种关系就是对立中的统一、阴阳互化后的“太极”（或“道”或“一”）。它使得中国人的个体人格不分裂、不焦虑、不抑郁，人生存于与自然、他人与组织无矛盾、有仁爱的诗情画意中，随顺而柔和、包容而博大；使得中国社会整体化、集体化、规模化，较少出现不可调和的矛盾，并且有巨大的集体主义力量。而“一”的力量，则使得中国文化、社会长期保持多元前提下的单一、单纯，保持国家的完整而不肢离、统一而不分裂。这也是中国历史绵长久远、中华文明生生不息、中国人民团结奋进的精神内核：“一”，是中国文化、中华文明的真正奥秘所在。

回到汉字本义上来，就可以更好地理解了。“和”字，左边是个“禾”，代指庄稼、粮食；右边是个“口”，是嘴巴，是吃。那么，“和”就是有粮食吃，是温饱问题，进一步讲就是物质文明问题。这是“民生”。民以食为天，民有了食物，就满足了最低层次、最基本的生存需要；有了食物，也就有了天，也就具备了在“天”这个层次上达到“天人合一”的状态的可能。古人讲“食色，性也”，这是民生的基本内容。中国传统文化探讨的“义与利”，追求符合道义的“利”和不能离开“利”的“义”。孙中山的三民主义，“民生”是其一。我们党和政府尤其重视民生，近年的一号文件都是“三农”的，即为明证。这是“和”的本质出发点。这是最原始的意义，是造字本义。后来，“和”字就深化为对处理某些关系的理想状态的描述。《中庸》有句名言，“喜怒哀乐之未发谓之中，发而皆中节谓之和”，就是说，人是有感情、情绪的，喜怒哀乐人人有之，但是，理想的状态是，不要轻易爆发出来，要保守持中，喜怒不形于色，使情绪、情感内在化、深藏于心中，就能做到中正守一。诚意正心修身，就是面向自己、成就自己、修炼自己，也就是“内圣”。当然，这是一种修养，是一种最高境界，需要学习或修炼才能达到。当然，人有情绪要发表出来，形之于外，有情感也要表达给别人，与别人进行情感交流。但是，这种外泄也不是随意的，要“发而皆中节”——一个人的喜怒哀乐，表现给别人的话，要符合一定的“节拍”、有一定的“节奏”，让别人听起来就像欣赏音乐一样美！那么，他与别人之间这种音乐一样和谐的交流与振动，就是“和”。能掌控情绪、理性地表达情感，给人呈现出理性、中正的智慧来，就是“和”。“和”表达的是一种关系，是齐家治国平天下，是“外王”。所以，“致中和”就有很深的意义，也就具有很重要的实践价值。“中”就是保持个性、自我性、独立性、与他者不同的差异性。它位于空间位置的中间、时间位置的中段，不偏不倚。“中”在早期指的是契约关系，类似于现在的契约或合同证明，因为它中正不偏，不走极端，可以作为“标准”使用；能够保持并做到“中”，“中而用之”，就是“中庸”。但“中”是自己个体应有的、必然的状态，而不是群体的、社会的状态。人是社会性动物，所以，人之关系的最高境界是“和”，是同一、统一、平等、融合、互惠互利、和谐共处。“致中和”，就是从自我成就、自我建构向着社会仁和之境界的努力实践。

“和”，是物理上的“同频振动”，是佛家的“慈悲”，是儒家的“仁”“恕”“大同”，是墨子的“兼爱”，是老子之“道”，是庄子之“齐物”“逍遥”，是中国诗歌中的“意象”与“意境”，是朋友间的“知音”、恋人间的“爱情”，是感同身受，是感应回互，是心灵与肉体间的默契，是无须做作、不必故意的交流、认同与同一。中国文化特别喜欢“和合”这个词。“和”与“合”两个字经常连用。“合”，一人一口，每个人都有自己的食物，不也就是“和”吗？“合”，甲骨文是一个向下张开的嘴巴和一个向上张开的嘴巴，表示两口相接。造字本义是接吻亲嘴，调情相爱。人有男女，世界有阴阳，属性有刚柔，有起伏，有正反。宇宙万物正是在差异中“调情相爱”的。两个嘴巴要亲嘴，那是阴阳的自然相吸、相互缠缚，是能量的运转与存在形式。其目的、方向是什么呢？真正的爱情的终极状态是什么？是没有时间和空间、不知你我、没有判断甚至觉察不到情感（忘情）、一片祥和宁静甚至木木然无知无觉、无言无为的那种绝对的和合而一的“无”。这就是爱情，就是世界的本质和本来面目。世界就是大爱，就是慈悲。

当然，差异，对人来讲是必然的实在，是前提，是过程。你是你，我是我，他是他，自然是自然。这种区别谁也不能否认，不能放弃。对这种差异性个体存在的接受，就是“中”；而这种差异当然是虚假的，或暂时的，或假定的，不是本相，人制定了种种法律、道德律令和伦理规范，还有宗教修行等，其目的不是满足于这种“差异”的“中”，而是面对差异、立足差异，最终取消差异、超越差异，造就“和”的音乐似的美感。毕竟，这种生活之美、人生之美、存在之美，才是人活着或说“存在着”的最高境界。哲学家、宗教领袖，以大慈大悲之心，告诉我们真相，从而把我们从错误、迷茫的痛苦中，带领出来，指明真相、道路，让我们走出二元差异的世界观，放下所有的相对性的物相、他我对立的执着，返璞归真，进入到净土世界、理想国、冲和而一的澄明境界。在这个过程中，“中”“和”“合”，恰恰理论地再现了人的解放的三个环节：“中”，是尊重自我，是自立、自尊、自爱、自强，是内圣，是君子人格；“和”，偏重于物质基础、民生，引申为不同声音、不同观点的融合与共鸣，扩展为各种关系从差异到一体的状态；“合”，偏重于精神与情感的谐调、通同与一体。“和”与“合”，二者都是合一、一体、不二的动作、过程和关系、状态。

如果说，“和”是静态的状态和关系，那么，“谐”则是动态的过程和机制。“谐”，左边是“言”，是言说、说话，表达自我的权利、意愿、情感或认知。右边是“皆”，由“比”（众人）和“曰”（言说）构成。大家，是这个社会组织成员的全体。大家都有说话的权利，这是“民权”。我们是平等的、共生共在的，都是有权利要求的。当我们“谐”的时候，实际上就是处于一种“同频振动”的状态。我说，你也说。我说的你有同感，你说的我也有同感。或者，我说的你或有异议、或赞同、或附议。通过这种交流碰撞，人与人的关系属性（“主体间性”）趋于差异中的同一、并在同一中仍然保持着某种差异，于差异中相融相合，诸同而大同。最理想的状态就是，即使无言，我们也能心心相印——无声胜有声；“大音希声”；于无声处听惊雷；无言而心相交流，皆是。即使处于不同的时空，我们能有感应：你的生理上的痛苦、心理的变化，你不说，不表现，我也能感知反应。看上去这有点神秘，实际上却是一种很正常的、本真的现象。我们说的爱情、知音，其实都是这种状态。心心相印也好，同声相应与同气相求也罢，都是我们的本然状态。现代文明中的我们业已都变得麻木，这种同频振动的物理状态同时也是诗意状态，很少被感受到了，这不能不说是人的一种悲哀。我们离本相太远了。物质的、外来的、非我的东西，把我们变成了不是人的一种怪物（“异化”），我们失去了人本来具有的自然属性和特质（“非人”），同频振动变成了一种玄秘的、不可思议的东西。

抽象概括一下，以资琢磨、品味、参悟：拥有不二一体、自然为道的世界观，拥有不判断无是非的方法论，拥有无言无辩的语言论，拥有精进但同时不执着不偏执的实践观，拥有共在共荣、和而不同、万物并生而不相害、平等齐物的社会生态观，拥有全面的、超越的、美学的精神境界，拥有直接通达本质的灵性，大道归一，和谐一体，圆融澄明，能够大智若愚，大音希声，乐观向上，是其所是，适得其所：就是和谐，就是幸福。不管是儒、道、佛、易，还是自然科学，都在探索、证明、实践与呈现“和谐”这一“大道至理”。

自　然

“自然”与“和谐”大道相通、其义相类。人活着的最佳境界是什么？当然是关系的“和谐”与属性的“自然”。“自然”，不是拥有过多的财富、很高的地位、强大的权力、穷奢极欲的享受等超出了人自身需要的东西，而是“自己本来的状态”。人们常讲“自然天成”“大道自然”“道法自然”“自然而然”等，意味着“自然”对社会与人生的极端重要性。

什么是自然呢？“自然”不只是我们一般所谓的“自然界”。我们可以把“自然”理解为外在于我们的天地、山川、风云、水火、动植物等。这是我们生存于其中的环境。人们认为，这个自然要么与我们相对立，要么与我们相谐调，并倡导、追求人应该保持与自然的和谐关系。这个与人对立、处于人之外的物的“世界”，是一个所谓“客观的”“世界”、非人为的“世界”。这种人与自然对立的二元论认识，把自然物质化了，把自然与人对立化了。实际上，其一，从“物性的自然”看，人亦为自然构成要素之一，是自然的一部分。自然是个整体，不能把人排除在外。所谓“天人合一”，就是人与自然本自一体之意。人不应该把自己作为万物的灵长、世界的主人，把自己独立出来、孤立起来，高高凌驾于人之外的自然界之上。这种盲目自大、画地为牢、故步自封、作茧自缚的态度，必然会把自然与自己对立起来，造成人与自然的矛盾，并反过来威胁到自己的生存。其二，从“理性的自然”看，“自然”更多的是一种存在的属性，是形容词或副词，用以描述某种不过分、不做作、不执着、不偏激、不妄想的恰当、谐调、平等、仁爱、理性的存在属性。"自然"，在中国传统文化里，常被称为弥纶天地之"道"，如老庄道家与道教所谓的"道"，儒家之"道"，佛家之"性"，理学家之"理"，心学家之"心"，虽然出发点不同、思考的逻辑不同，但是，它们无一不是立足于自然的，都宣称"自然"是他们的最高境界。"大道"（"心""性""理"）是源头、是终极，且弥漫、潜藏于生命与自然的过程、细节中。大道具体的表现，就是"自然"——一个由众多因子构成、自成一体、自我圆满、不假外求、非人为加工制造、本然如此的具象世界。所以，追求、崇尚大道，一定会崇尚、推尊"自然"。"自然"，几乎被当作"大道"的另一个称呼。

"自然"是人与社会存在的基本样态。人不能离开"大自然"生存；人也不能放弃自我的"自然"属性。但是，在物性层面，由于人欲的膨胀、人的自我标榜、自以为是、主体能动性地对自然予以改造与利用，自然被破坏、分解、变异，使我们的存在变成反自然的。那么，建设与自然和谐共处的生态文化、生态环境、生态文明，就是我们这个时代最紧要的迫切任务。在理性层面，当我们异化成外物、异化成非我的东西，从而被那些过分的、冗余的他者控制，失去了自我的本性时，"自然性"，就成了我们的理想、回归的净土和目的地——本来是自然的一部分的我们，离开自然的状态太远，现在必须要经过艰难的修行或证悟，经过投入强大的物质与技术力量、精力与时间成本，才能修复自然，回到自然。况且，这种修行或证悟有一定难度，几乎非常人可为可致，若没有时间闲暇、没有哲学沉思、没有宗教情怀和心性、没有相关技术和技巧，极难做到。虽然哲学家们和宗教学者一再声明某种可能的刹那醒悟、立地成佛、瞬间直觉，但仍然不能减弱常人回归自然的难度。这样，出于自然、本自天然的我们，为了索致物质、名利、地位、资源、财富等，经过自己的努力创造、劳动、工作，走向了自然的反面，失去了自己的本然属性，离自然和自我都太远了。聪明的人活着时就开始返回大自然、重新找回自己的自我自然的属性；愚钝的人，至死都不明白自己的痛苦源于何处，为什么人生只能是一声幽长哀怨的叹息！

所以，我们必须明白，什么样的状态、属性才是"自然"，怎么样活着才是"自然"的。自然，就是"自己的样子"。世界之如其本然，人亦如其本然——像其本来的那个样子："自然"意味着"我本来是什么样"，"我应该是什么样"，"我存在的本质样态是什么"。"本来"这个词，意味着我们不再"本然"，而已经离开"那个状态"非常遥远，自然的属性消失了，远离自己的家园了。这是一种异化状态，一种失去自我的失落感，一种失去家园的无根无依的痛苦。远离了，异化了，那就要想办法回归，具体方式很多，或"格物致知"，或"修身养性"，或"致良知"，或参禅打坐，或在劳动实践中依照自然规律而作为，或哪怕是"以心转物"的刹那觉悟。

"自然"牵涉"自""己""是""在"等几个方面。"自"是"鼻"的本字。"自"，在甲骨文中像人的鼻子，有鼻梁、鼻翼。"自"的造字本义就是鼻子，是位于脸部中央的呼吸器官。在向他人表达"我"的时候，人们习惯于手指本人脸部（即头部正面）的中央位置，即鼻部位置，于是"自"（即鼻子）渐渐成了第一人称［古汉字中的人称来源，体现了古人的自我中心意识：脸部的正中央为"自"（鼻子，第一人称），脸部的下边为"而"（颔须，第二人称），身体的最下端为"之"（脚板，第三人称）；同样，威猛的武器为"我"（大戌，第一人称），而只用于短程集发的弓弩为"尔"（排箭，第二人称）］。所有与"自"相关的字，都采用"自"作边旁。"自"就是自己、"我"这个主体。"我"是世界的中心，世界围绕"我"并为"我"而存在。没有"自"，世界对"我"就没有意义。自从人类认识到一个"自我"，同时这个自我又与外在的东西相伴相生，或矛盾或合一，就产生了"自我意识"，产生了主体性，人类也渐渐有了人本主义思想。诚然，我们不能不以"自"为核心。然而，如果一个人过于自我，采取自我中心主义的态度，考虑问题、做事情都一味地从自我出发，在处理自我与他者如自然界、他人、社会组织、物质等关系的时候，结果往往适得其反，为了自己却伤害了自己，为了获取往往失去，为了成功却往往失败。这是非常辩证的。当然，当人的目光、思考与努力，过于向外投射，那么，他的注意力和关注的重心、他存在的立足点、他生存的意义和价值，就由自我而扩散、挪移、外化到"非我"的外部——为了自我，却南辕北辙地把自我遗忘了。人变成物、变成权威、变成别人，或变成美色、美食、美声、美衣，从而变成不停地追逐外在之物的欲望的奴隶，如此，就不可挽回地、现实性地失去了自我。所以，应该关注自我；但是需要防范的是，因过于关注自我而把自我放逐于自我之外，使自我迷失。自我的迷失、家园的毁弃、不能控制而反过来控制自己的困窘之态，反射到我们的心灵图景上，就是痛苦。所以，“己”这个字就很有意思。“己”是“纪”的本字，是把绳子系绕、打结，用以记数和记事，或标明物品的归属者。捆绑的绳子为“乙”，用绳子捆绑叫“己”（纪）。“己”字就是用以指称“这个是我的”。但是，当我们过于强化“这个东西是我的”，“己”字就会变成“已”——完了，结束了，失败了，失去了。所以，“己”是必需的，也是必然的，但绝对不能“过分”——重视自己，我们称之为自尊、自重、自爱、自立、自强，称之为“主体性”“人本主义”；但是，对自我的关注要有度，要中正，要合乎理性，不能过分。过分意味着在与别的因素的关系中，彻底地失去自我。所以，对于“我是我自己”也应该有个辩证的态度：自己如何才能“是”自己。从造字法看，“是”，由“日”、“又”（手）和“止”（脚）构成，强调太阳在头顶正上方，表示太阳直射，时至夏至，人们手脚并用进入夏季农忙。从本义上看，时日恰当为“是”；相互抵制为“非”。所以，“是不是自己”，考虑的是一个人对自己在环境（自然的、社会的）中的定位和认识是否“恰当”，是否理性，是否与周围相协调。德国存在主义哲学家海德格尔，对“是”这个系词的研究，很有中国智慧的味道。“是”是 be，而 be 的动名词形式 being，就是“人”，就是“存在者”。“是”就是人，人就是“是”，“是”就是人的本质存在，就是规律，就是现象，就是本来，就是自然。“自然”，就是“自己”；作为“自然”的“自己”的样子，就是世界的和我的本质。所以，什么是人？什么是自己？说到底，人与自己，都是一个判断（“是”或“否”），而判断的理性标尺就是“恰当”与否。当一个人尊重自我而又不过分强调自我中心、能够处理好自己与他人外物的关系，保持一个合乎理性的度，这个人就“是”“人”或“自己”，他就是“存在者”。他的“在”（生存、存在）就有一个合乎理性的判断与定位。

“然”是生态，活着的样子。“然”是“燃”的本字。然，由“月”（兽肉）、“犬”（代表狩猎）和“火”（烧烤）三个元素组成，表示烧烤猎物，将猎获的动物烤熟了吃。在远古时代，烤食是生存能力突破性的一大进步，所以“然”也表示“合理”“正确”。我们观察自己，我是什么样子的？我要狩猎、种植，要烧烤、收割，这就是生命，就是生活。生命、生活的这种状态，就是“样子”，就是“然”。结合“自”的意思，“自然”就是尊重自我的生活状态，是“恰当”地处理好各种关系的理性要求。儒家思想讲“中庸”，反对“过”与“不及”，要求不偏不倚、不走极端、中正诚一。佛家反对妄想、偏执、执着，主张断舍离，追求不二一体、无分别、不判断的“空寂”。道家更是要求绝圣弃智、剥除全部的多余之物，“为道日损，损之又损，以至于无为”，回归到“虚无”的道体状态：这都是立足于生命与生活而采取的一种“恰当”的理性主义态度。大体来看，智者们认为，人与天的关系要“天人合一”，主要处理的是人与外在的物性自然的关系，人受惠于自然，生存于自然当中，就要与自然保持融洽平和的关系。自然是母亲，是人存在的本体和资源，这是物质层面的“自然”生态观。人与人的关系要“爱”，孔子的“仁”这种建立在等级秩序基础之上的级差有别的“爱”，墨子那种没有差异差别的绝对平等的“兼爱”，都是“大爱”，追求人与人之间基本的平等、同情、和谐、互惠互利、共在共荣、共同发展。物质层面应该均贫富，精神层面应该温良恭让。人与人之间应该在“礼”（法律、制度、秩序、规章等）的框架内，情以仁，行以义，讲诚信，行中正，慈悲为怀，与人为善，温文尔雅，文质彬彬，忠恕体贴，己所不欲，勿施于人。先做到“内圣”，强化自己的人格修养，诚意正心修身；次而做到“外王”，能够修齐治平。儒家“内圣外王”的君子法，就是社会层面的自然观——“社会本来就是这个样子的”！其实，人不仅要处理人与自然的关系、人与人的关系，人更重要也更难的是处理人与自己的关系：修正自己的非理性部分，放弃狂妄与臆想，摆脱虚假、幻想的纠缠、撕扯与控制，认识到人之为人的基本属性和应然的样子，把心从外物上收回，卸下一切无谓的、多余的、虚幻的负担，回归到自我的本来面目。不要贪心，不必过度追求；但也不必绝欲，尊重人生之物性，饿来吃饭闲来眠，禅茶一味，打扫庭院，风来吹风，雨来淋雨，做一天和尚撞一天钟，如云卷云舒，流水过竹，不刻意，不做作，不过度，不执着，“越是自然越好”，这就是佛禅思考和践行的处理好人自己的心性的“自然”。诚如道家所示，一切无非是道，道最简单，而道法自然，去掉过度的消费、去掉相对主义的差异感、去掉任何人为的东西，“无为而为”，以无生有，有也是无，那种赤条条来去无牵挂、自然生活甚至于绝圣弃智绝仁弃义的生态，就是政治、经济、社会以及人生的“自然”。看上去有点消极？这是误解。这种“自然”主义态度，恰恰是积极的人生方向，我们必须用其一生心向往之、勉力而为。这是贵族的生活方式？非也，这是众生皆可践行的道路、皆可达成的目标。儒家的君子与小人、道家的百姓神人至人与圣人、佛家的佛菩萨等各级证悟者与愚昧的“一阐提”，人不分你我、不分地域、不分阶层、不分学识，都向往自然、追求自然。

因为，“自然”就意味着幸福，反自然就意味着痛苦。智者们就是通过哲学沉思或宗教体验，带领我们回归到自然之境，收获人生的幸福。解决痛苦的方法，一直是圣人智者宗教家们的努力目标，如儒家给我们开出了规范、伦理、君子人格、努力精进入世等行为妙方，道家让我们放下相对性的拖累，在大道为一的世界观下，齐物于道，要人们从异化我、控制我、奴役我的外物之中，损之又损，层层把经年累月积压在自己身上的尘土污垢剥离掉，回归到本来的自己，与自己相处，与自己乐游，逍遥自在。同样的，从心性的角度观察，世界不二一体，无相无念无著不执着，弃除内外、心物、人我、有无、是非的区别，拂拭掉心性之上的外来尘埃（神秀之偈子：“时时勤拂拭，勿使染尘埃”），或者，如果一个人够通透、够灵性并能顿悟到自然那种“本来无一物，何处染尘埃”（惠能之偈子）、本无烦恼的无相之本相，一念之间，当下成佛，体悟到圆融一体的干净和纯粹状态，就是涅槃解脱寂灭澄澈的大圆镜智。《心经》中的“观自在菩萨”，在对自然之声的观照中，悟出了“自而不自，不自而自”（为了自己，恰恰失去自己；不为自己，才能成就自己）、“在而不在，不在而在”（刻意强调自己的存在，则不能真正存在；若能不去过于关注自我的存在，才能真正实现自己的存在）的道理，以慈悲之心放下自我，从而才能真正地找到那个久已迷失的自我。这些都是把离开自我、离开家园的这个痛苦的我拉回来，以“回光返照”为方法，以回归为主题，以解脱、超越为目的。而所谓的解脱与超越，不过是一种极其现实主义的回归自我而已。从反自然、远离自然的非正常状态中，回归到本有的、应有的、必然的位置和状态，回到正常。

所以，自然就是生命存在的自己的样子；这是最正确、最本真、最无疑义的真实状态。自然就是生态，就是生命存在的本然之态。我们是自然的产物，是自然的一部分，与自然不二一体。我们生于自然，最后也一定回归自然。本没有一个与自然相对立的我，没有一个离开自然的我，更不可能有离开我的自然，自然是我的自然，是人的自然。在自然的状态之中，人劳作、思考、知、行、贡献、收获，所以自然的状态是反对消极避世的，是积极精进的，是现实主义地生活的。在这个自然状态里，我们不与外物对立，不与别人对立，心不与物对立，内不与外对立——本就没有对立，为什么要给自己找一个对立物？我们溶于自然之水，没有过多的物性欲望，没有过多的对外的依赖与顺从，没有外物对自己的控制与压迫、奴役。我们简单、单纯、宁静、肃穆。如果真的这样，我们就是自由的、自在的——由自己决定自己的命运，自己的状态的决定也就要掌握在自己的手里，由自己，在自己。

好好地做，好好地吃喝，好好地思考，好好地感受爱与恨，好好地生，也好好地死；把目光从外部收回，别要求太多的物，别有太多的贪心、嗔恨与痴心妄想；没有对立，没有相对性的虚妄，只有不二、平等、干净、平静、简单、纯粹——以“和”以“合”，回归“道”“一”，找到本来的那个自我，活成自我的样子来。这个道理如此简单，却还需要圣人们思考、讲授、教化我们。可见，人，在某些时候是完全彻底地迷昧；一切文明的东西，也具有把人拖离自我的毒副作用，不可不察。只要一个人自己明白世界的本相，并愿意“损”而回归自己，这个人才是世界与人类文明的产物中的上乘者。至少，他是活给自己的，而不是为了外在的东西而活着。

和合同体就是“自然”；为了我们能够“自然”，儒家施我们“仁”术，佛家教我们“放下”，道家赐予我们“以损而致”的减法、无为而为的道路。一句话：断、舍、离、损、爱，以此理性活成本来的那个自己，简单、纯净、理性、轻松而幸福无边，就是“自然”。

道　德

人行有道，人心有德；遵道而行，行而有德。“尊道贵德”，内心有德性，行为有规范，而内心德性与外在规范相统一，道德与伦理相统一，内外协调，身心合一，是中国文化对人格、人品、心性和社会关系的基本规定。

儒家思想的核心内容，基本上全部是道德论和伦理学的。早期儒学讲究“礼”，这个“礼”来源于古代祭祀，其内容是祭祀祖先鬼神时，依据祭祀对象不同的等级，需要适用不同的牺牲、不同的礼仪。这是一种级差序列，就是要区分层次、等级并给予不同待遇。“礼”，后来就发展为家族、社会、组织、政治中的等级秩序。这个等级秩序，进而演变为道德伦理，如“三纲五常”。儒家思想在汉代被独尊为国家意识形态，形成了文化的大一统，其封建性的等级秩序得以固化。宋代理学把“欲”与“理”相对立，主张以客观外在于人欲之“理”约束个人的欲望与意志，实际上就是强化道德伦理的外在规定性，使人的个体心性和欲望，统统服从于外在的客观规制，形成了“同风俗、一道德”的整一化精神律令、行为原则和文化内核。宋代是我们古代道德伦理文化的典范形态。儒家思想的伦理道德内容，在春秋战国时期即已受到来自道家、墨家的反对与解构，在魏晋南北朝时期更是被崇尚玄学的名士们以“反名教、任自然”的特立独行精神抨击和抛弃。明代心学也以对理学的反动形式强化个人的“良知”即个人对道德律令的选择与约定，即使是“理”，也不是外在的客观之“理”而是人心之“理”，“心即理也”。清代经学鉴于“理”与“心”的争论是非莫辨，无所适从，有人就提出了“以礼代理”，主张重新回到早期儒家思想的范畴上去。但是，这些儒家思想的反动形式，只能看作是中国思想史内容丰富性的诸种表现，在客观上促进了道德伦理文化的深化、发展和进步，终究不能改变中国文化和中国社会、中国人格要求的道德伦理性质。中国传统文化，本质上是道德的、伦理的。

道德，首先是对于内在心性的规定。比如，儒家主张人需要“诚意正心修身”。意要诚，诚就是“一”，所以宋人说人要“居敬守一”，专心不二，全心全意；心要正，正就是止于“一”，“一”就是最佳、最好，所以《大学》中说“止于至善”；而修身，有强健身体的内容，也有约束身体行为的规则性内容，所以道教的修身兼具这两个方面，既要追求身体的长生不老，炼好外丹，还要追求心性或灵魂的纯粹精一，炼好内丹。这就是“性命双修”。儒家继续主张“慎独”，不仅在社会上要遵守某种规范，即使一个人独处时也要服从这个规范，人前人后一个样，家族社会一个样，内心与外在也一个样。然后，古人按照“异质同构”“以意逆志”“平行外推”的思维方式，认为道德规定就是伦理规范，心性修养就是社会制度，我心与别人之心同意同理，心同理同，“己所不欲，勿施于人”，那么，对个人的心性要求与个人在社会上的表现应该是一样的标准，道德的要求也就转化为伦理的规定。它不仅约束、管理个人之心，同时也一样约束、管理着社会关系与人群的行为方式，为内外两个方面提供了规范、原则和标准。所以，古人的心性管理和社会管理，不是法制的，而是心性的、道德的、伦理的。这是中国文化的特色。这种特色，有压抑个人性、个体性的缺点。它取消了个人自身的特殊性、创新性，减少了人性的丰富性，也使社会缺乏应有的活力，但是，客观地说，它强化了社会性、群体性，具有强大的集体主义力量，并填补了法制的缺位，对社会的安定、和平和国家的长治久安、民族的强大、文明的延续，有着重要的实际意义和历史表现。

那么，到底“道”的本义是什么呢？老子《道德经》有言，“道可道，非常道”，“道生一，一生二，二生三，三生万物”，意思是，“道”这个东西如果说得出来，那就不是恒常之道。道是不可言说的。佛语讲不可思议、不立文字、言语道断、一说即错；西人讲“人们一思索，上帝就发笑”；维特根斯坦言“对于我们不能说的东西，我们必须保持沉默”——都是同一个意思。语言是交流必需的工具，但语言却不是万能的，相反，它的表达能力很有限。词不达意，得意忘言，不落言筌，等等说法，就是说，语言“力有不逮”，面对那个无形无相的“道”，必然是茫然不知所措的。“道”，惟惚惟恍，无名无功，无形无相，无声无息，无来无去，无增无减。《心经》中说，“是诸法空相，不生不灭，不垢不净，不增不减”。这是说“空”，也是说“道”。“道”不是个实体，看不见它、把握不住它；正如“空”不是具体之“有”。但是，“道”又无处不在，它产生现象、弥纶万物，既是世界之母，又存在于、内蕴于万物之中，世界万物无非是道。道是什么？道什么也不是，道又是一切，即佛语所谓有相即无相，无相中有相，“色即是空，空即是色”，即空即色，即空即有，空有不二，真空妙有。依道家语言说，有即无，无即有，非有非无，即有即无。如此一个玄秘之“道”“空”，何以被把握？说来，也只有一个“悟”字，或直觉，或禅境入定之状态，才有把握到它的可能。

但是，若我们只是这样玄学地体悟“道”，“道”永远只能是“玄学地”“玄而无用”，这与中国文化“经世致用”的精神旨向绝对不相符合。所以，对于道，中国文化更有具体化、现实化、功能化的意义解释。这个意义，其实从字源上就可以清晰地看出来。“道”，是“导”（導）的本字。金文“道”由三个部件构成：即（行，四通的大路）、（首，代表观察、思考、选择）和（止，行走）。故“道”字，有三层意思：一是主体的能动思考；二是人们的积极行动，合而言之就是“知行合一”；三是道路通达，诸事顺遂。所以，道的意思是：主观的、能动的思考与选择（心、知）；决定行动的方法、原则与方向（伦理道德规范）；道路通达，万事顺利（知行合一，致用有效）。那么可知，中国人把“道”分解为三个要素，即头脑及其思考；行动；对诸事顺利美好的期望或结果。“道”，就是产生于人们的头脑之中，并能指导人们行动以达到主观的期望与效果的某个实体。所以，作为世界本原的道，不过首先是人的主体意识，并且是控制、指导人的行动的意识与精神。

按照西方哲学的说法，人为何能认识世界？因为人是上帝的创造物，天生地、宿命地，也就是“先验地”，于基因深处就“被植入”了与世界同样的结构和意义。人对世界的认识，不过是对自身的一种发现而已。所以，人能认识对象世界，因为这不过是认识自己罢了。而“上帝”“道”这个实在体本身，却不是我们的经验与先验等所能把握的，它不是认识的对象，而是信仰的内容（康德称为“物自体”）。我们是上帝创造的，而我们不是上帝，所以我们不能认识上帝即“道”。我们所谓的能知、能行、知行合一，也只是在上帝（“道”）的领土之外，在我们“人”的范畴之内部才有可能。那么，“道”肯定存在，但一定存在于我们“人”之外部。这就构成了信仰与灵修的目标与目的，凝练成人们的“理想国”“净土”“至善”等外于、高于人自身的超越性价值。“道”，只能被“信仰”（康德），或者，在认识论中被“悬置”、用括号“括起来”（胡塞尔）。

我们的老子其实也是这个思路。老子把“道”客观化甚至神化了。老子所说的“道”，是世界的本原、本质、本相，类似于西方哲学比如柏拉图的“理念”（理型、理式）、黑格尔的“理念”、叔本华的“意志”。哲学家们，大多具有对于形而上之物的某种程度的迷恋与执着，以此他们才有了思维的逻辑出发点，才有了对世界本质的设定。各种事实表明，也许这个“道”就是世界本身，包括各种具体的现象界的诸存在。现象界只是这个形而上之体的“现象化”，比如，黑格尔的“理念的感性化”“精神现象（动词，使‘象’现出，使显现）学”，叔本华的“作为意志和表象的世界”，维特根斯坦的“图像论”，老子的“道生一，一生二，二生三”，都在表述一个基本认识：世界是“道”（理念）的产物。世界之为世界，由万事万物构成，而这些不可胜数的物，不过是一些“道”的“现象”；所谓“现象”，就是显现于人的意识领域、在人的世界被观察到而以之为事实的“像”、影像，它们不是真的，是“假相”，是“空”。若把哲学和宗教结合起来看，“世界”就应该是道本身、理念或理式本身，而不应是那个“现象化”的过程和结果。所以，作为人，我们使用哲学的方式、宗教的方式，或逻辑推理，或宗教体验与修炼，我们都在向着那个“道”的方向努力做着返回的运动。柏拉图的“回忆”，老子向道的回归，黑格尔的辩证法的运动，都是一个动作：向着原初、本质的回归。“道冲”“返者，道之动”等，无不如是。这是宗教的思路、哲学的思路。

但是，还有一个实践的思路、落地的思路。世界是“道”，世界有“道”。那么，人就需要“在世界中”本着“道”而行事。“道”，是用来遵守的法则、律令。人在行动实践中本诸此“道”行事为人，当是必然之义。“道”，可以不被认识，但它却能被极好地利用。道生万物。儒家讲社会之道；道家讲自然之道；佛教讲心性之道——多么丰富而具体！因为中国传统文化把“道”现象化、实体化、功能化了。这个功能化的运作的理路是这样的：先找到一个“中正”的点（“极”）——“道”，这个点是最理想的、最理性的、有时是最原始原初的；以此点为参照物观察人们的活动过程及其结果，是否远离或违反了这个界标，逾越了某个界限；一旦出现这种不合理、不理性、不“天经地义”的情况，就需要参照“道”的基准状态予以校正。这就是文化的理想、文化的生态、精神的净土。古人是极其现实的实践主义者，更是乐观地面对世界的美学观念的实践者和体验者。道生万物，万物皆有道。按照老子的意思，道生万物之后，现象化的万物就渐渐远离道体本身，使人们陷入痛苦祸患之中。故老子有“为学日益，为道日损”的认识，进而在方法上，教人们通过层层剥笋的方式，摆脱多余的俗物之累赘，回到大道之初的、自然而然的状态。大师们屡屡追问、用以启悟的话头——“哪个是佛祖西来意?”“哪个是上座本来面目?”提醒人们回到自我、回到没有被污染的那个原初的自己、回到那个“本来面目”，也就是回到自心自性，回归我们所从出发的“道”或“理式”。这是最深刻的哲学追问和宗教体验，是对人性和世界本质的直觉式探索。“道”就是心性、自心自性，就是那个不二一体的“一”，就是如来藏心，就是真空妙有，就是“禅那”的澄明纯净状态或解脱涅槃的境界。在禅的实践中，就是生活中当下的那一个“点”：无时间无空间的那一个“点”——不要拉长它，不要悬想惦记它，不要执着于它的有关过程与结果——只有一个“点”！这个“点”，就是我们物我两忘、发呆发痴的那个瞬间，就是“逍遥”，就是“坐忘”，就是禅者的“当下”。

所以，“道”是宇宙的本原，是万物的母亲，在哲学意义上，“道”是本体，是第一推动力。这个产生了“世界”的“道”，为社会、人类、万事万物开辟了一条存在的体式与发展之路。本着这个“道”思想、实践，是人类精神文明与物质文明发展的根本。人必遵循其所处时代之道而思考与行动。《论语》的“学而时习之”，翻译过来就是“学习宇宙之大道，并在实践中身体力行，做到知行合一”，这才是真正的“大学”（参见本书“学习”篇）。而“大学之道，在明明德，在亲民，在止于至善”。“明明德”就是“诚意、正心、修身”，做一个“君子”；“亲民”就是“齐家、治国、平天下”，处理好家庭、国民、国际关系；“止于至善”就是凡事做到最佳、最好、最高境界，做到“和”而“正”，摆正自我与他者的关系，从而诸事顺利人生成就事业成功。即是说，一定要首先通过学习、体会，理解并掌握本质、本相和规律性的东西，做到心正、意诚、获得良好的个人情操，在学校做个刻苦努力的学生，在家里做个孝悌的儿女、兄弟姐妹，在国家忠于人民、忠于自然律、法律与道德律而守法有德、对社会有用。于人类而言，就是要立志为建设一个共享共荣、和而不同、平等幸福的大同世界而努力奋斗。

本诸“道”而行事，就是“德”。“德”的甲骨文由两个部件构成，即（行，四通大道）和（直，不曲折，不犹豫），表示大道直行。其造字本义是看清道路的方向，没有困惑迷误，大道坦然直行。有的金文加（“心”），突出心胸坦荡的含义。古籍中“德”与“得”有时因同音而相互假借。意思是：只要我们心胸坦荡，按照明确的、光明的、正确的大道一往直前，就能得到自己应该得到的东西。这就是美德、德性。所以，道与德意义大有重合之处。若比较而言、并置而观察，“道”为本体、本原，“德”是德性，是为实践中为人之心性、原则。“道”是本体论，是真；“德”是实践论，是伦理学，是善，也包含着社会审美。本诸“道”而行为，行为要讲究“至善”的价值规约，即是“德”，故我们常讲“道心”“德性”。有“德”即能有“得”，德性是做人做事的根本，是取得实效和成功的前提。

对于人应该有什么样的德性，古圣先贤有非常明确的表述。如“仁”，就是要行仁政、泛爱众以建设平等互爱的国家与社会关系；如“义”（宜），就是一个人做人做事应该遵守某种规则；如“善”，就是以爱心、诚心、热心、良心做人做事，并把事做到极致、最好；如“诚”，所谓“正心诚意”，“诚则明，明则诚”，就是要一心一意、专一致志、全心全意地做人做事；如“信”，所谓“言必信，信必行，行必果”，就是要言行如一、内外合一、始终如一；如“忠”，就是在与人谋事做事的时候，要做到心地如一，不偏不倚，不自私，不结党，向着既定的目标，忠于某个核心，矢志不移；如“礼”，就是要遵守社会规范，守法守德；如“素位”，就是要做一个干净的人、平静的人、不越权的人、恪尽职守的人；如“和”，就是自己的喜怒哀乐“发而皆中节”，就是心胸坦荡、心性合乎美的规律，就是和气、融洽、其乐融融……真是让人感佩：“爱国、敬业、诚信、友善”，不就是中国圣人先贤们最亲切、最实用的教导之最中肯、最集中的表达吗？爱自己的国家，爱自己的事业，做一个诚信的人、友善的人，不是最基本的要求吗？传统文化的智慧，开出了娇艳的时代之花。

这样，“道”“德”二字，合起来，就是本诸大道而行，做到德性的完善与完美，从而在最高的层次上复归于“道”“一”的一体状态，也就是“至善至美”的“大同”状态。宗教如佛禅如此。儒家之礼学如此。在道家思想中，“道”代表宇宙的本质、本相和自然规律，是道家世界观的核心；“德”则代表顺应自然律的法则，是道家方法论的核心。“道”是路，“德”是在这个路上行走的规范、一个人应该具有的德性。道路是体，德性是用。道德二者圆融合一，是我们人生幸福、社会和谐、国家发展的保证，是我们的教育与学习、实践与发展的根本。道是本质，是路；德是德性，也是路。一个是理念之路、成功之路；一个是心性之路、修养之路。既有宏观的、大格局的道路规划，也有微观的、自我心性的德性引导。我们做到了知行合一、内外合一、个体与社会的合一、意愿与行动的合一，不就是身体力行了新时代核心价值观吗？我们每个人都应该为建设一个“自由、平等、公正、法治”的社会，为建设一个“富强、民主、文明、和谐”的国家，为建设一个和平、平等、共同发展的繁荣世界，贡献自己的力量。

西方哲学对于“德”的研究和设定也是不遗余力。关于人的本质是什么？人的行动准则是什么？人如何处理自然关系和社会关系？人应该具有何种社会规范？等等问题，都是“德”的问题范畴。但是，需要明白的一点是，西方的“道德”与中国的“道德”绝然不同。康德的墓志铭“位我上者，灿烂星空；道德律令，在我心中”，是什么意思？“道德律令”不是外在的，不是外力给予我而我必须被动遵守的规范，道德是源于自己的，是我的愿望或意志，我为道德立法，我有自己的道德，道德是主观的、个体的，而不是外在的、被动的。中国文化中的“道德”，反对个人对道德的立法功能，强调外力的规范作用，“道德”是别人、文化、政权或社会给个人提供的、必须遵守的一个现成的“命令”。这里举一个例子。在西方，到一个姑娘的窗外去弹琴唱歌表达爱情，是骑士的浪漫主义佳话；但在中国，这可能是“有伤风化”——“关关雎鸠”，固然是“君子好逑”，但朱熹先生说，这是“后妃之德也”。

仁　义

“仁”，是中国儒家思想的核心，甚至可以说是中国文化的核心，说的是中国礼教文化所规定的人的道德修养、社会关系、人际关系中的平等、大爱之美。了解了“仁”字，也就理解了中国文化的本质和特点。

“仁”是会意字。“仁”的第一个意义是平等相爱。“仁”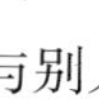=（人）+（二，等同、相等），表示人人相等，亦即人人平等，自己与别人要等而视之，视人若己，将心比心，同情包容的“真性情”。造字本义：动词，尊重人道，相信人性相通，视人若己，心怀众生，宽容博爱，尤指强势者对弱势者的厚道。所以，“仁”字，一是给出了“人”的本质规定，它与别种生物不同，每个人都是人，都具有人之属性，都是必须被尊重的个体；二是每个人的地位关系都是平等的。“仁”就是平等的人与人的关系。《说文解字》：“仁，亲也。从人，从二。”本义是对人友善、相亲。“仁”，即平等和爱。《论语·颜渊》：“樊迟问仁。子曰：‘爱人。’”后来发展为含义广泛的道德范畴，如儒家提倡的“仁爱”“仁政”等。

“仁”的第二个意义是“身心合一不二”。“仁”字较早的写法是“上身下心”，后来讹误变形为“忎”，其本义是心中想着人的身体，与“从心从人”表示“心中思人”的“爱”字本义差不多。这是对个体的一种规定。儒家思想特别讲究君子人格，把自己的个人修养放到第一步、第一重要的位置，认为要爱人或要处理好社会关系，必须先把自己培养、修炼成一个大美的君子，也就是先“诚意正心修身”，再“齐家治国平天下”。正如我们在解说“中庸”的时候所示，要先“中”再“和”，先“素”后“仁”，先个人再群体，先家庭再社会。人最容易做的是爱自己，通过人对仁爱的情感最真切的体验，人们推己及人，才能建立“仁爱”的社会共同体。道家思想没有身体与心灵的分裂，也不关注个人与社会的对立，而是在身心不二、个人与群体不二这一认识基础上，强调“自然”。发展到道教，道士们对于身体的关注，发展出了各种丹术、功夫；对于心灵的关注，发展出了内丹学说和各种德性规定——所谓“性命双修”，其实就是内外丹同步修炼，就是身心合一、不偏不废。

所以，首先，“仁”是对个体的一种规定，因为心中要想着身体，我们人要追求身体与心灵的谐调与统一，不让身心分裂。不仅要身体健康，而且要心灵美好；肉体与灵魂不离不弃、不悖不二，身心合一。这样的人就是对自己的“爱”，就是和谐幸福的人。可以看出来，中国人讲“仁爱”，不是纯理论的，而是先从对自我的体察出发，爱自己。其次，推己及人，从血缘关系定远近，“仁”是基于血缘关系的一种爱。最后，从血缘关系外推到非血缘关系的社会关系，讲求社会性的大爱。所以，这种爱不是形而上的，而是非常具体的；不是理论的，而是存在于人的生命、生活、生产、交流中的具体的情感形式。它的核心就是“将心比心”“爱人爱己”“推己及人”“己所不欲，勿施于人”“自重重他”的平等、关切、关爱之情感。所以，孔子说，“夫仁者，己欲立而立人，己欲达而达人”，这也就是孔子“一以贯之”的“忠恕之道”——“忠”于己而“恕”于人。

“仁”就是“平等”与“爱”。然而人的平等却不是表面上的平等。“仁”与“爱”字连用，“仁者爱人”，这个“仁”是绝对的平等；但当我们把“仁”与“爱”连用，“仁”字绝对平等的意义就发生了偏移。“爱”字，具有更多的柔性，其意义具有更大的外延，在操作上就有更多的可能性。在中国文化中，“爱”往往含有等级关系，如父慈子爱，如父母对子女的爱、君臣之爱等。包括男女之爱，也定然不是绝对的平等。所以，在中国文化基因当中，“仁”与“礼”是正反两面，相辅相成。“礼”，是击鼓献玉，敬奉神灵。面对神灵，不仅要有牺牲、有贡献，而且必须保持向上的敬仰的态度和姿态，卑其身体，低其心志，以表示崇拜祖先或神灵的偶像。那么，我与神灵间他高我低的关系就是绝对不可逾越、不能亵渎、更不能废弃的等级关系。这是人与神的高低等级关系。同时，即使都是神，他们也有不同的地位，所以人们在祭祀时奉献的牺牲品，在数量、质量、等次上也必须有所区别。包括行礼的先后、步骤、程度，也是由于等级不同而有严格的区别规定的。“礼”，是祭祀文化的核心要义和规定，从“礼”中发展出来的中国文化，我们后来有人称之为“礼教”，就是非常讲究等级差异的——人和人、阶层和阶层之间，形成一个级差序列。三纲五常对于父子、夫妻、君臣的关系的规定，就是典型。而且，对于内外关系、华夷关系、上下关系、心物关系、身心关系等任何关系，都必须遵守这一道德伦理性质的规定。这就是通常所谓的“封建社会”的特征。它是一个伦理社会、道德社会，其基础是建立在血缘关系之上的宗法制度。

有意思的是，这种社会，讲等级秩序是它的必然；但是，中国文化中的儒道佛易，都特别强调和谐合一，这其实也就是对等级秩序的否定。前者是“阳”，后者是“阴”，所以，等级秩序与平等仁爱看似矛盾，却相辅相成。平等是有差异的平等，仁爱是有秩序的仁爱。从另一个角度看，前者是“礼”，后者是“乐”。中国自西周开始发展成为文化成熟的国家，形成了非常成熟发达的“礼乐”文明。《论语》中说：“学而时习之，不亦说乎？有朋自远方来，不亦乐乎？”可见，“说”（“悦”）是个人快乐，“乐”是社会性的愉悦。“乐”的意义就是大家的、社会共通的情感愉悦。如果说，“礼”是“非我我”规定，是伦理道德的外在压抑力量，它挤压个人，否定个体，让人紧张、受缚、不自由、不自在，只能服从于外在“礼”的规定，是对社会性的强化和对个体性的弱化，如果过度依赖“礼”的制度性规范和压抑，就会通过政治、军事、利益分配等形式，修建一条“通向奴役之路”（哈耶克语）；那么，“乐”就是一个安全阀，适当、适时、适度地把这些压力和情绪释放出来，使人心和社会组织保持在“外压与自觉、紧张与愉悦、群体与个体的平衡”状态，并引申到体制、力量、利益的平衡，从而避免一部分人对另一部分人的奴役、压迫，从而建构一个既有等级又相对和谐的社会形态。“乐”是快乐，是心情、情绪，也是音乐、艺术和美，是一种解放的心性力量。

所以，“乐”不能狂欢，不能无度，不能超越某个界限，必须保持某种秩序、合乎理性，绝对不能没有规矩。“乐”是在规矩、伦理、道德、法律、金口玉言、国家机器压制、管理、规约下的快乐，而不能是自由自在、任意而为、随心所欲、唯我独尊、自私自利的快乐。中国人认为，绝对的自我的“乐”是没有的，自我的幸福必须建立在集体性和制度性（集体的规约）的基础之上。只有完善了国家、社会、组织这种外在于我而我又生存于其中的体制，才能保证个体的存在、安全、发展与福祉。所以，“礼”与“乐”，作为文明构成的两大因子，一外一内，一刚一柔，一紧一松，一武一文，一阳一阴，奠定了中华文明的基础，并进而形成中华文化的基因。

所以，“仁”的平等与爱，必须是“依于礼”的仁与爱。平等，必须是礼制下的平等；爱，必须是符合礼制的爱。于帝王之忠、父母之孝，于兄弟姐妹朋友之友悌道义，以及仁政，等等，都是这种“依于礼”而有等级秩序的“仁”。自人事关系、政治体制等所有方面观察，中国的体制性特征很明显，那就是一个典型的金字塔结构，上对下形成统治、约束、贡献的管理关系，同时上对下也有领导、爱护、施予的惠待关系；下对上必须服从、负责、听命、顺承。这种体制形成中华民族存在与发展过程中极其强大的、固化的团体力量、决策效率，保证了中华民族的健康发展、存续力度和稳定前景。虽然有其痼疾，而其合理性是显而易见、不可忽视的。中国文化强调国家、集体、家庭，个体必须是这个组织机构中的一员。中国文化强调和合一统，如政治上的大一统、自然与人关系的天人合一、心与物的合一、他人与我的合一、齐物之逍遥、佛禅的一体不二中道法门，所谓“大道归一”，“一”是中国文化的命门和关键。不理解这个“一”，就不能打开中国文化的堂奥之门。

所以，“仁”是“礼”之“仁”，是“一”（整体、同一）之“仁”，是“爱”之“仁”，是平等之“仁”，也是等级差异之“仁”，是个体心性之“仁”，也是体制之“仁”。爱，弥漫于金字塔结构的约束性力量内部。对于个体的尊重，其安全与福祉的保证，必须是以封建或专制等的体制为前提的。这不是思想保守主义，也不是崇尚皇权主义。我们必须懂得文化，理解传统。我们的文化是早熟的文化、自适自在的文化。西方的文化，有他们自己的合理性，若生于我们这个场域，必然由橘而变为枳。做中国人，必须理解中国文化。

故中国之平等与西方之平等不同。中国文化的平等，是伦理、道德与政治的上下结构之中的、纵向的平等。这种平等因其天然的立体结构性，反而衍生出更多的温情脉脉。西方的平等，是平面的平等、分立的平等、横向的平等。它的保证只有法律规定，是冷冰冰的。西方文化讲二元对立，讲绝对的个体的独立性。所以，哲学上他们发展出二元论，这二元之间不能融合、合一，其独立、对立、平等性是绝对的。人与人对立平等，人与自然对立平等，心与物也是对立平等的。所以，他们发展出了探索世界本质的哲学，发展出了改造自然与利用自然的自解科学，发展出了重视人本身的人文与人本主义，发展出了三权分立的政治体制，发展出了没有差异、用以协调人际关系的唯一的工具——法律。一般而言，这种体制更加重视个体性和个体权利，但是当法律无效时，绝对的个体性往往发展出无政府主义的向往和实践，带来了管理上的混乱、政治上的不连续、经济上的动荡、国家与集体的对立和分裂、行政效率的低下等问题。

那么，道德问题、法律问题、外在约束性问题与自由问题、个体问题、权利问题，东西方各有不同的文化应对策略，各有千秋，长短自适，相映生辉，生生不废。客观洞察文化属性，分清其长短优缺，理性地尊重历史与文化的选择，是理性的必然要求。例如，男女平等问题，东西方也采取不同的态度和实践方法。进入父系氏族社会以来，男尊女卑成了人类社会的必然。这是人类生产力发展的要求决定的。一般而言，从体力上比较，女性是弱于男性的，男性的阳刚与力量，更能保护本氏族部落、家庭的安全。由于生产力的主导性，女人的社会与家庭地位便弱于男性，其发言权和决定权便被旁置和边缘化。而这种男尊女卑的性别地位，便被纳入了中国的礼乐文明的体制：女人在家庭中要三从四德、低眉顺目。我们讲男女平等，正如讲仁爱一样，其前提是礼制、秩序、金字塔的上下结构。

道家文化作为阴柔文化的代表，更强调女性的母性、原发性、包容性、柔性、承载性、以退为进性。女性是诗，是母，是至善至高的德性。这是女性的本性。

“义”是中国文化的又一个重要范畴。如果说，“礼”是制度和规约，“仁”是情感和审美，那么，“义”就是价值和标准。

“义”之为义，甚是复杂，今以古今中西参照释义，若能细心品读，则与中国文化、西方文化、人类之处境和理想，可有明确之认识。

如前边曾说“仁”字之时所言，中国的文化是“礼乐”文化，“仁”的平等、温情、互惠、和谐等观念，是以“礼”所规定的伦理、道德等规则为前提的。讲和合一体、不二圆融，首先要尊重区别、不同、界限、高下。所以“仁”是“礼”之“仁”。而“义”字，就是在“礼”的“区别”“不同”“界限”“高下”等规则规定下的人们行为的价值和标准。

儒家把“义”与“仁”“礼”“智”“信”合在一起，称为“五常”。其中的“仁义”成为封建道德的核心。《论语·里仁》说“君子之于天下也，无适也，无莫也，义之与比”，就是说做事没有规定一定要怎样做，也没有规定一定不要怎样做，而只考虑怎样做才合适恰当，就行了。也可以解释成，君子做事天下无敌，法力无边，只是因为他知道怎样做才是合适恰当的。《管子》：“四维不张，国乃灭亡。”“何谓四维？一曰礼，二曰义，三曰廉，四曰耻。”“维”，是结构、体制、规则，这个结构是由四个要素构建的，即礼、义、廉、耻。就好像四个线段构成一个立方体一样。

何谓“义”？有很多解释，而且各自歧义。第一义，“义”是“当战则战”。“义”是“仪”的本字。“义”，甲骨文義=羊（羊，即“祥”，祭祀占卜显示的吉兆）+我（我，有利齿的戌，代表征战），表示吉兆之战。造字本义：出征前的隆重仪式，祭祀占卜，预测战争凶吉；如果神灵显示吉兆，则表明战争是仁道、公正的，是神灵护佑的仁道之战。第二义，“义”是“当和则和”。篆文异体字羛=羊（羊，祥和）+弗（弗，休战），表示休战和平，揭示“道义”的另一层含义：非战即祥和。这两个意思是相反的，但是一个共同的地方是“应当”——“应当”者即“义”，“不应当”者即“不义”。所以，古人解释说，“义者，宜也”。第三义，“义”是分割、界限。有人把義字中的我理解成手持刀切割，无疑就是表达一种断割之象，以手持刀切割献祭之羊（而非持盘供奉）就是与神切割、天人分离之意。俗体楷书义，在乂（乂，表示割、杀）上加一点指事符号，表示杀得有理。

“义”字的最初含义就是“天人相割，人神分离”。同时，“义”字与“乂”“刈”字同源，读音也相同，同为切割、断绝之意。所以，“义”字常有决断、裁决之意，是抽象意义上的断绝、切割。“义”就是要保持一个明确的界限，为保持这个界限就需要分割，而分割当然需要一个标准，所以，“义”字就是“以某个标准分割以明确界限”，如“割袍断义”“画地为牢”“故步自封”都有“义”的意思。

与“义”字成对成群出现的“道”“德”“仁”等字在古人语境的价值观排序中都排在“义”字之前，这些字是一体、不二、和合、圆融之意。可是自然与人类社会不可能完全同一，所谓“同一”必须是以个体的分立为前提，但“分立”只是前提，却不是人天关系与社会关系的理想，所以，它被放在道、德、仁之后，承认自然与社会关系的分割界限，也表达了大同融合的理想。而“义”的“分裂”“分割”与中国文化的这种理想不相符合，在古人语境中，“义”一开始并不是什么好字，而是失道、失德、失仁之后才出现的，老子说过：“失道而后德，失德而后仁，失仁而后义，失义而后礼。”没有了“大道”，人们开始讲“道德”；没有了“道德”，人们开始讲“仁”；当连“仁”也没有了，就只剩下“义”了，每况愈下，日益堕落，越来越不像话。大道不行，退而次之伦理道德也不行了，再退而次之人们之间的同情之心也没有了，最后只能悲哀地设定一个标准、界限，把人与人分割开来。先秦文学中对“仁义”评价并不高，后世用法诸如“义父义子”“义肢”“义地”就是在断绝、切割意义上来使用的。“义父义子”，即并非天生的血缘关系，而是后天“外来的”；所谓“义肢”，即并非天生的天然的肢体，而是后天外来接上的“异体”，虽然也能灵活自如，但毕竟并非“本体”“天生”；所谓“义地”，就是死非其所，没有死在天然的、应该的天生之地（祖居地或祖坟，所谓落叶归根之处），而是葬在非其本体所生长的别处——显然这些含义都包含“外来”“别处”“非本体”“非天生”“异于我类”的意思，这应当是从“切割、断绝、分离”之本意衍生而来的意思。

总而言之，古人的世界观是“天人一体”的，人只是属于天地的一部分，人与天地相通，自然而化；无欲无为，顺从自然本性；人与人之间和谐共在，“并生而不相害”；人心与天理、人心与我物也并无矛盾，天理即人心，外物为心造——这种状态就是自然之道：“道法自然”的意思是，自然即道，道即自然；道是一、是整体、是和谐、是不分裂、是无界限。盘古开天辟地，一生二，二生三，天地人三者从道中分裂出来，一变为三，出现了“天人分离”“绝地天通”的现象，于是“天道远，而人道迩”，人开始从浑然一体的天地自然环境中分离出来，自成一体，犹如婴儿离开了母亲脐带，这种新生过程首先是一种失去天地母体的痛苦分离。所以，老子的思想大概就出于这种世界生成的观念，和对于这个分割过程的痛苦的体味和回忆，要求人们以“损之又损”的方法和过程，对分裂对立、复杂纷繁的世界，不断做减法，回归（“返”）到“道”的本来状态——圆融一体，混沌澄明，无分不二的自然本相，也就是舍义而归仁，舍仁而归德，舍德而归道。自然在进化，人类在进步，而这一前进的过程就是文明化的过程。但是，文明带来的并不一定是合乎理性的，还有战争、分裂、纷争、物欲等，而这个文明化的分裂和物化过程，在人类的集体无意识上，写满了痛苦和悲伤。所以，道家儒家与佛教都倡导本然，追求大道自然的“一以贯之”之道。比如道家的“道冲”，儒家的诚、敬、正、一，佛家的一体不二，都追求这个“一”。儒道佛三家都称之为“道”。“道”即“太极”“至善”，是最高标准、最远目标、最圆满境界、最符合道义、爱和审美的价值。

所以，“义”是反道、非道的，与道对立，但是却是不可不重视的原则。为什么当战则战，当和则和？战与和，都是处理两个个体之间关系的极端形式和手段。按照某个原则，处理两个之间的关系。这个关系之所以是某种关系，则它们必须是两个独立的个体，必须是分立、切割的，界限明确，彼此的疆界清清楚楚；按照某个原则处理好两者的关系，这个原则维护了彼此的界限，又让双方觉得“合适”“合情合理”“应该这样”，其结果就是，大家和平共处、和谐一体、同在共荣、万物共生而不相害。所以，综合而言，“义”的意思就是：独立的个体之间为了达到同在和合关系的本然而遵循的某个原则。“义者，宜也”的“宜”，就是应当、应该、必须——分开是必须的，个体性是必须要保证的；而其和谐共生、一体不二的理想也是应该的、必然的。凡应该、必须、理性之人事，就是义；否则，就是不义。

问题是，有没有绝对的“义”呢？一个人人认可、行之有效、放之四海而皆准的“义”，存在吗？它是什么样的？它真的那么有效吗？

佛道均有“是其所是”的观念。何谓是，何谓非？此亦一是非，彼亦一是非。是与非无非是对“观点”的判断，而“观点”（viewpoint），不过是观察之点、观察角度，不同的结论是由人站在不同的观察点和观察角度得到的。至于对象的本相、本质是什么，我们不知道，也不可能知道。佛所说世界是由六识五蕴形成的，即眼睛、耳朵、鼻子、舌头、身体、意识等，它们发挥器官功能，对信息进行综合加工，在认识场域里形成了一个关于世界的“影像”，这就是我们的“世界”。境由心造，相由心生。所以，“世界”是什么？“世界”是因人而生的、为人而在的时空。不同的人有不同的“世界”，所以我们才有“世界”之“观”。因为是个体的、主观的“观”，不是客观的“在”，所以，它是多元的、差异的、变化的、变动的，人们就不能对它产生客观的认识。正所谓“智者见智，仁者见仁”，如何肯定或否定它？维特根斯坦说，对于不可说之物，我们只能沉默。佛说经四十九年，最后他说，我一个字也没说，因为一说就错，“出言即乖”“言语道断”，所以，也要“不立文字”，只可“拈花微笑”，只可意会不可言传；你跟我修行，我也无话可说，无教可施，只能使你自悟。惠子跟他的好友庄子辩论了一辈子，后来不做宰相了，回家养老。有一天倚在梧桐树干上，想了半天，自己与人辩论了一辈子，可是终究没有赢家，“此亦一是非，彼亦一是非”“辩无胜”，所以还是庄子更智慧，庄子说：“我说了不少的话，也写了一本小书，但我可没说过一句话，诸位，别拿那些话当真啊！”佛说，无区别、勿判断。西方人说，人们一思索，上帝就发笑。佛说，“天上天下，唯我独尊”——你所要尊重的，只能是自己。你也只能依靠自己。没有救世主，没有佛菩萨！所以，佛教导我们，无相、无我、无念，不要执着，放下一切虚无的妄心妄相，回到自己，回到自我，回到本来面目，回到以“观”的态度“自由自在”（《心经》），才是人的本质、本相、本来的自己，即“自然”。

所以，“义”就是界限，就是要分清我应该做什么，不应该做什么；我跟别人外物是有界限的，我是我，我不是别个任何物件或人。人的存在，首先要做的就是回到自我，建构独立的自我个体，尊重自我，尊重自由自在的价值属性，争取做到逍遥齐物，做到至人、神人、圣人的境界。而这一境界，是在尊重自我、回归自我的基础之上，与外物他人融合一体，澄明一片，世界大同，天人合一，一体不二，是社会与世界的理想。可见，人类文化，儒道佛西方哲学，其实都有一个共同价值导向和逻辑设定：是分是合?既分且合，无分无合，非分非合。我们要做的，无非是于“合”中认识到自我，在对自我尊重的基础上回到“合”，或者是“和”。而“分”与“合”的分立，其实也是虚假的，无分无合，最终，我们从“一”“道”的世界中生出来，为人、为物、为你、为我、为多、为文明、为国家、为民族，这都是“物化”“异化”，通过道的“损”或佛的“回光返照”，或儒的“学而时习之”“格物致知”，或哲学的“我思故我在”，认识到走了个弯路、离开了自我——现在，智者让我们于刹那之间回到那个无我无物、不二一体的状态中!

然而现在，我们处于一个虚伪的假想时空中、虚妄的念头中，那么，我们必须有“义”：把自己与这个虚伪的东西分割开来，认识到我们已经与我们的不二一体的本相分裂了。“义”，不同的人有不同的义，水浒好汉有其江湖之义，庙堂之上有其忠孝之义，乞丐有乞丐之义，大家处于不同的社会组织、不同的社会层次、不同的国家民族、不同的身份阶段，就有不同的义。“义”，使我们与其他分割开来，保证自己的属性的完整、存在的清晰、身份的确定。只有共同共通的“道”，却没有一个共同共通的“义”。当我们错误地把“道”分为你的“道”、我的“道”，那么，“道不同，不相为谋”，就是“义”。孟子在《离娄下》中说：“大人者，言不必信，行不必果，惟义所在。”君子不一定要愚蠢地诚信，说话可以不算，行止可以无果，只能按照自己所处的地位、环境、价值观，而确定自己的行事做人的方法与原则。孟子是尊重“义”的本意的。

“道”是本质的属性；“德”是个体的属性；“仁”是社会化之后对你我关系的理想设定。而“义”，就是有你有我，当分必分，这是“理一分殊”的“分殊”：且无你无我，不分无分，由自我而走向自然，既尊重社会，又尊重本性，这是“理一分殊”的“理一”。分者合者，“义”之所存也。分为自我，分为社会，而合于自然，回归大道。自道始，以分而社会，独立的个体人格保证社会性、体制性和组织性的个体基础；以道终，回归到本来的道体状态，无我无他，无二无别，无言无思无判断。若视之为从道至现象、自现象存在回归于道，则就类似于黑格尔的辩证法了。

文　化

在中国历史的发展长河中，每一次社会的重大变革，都是以“文化”变革为先导的。商朝的祭祀文化，为周朝的礼乐文明奠定了基础；春秋战国时期的百花齐放和百家争鸣的文化开放与创新，迎来了强秦大汉，汉民族正式生成，儒家思想儒术化也促进了中华大一统；东汉魏晋时期的玄学兴盛、佛教传入、道教兴起、三教鼎立并相互融汇的结果，造就了大唐盛世；而儒家思想的道统时断时续地发展前进，在宋代终于发酵光大为道学和理学，造就以伦理道德形态为精神框架的中国典范的文化和国家形态；明代阳明心学重视个体心性自由和创新，为近代以后中国文化与西方文化的对接准备了主体资源；而清代经学的宏大业绩，也正是那个时代所处的中国历史行将结束时的文化反映；五四时期的新文化运动，造就了中西汇通、古今融合的中国新文化，为今天的民族独立与国家强盛，提供了文化基础。而今天我们提出中国传统文化的创造性继承和创新性发展，势必为中华民族的伟大复兴提供最强大的文化支撑。文化就是资源，文化就是动力，文化就是精神。对民族是如此，对国家是如此，对个人同样是如此。

但是，何谓“文化”，仍然是需要我们探讨的问题之一。“文化”是什么的问题，看似是个小问题，实际却是大关键。我们不谈学术性的定义。“文化”的学术性定义，有一百八十多种。这里从词源学上看一看，中国所谓的“文化”是什么？它为什么有如此伟大的力量？从这个角度对文化的解析，能够让我们耳目一新，并能借此悟透中国文化的本质，以及她与西方文化在何处不同，为何不同。

先说文化的“文”。甲骨文中的“文”是象形文字，字形是由很多线条、交错而形成的一个图案，表示刻画在岩石或者兽骨上、用来传达意识的图画性符号，它是古老的象形文字。有的甲骨文，简化了图案的线条，只用了四段交错的线条，高度、抽象地概括出了繁复多样的表意图画的本质特征。我们的远古祖先在易于长期保存的岩壁，或者龟甲、兽骨上刻画，表现事物形象特征的线条图案，用来记录战争、天象、家事等重大历史事件、丰功伟绩，以及重要的日常生活经验，以便于告诉别人或传给后人。所以，“文”的造字本义，是远古时代刻画在岩壁、甲骨上的图画性的表意符号，说白了，就是一个形象，是一个承载意义的符号载体。所以，讲文字就是用来表达事件、事实、信息的符号。此其一。其二，文字是美学。话说我们的一个老祖宗，在人文初开之际，也就大概相当于创设文字的那个历史时期，作为部落首领，他带着大家狩猎、耕种。当他的同胞们，围着篝火载歌载舞娱乐的时候，作为有思想的、杰出的领导者和管理者，他一个人走进了附近的大山，坐在群山环抱的一块岩石上，抬头看天，天上有漂亮的云彩，正所谓风来雨去，云卷云舒；低头看地，地下有各种各样的美丽的花草、山水、美女帅哥，恰恰是山川旖旎、大地风流。当观察自然人文、历史地理、人事故事，以及建筑服饰、体型体貌乃至于意识精神的时候，他发现这些东西有个很有意思的共同点，那些各式各样的花纹，就是一些漂亮的线条的形式的东西，很美，它们的形式能够给人带来美的享受。“文”，既能表达事物，也能表达精神，各种表达都让我们感觉既实用又喜欢。所以，他就画了个“文”。这是文字的起源、文化的开端。所以“文”这个字，本义表达的就是漂亮，主要是形式上给人带来美感的那种漂亮。所以，我们说“文”就是花纹，后来我们写的诗，画的画，包括我们的文字、书法、音乐、舞蹈，那都是一些花纹，都是表达一种美感的、形式性的“文”。

如果把握了“文”这个字的漂亮的花纹的本义，就能理解中国文化的特质了。中国文化特别讲究诗意、美感和现世生活的舒服、适意。中国人讲究“生活”，就是“生下来、活下去”，而且要活得漂亮，活得健康，活得富足，活得舒服，活得诗情画意。为了生活之美，因为生活之美，中国人常常把生活写成诗。中国是一个重视生活的、美学的、诗性的国度，讲求在天人合一、心物合一、内外合一基础上的心灵的洒脱、心性的修养、灵魂的振动、情感的享受，追求在生活中体验美感。古人有一句话，叫“诗言志”。“志”，就是“知识分子的心”。诗作为言“心”的“文”，表达心的感觉感受、情感的东西，它是漂亮的“文”最恰切的载体，最好的表现。

所以，从花纹到文字再到诗书画音乐建筑服装等，“文”就成了对于对象的审美活动、人的美感和美意识，进而衍生为美学。“文”，是一种现象形式，是一种主体感受，是主体与客体对象的审美关系，是一种观照生活与存在的态度，呈现为生活的诗性和诗性的文化、诗性的模式。

再看“化”。如果说“文”是文质彬彬的、温文尔雅的、生活的、美的，那么“化”，却让人听了不寒而栗，胆战心惊。“化”，在甲骨文中是两个人。左边是一个头朝上站立的人，右边是一个头朝下栽到地下的人。从左到右，是一个人从生到死的改变，也就是一种自然的生命过程。金文把甲骨文的右边那个人，写成了匕首的“匕”，所以，“化”这个字就很恐怖：左边一个人，右边是把刀——杀人，引申为革命、革新、推陈出新、新陈代谢。所以，“化”是运动，是自然界的规律，是进步、变革，也就是旧的死去、新的创生出来，也就是“辩证法”。这是“化”的第一个意义。《尚书》里边说，“苟日新，日日新，又日新”，就表达了自然界的这个规律。这个“新”，左边是“亲”，右边是“斤”。“亲”，上边是个金属的钎子，插入到下边的木桩里面，然后用右边的斧头去砍木桩，把木桩分解、劈开当柴烧。所以，“新”是分解开，把整体的变成部分的，把大的变成小的。就哲学方法论和行为实践论来说，我们通常称之为“分析”“分解”，或哲学一点，叫“解构”。这是“化”的第二个意义。综合来看，“化”就是一个改变、变化或消灭的过程，也是一个重组、创新新事物之前的一个动作、一个过程。

人为什么要“化”和“新”呢？当然有它的人类学和文化学意义。化也好，新也好，都是为了通过研究，通过对部分、小部件的解剖和观察，进而找出对象世界的本质与规律，运用到生产生活等实践中去，创造出新事物、新价值。就是说：事物（对象）是什么？它是怎么构成的？我们怎样还原，也就是怎么与它打交道，怎么生产与创作？什么是“研究”？“研”，就是“开石”，把一颗大石头分开、打碎，成为小石块、石子；“究”，就是把手伸入洞穴里面、深处，去探、去抓一个东西。还有我们的“七”“八”“九”三个数字。“七”，是切分的过程；“八”，是切分的结果；“九”，就是探究。“七”“八”“九”，就是一个分析、分散、探索的过程，与“化”“新”同义。通过把大化小，把整体变成部分，我们能更方便地把握对象的本质和规律，认识更加准确，行动起来就更有成功的保障且获得比较多的成果。这就是研究，是学术活动、科学探索、哲学思维过程。其目的是通过分析、解剖，然后再去“建构”，也就是再次把具体的、现象的、零碎的东西，用自己的思维把它们重新组装，用抽象思维的形式表达出来，呈现为理论。建构了一个整体、一个抽象的意义，一个放之四海而皆准的规律，就由此而形成了“逻辑”，或“形而上学”，就是基于对现象的研究而得到的一个“道”，即世界的来源、世界的本质、世界的规律，以便于我们利用并服务于生存与发展。逻辑是什么？逻辑就是一个思维形式，就是希腊人讲的“逻各斯”。它首先是一个思维结构，这个结构是世界的结构的意识化呈现。其次，它还有“意义”，就是本质与规律的内容。由于西方人重视“化”，强调“新”，所以西方人的哲学就特别发达。哲学发达导致自然科学的发展，自然科学的发展带来了工业革命，然后就有了世界上东西方国家的历史性易位。“化”，是世界历史进步的轮子，也是发动机。

如此理解文化，我们也就可以真正理解中西方文化的区别，大体可以概括为“东文西化”。这是东西方文化的属性意义上的区别，是本质的区别。东方是“文的”，是抒情的、美学的、情感与心性的、生活化的，而西方是“化的”，是叙事的、哲学的、物性与理性的、抽象化的。东方文化在天人合一的理念之下，其思维和感受指向人本身，向内转到人心和情感，并把心与物、内与外完全融合起来，追求主客体关系的和合与乐感，所以东方是诗性的文化，以综合为主。《大学》之道，其一就是“亲民”。“亲民”有两种解释。一是“亲民”，就是以仁政搞好政治社会治理，建设和谐社会，这是社会学意义上的“文”、社会学中的美学；二是“新民”，重点关注对民众的教化，使其保持活力、进步，这是历史学、人类学中体现出来的美感。

东方的“化”，强调化合、融通、一体，天人合一，物我不二，大道归一，更多的也是诗性，是美学。西方人在与自然作斗争的理念之下，把自然当作一个与自我对立的“对象”来观察，指向外部，不善于回看自己、不善于反省、反思、向内看，而专注于外界的自然，哲学上持对立的二元论。所以，西方文化更倾向于哲学与自然科学，以分析为主。从思维方式上看，东方人发展出强大的诗性思维，西方人发展出强大的哲学思维。中国文化的代表是诗，从《诗经》开始，汉赋、唐诗、宋词、元曲、明传奇、清戏剧，无论是强盛期还是衰落期，无论是高昂的还是低迷的，表达的都是自己的心与情，是对人生情志的浅吟低唱。在诗中，不必过多地考虑时间顺序、空间序列和逻辑关联，相反，事物边界的模糊性、事物关系的意象性和意境性、人与事物关系的情感性和抒情性等无界限、无分别的模糊性也就是合一性、混成性更为重要。而西方最早的文化代表，西方文学、哲学、文化的源头，是《荷马史诗》。这不是诗，是故事，是后来的小说。它是叙事的。而叙事，讲究的是说清楚脉络，是逻辑线索明白。讲究的是对人、对世界、对事物有一个正确的、明晰的认识，能够合理合情、明确地把握、呈现和表达事实、事件的脉络、状态及其价值。这样，西方文化就是重视说明和研究的一种文化，它的发展方向必然是为了说明、为了探索的哲学和自然科学，进而发展出叙事的、哲学的传统，是理性的文化地域。东方发展出抒情的、诗性的传统，中国是一个诗性的国度。

这种东西差异也直接决定了思维方式的差异。总体上来看，和合思维，一元思维，不与对象对立，所以我们短于分析，拙于形而上学，不擅长抽象的逻辑推演。而西方人，把自我与对象对立起来，去审视、探究对象，并能够离开具体的物象，以概念、判断与命题进行纯粹抽象的逻辑演绎。中国人风花对雪月，西方人针尖对麦芒。看看大概处于同一时期的春秋战国时期与古希腊即可明白。春秋战国时期，中国文化达到了后世难以企及的高峰，其丰富、多样的成果，为汉朝汉族文化的形成、固化和发展奠定了基础，也奠定了中华文明的基本特质和总体架构。它生成了与西方截然不同、别具特质和属性的文化，就是“东方文化”，与“西方文化”并肩鼎立。那时，中国有诸子百家，有百家争鸣，学术思想文化在这个时期得到了长足的、深刻的发展。同样，古希腊也出现了灿若群星的哲学家，如柏拉图、亚里士多德等。有意思的是，春秋战国时期那么多的学者，写出了那么多的典籍，可是我们却没有看到一本西方式的哲学著作。我们不善于定义概念，形成命题，不善于进行抽象，更不善于进行必要的逻辑架构，也不强调用于逻辑思维的辩证法。当苏格拉底因为在大街上用辩证法劝说年轻人而获罪被判死刑时，惠子先生却疲乏地靠在一棵梧桐树上，说解“辩无胜”的人生智慧。这很深刻，也很接近世界的真相，但是，却影响了我们的理性表达、抽象思维能力。亚里士多德写了《形而上学》《伦理学》《诗学》这种著作，那是抽象的、辩证的、纯粹逻辑的。儒家讲怎么做人，法家讲怎么治国，道家讲如何离开这个污浊的、混乱的世界，在内心深处活成一个神仙，成熟而老道，世故而智慧。可是，我们的思维总是在现象界，不能进入范畴与概念的抽象世界。老子说，道不可道，可道非道——否定了本体论；可说者非名，常名不可名——否定了逻辑学。道就是本质和规律，名就是辩证和思维，就是逻辑。而中国文化各学派所关注的，要么是伦理，要么是权谋，要么是超越，相对缺乏观察、探索、演绎等哲学和自然科学的姿态和方法。惠施、公孙龙等名学家们是杰出的语言学家、辩论大师，墨子学派也对逻辑学、语言学有很深的研究，然而，这两个学派在中国文化史上却是无果而终。西方以抽象思维逻辑构架为特征把握世界的形式，是以哲学形式探究人与世界，探究我们所面对的对象。中国文化特别讲究人生、人治，所有的努力都是为了“生活”，一句话，“生下来、活下去”，活得美好，活得舒服。西方人是向外的，是探究世界、探究人或物作为我的对象的本质和规律的。

另外，东方人发展出诗性的同时，还发展出了强大的规范性，而且认为，社会、人生之美（“文”）主要在于社会关系的和谐、等级秩序的完全保证。这一点直接限制了我们的想象能力、规划好了我们的思维空间，也规定了我们做人的原则与方法。中国人特别重视伦理。伦理是什么？是礼的规定，是人伦规范。一个人想要“诚意正心修身”，成为一个君子，但其目的不是为了自己的存在，而是为了“齐家治国平天下”。做人也只能在各种关系网络中找到自己的位置，换言之，一个人是由别人“定位”的，比如他要忠君，要孝顺父母，对兄弟姊妹要悌要友，对人有仁、义而有道。“仁”

是什么？是“二人”，是社会。“义”是什么？“义者，宜也”，是应该、不应该。“大学之道，在明明德，在亲民，在止于至善。”“明明德”是让人做一个君子，“亲民”就是要让人“仁义”，处理好各种社会关系，所有这些人事关系都要止于最好的程度，就是“中庸”，不偏不倚，执两用中。过与不及，都不是君子。其实中国人是特别讲究自我的，只是这个自我被伦理文化的规范性压住而不得释放。所以，可以看到，经过几百年大汉的大一统思想禁锢之后，到了魏晋，中国终于迎来了思想解放和人性自由的人文思潮。佛学与玄学合流，形成了自我发现、自然自由的社会风尚，并最终在唐代形成了禅宗的高峰：一个最重要的命题、一个最深刻的疑问出现在中国人的精神世界里——“哪个是上座本来面目?”“爹娘未生前你是谁?”“念佛是谁?”“哪个是佛祖西来意?”禅宗的要旨在于，回归自心自性，回到那个自我圆满、干净安静、未受外界污染的本初的自我。这类似于老子的“损”——“损之又损，以至于无为，以至于婴儿”，以至于那个“冲和”纯一的原始之“道”。佛禅老庄，其意都是要找到那个文化中被故意掩盖了的自我。但是，这一思想解放思潮尽管非常强劲，却并不能影响中国文化的本质属性规定。中国文化总是偏重伦理与外来规定的，总体上看，中国人还是在一个庞大的社会性结构、网络和链条当中，规定了自己的位置，这是典型的“规范”。

至于道德，我们也知道东西方的道德不同。东方的道德是别人告诉你怎么做，社会给你规定怎么做，而西方的道德是我认为怎么做，我的心是怎么想的就怎么做，这就是“个人”的“人道主义”。中国人做人强调的就是人和人之间的关系。东方人活在规范当中，缺乏创新精神，只是满足于在生活当中享受美。他被各种规范束缚住，只要好好做一个人就行了，至于世界是什么？人是什么？我的本来面目是什么？却不是他考虑的问题。而西方人的规范主要是法律。他们讲究自由、人性、人本、人文。法律也是为了保证个体的自由而设立的规范。这一主题在古希腊就是个中心议题，后来经过文艺复兴、人文主义、浪漫主义思潮的强化，西方人对人的个体性、主观性、自由性重视，达到了一个高度。由于人是自由的，又是向外的，探索世界的方式是哲学的逻辑的，导致哲学与自然科学非常发达，自然科学的发达必然带来生产技术、生产力的发展，那么西方在近代出现工业革命，就是水到渠成的事儿了。

东方人一直在写诗，在写书法，在唱戏，在设计美的服装和建造宏伟、壮丽的建筑，在表达自己的心情，享受着美的生活，所以我们的服装、建筑、音乐、文学、诗歌等各方面都非常发达，但是我们的天文学、地理学、哲学与自然科学却相对地不太发达。这一点直接造成了我们民族在近代的落后。到了近代，东西文化、东西方国家的主体地位发生了易位。我们很自豪于几千年来中国政治、经济、文化、军事一直强盛，可是为什么到了近代就落后了呢？在前现代时期，当东西方的哲学和自然科学都不是很发达的时候，我们有发达的思想艺术，依靠人治，依靠规范，拥有了一个强大的、固化的体制，我们的强大是必然的。而且我们又是“礼乐文明”，周代的文化已经非常成熟，与西方相比，中国文化成熟得很早。这种文化讲礼、讲规范，但是我们还讲究“乐”的调节。所以我们的文化是阴阳和合，宽严相济，这种礼性规范中的诗性与美感，让我们既强大，又不压抑。所以，中国文化是幸福的文化，是有生命力的文化。然而这只是古典时期的美好。那时西方还是“荒蛮之地”。当西方的哲学，以及以哲学为基础的自然科学得以发展，西方的生产力被释放的时候，我们却还是满足于过去的这种文化形式，必然就会落后。所以，近代东西方的易位，实际是文化的一种易位，是文化的内在质素、内在特点外化的一种必然产物。东方的心的世界、诗的世界、美的世界，与西方的哲学的世界、自然科学的世界，以及工业革命的世界，二者的实力对比就发生了变化，这样我们中国在近代的落后，就是必然的。

中国文化是“文”，是诗、是美、是心、是生活，缺乏抽象思维天赋、能力，讲究规范理性，压制个体自由和创新。主体上人被礼教框住，方法上以天人合一观取消了人与自然的对立这种利于创新的因素。西方文化重点在“化”，是故事、是对立思维、是哲学理性、是外物、是斗争，讲究革命、革新，讲究个体和自由，因而具有创新的主体方面的条件，也具有人与自然对立的框架，善于抽象的哲学思考和形而上学的探究。东方的主要文化形式是诗、散文、其他各种艺术形式，而西方的主要文化形式是哲学和自然科学。所以，古典时期属于东方，近现代时期则属于西方，这是文化本身的特点造成的。

笔者说了很多中国文化不够好的地方，实际上笔者是研究中国传统文化的，特别钟情于古典智慧，但是不能因此而避讳自己文化的问题和天生缺陷。今天来看，东方文化有东方文化的优点，西方文化有西方文化的长处。现在要建设现代中国的文化，就应该把东方的“文”与西方的“化”结合起来，真正做有“文化”的人，建设有“文化”的国家，进入一个有“文化”的时代。具体而言，我们一定不要轻视传统。文化中的规范与自由、社会与自我、和合与二元、诗性与形而上学等要素，需要我们进行选择、剥离与重组。不能轻视传统，也不能迷信传统。对西方也是这样。让我们在一定的外在规范、集体力量下保持自我及自我的个性，保持自由的思维与创新能力，学会诗性感受与逻辑建构的双重能力，既要规范又要自由，既有诗又有哲学，既有美学直觉又有哲学思索，既有“文”也要有“化”。只有这样，我们的文化才是举世而独立的、高人一筹的，才是有生命力和未来的。具体到个人，我认为人的生命生活必需有两点最为重要、不可忽视，一是审美，二是思维。审美是人生美的保证，是“文”；思维是研究与创新的保证，是“化”。做到兼顾这两点，才是“有文化”的人。所以，教育的目的、宗旨，也相应地就必然是美育和思维训练。

庆幸的是，我们现在在讲“中国梦”，在讲“中华民族的伟大复兴”。强化传统的“文”，学习西方的“化”，我们一定能实现新的伟大复兴。

学　习

《学而》，是《论语》的首篇，谈学习的内容与方法。古人已经认识到，为人、行事、组织社会，均须从“学”开始。人的个体存在与发展，人的社会性活动与生产生活组织，必须有技能、智慧、规范，这就是为学的必要性。故《论语》开篇讲“学”，有其深义在。《礼记·学记》中有句话说，“君子如欲化民成俗，其必由学乎！玉不琢，不成器；人不学，不知道。是故古之王者建国君民，教学为先。《兑命》曰：‘念终始典于学。’其此之谓乎！”学习的意义之大，可以想见。君子要想教化百姓，形成社会契约与文化习惯，只有进行学问探索和教育这条路。再好的玉石，不去切磋琢磨，也不会成为玉器。人也一样，天资再好，条件如何优秀，如果不能学习，也不可能懂得“道”。“道”是学习的终极目标，是本质问题、规律问题、方法问题，以及做人的素养、德性、规范等问题。学习当然要学习知识，要学习“术”，但知识与方法、技术是器物、实用层次的，是“末”不是“本”，如果“知本末先后”，就明白了，学习最重要的是“道”。所以，古代先王圣贤要建立国家、君临百姓，必须要把教育与学习作为重中之重。正如《兑命》中说的，终极目标的达成，始于教育与学习。孔子深知教育与学习的重要性，所以《论语》把“学”置于开端。

《论语·学而》是孔子教育思想中的教育学总论，全面系统地论述学习态度、学习内容和学习方法，如“学而时习之，不亦说乎?”——强调学习与实践的关系，学习的美感；“曾子曰：吾日三省吾身：为人谋而不忠乎?

与朋友交而不信乎？传不习乎？”——谈学习的内容；“子曰：弟子，入则孝，出则悌，谨而信，泛爱众，而亲仁。行有余力，则以学文。”——谈学习的功用，以及在社会活动与审美的关系上，既要重视社会实用性，更要追求人生的美感；“子夏曰：贤贤易色；事父母，能竭其力；事君，能致其身；与朋友交，言而有信。虽曰未学，吾必谓之学矣。”“子曰：君子不重，则不威；学则不固。主忠信，无友不如己者。过则勿惮改。”“子曰：君子食无求饱，居无求安，敏于事而慎于言，就有道而正焉，可谓好学也已。”——谈君子的好学态度、学习内容；“子贡曰：《诗》云：‘如切如磋，如琢如磨’，其斯之谓与？”“子曰：赐也，始可与言《诗》已矣，告诸往而知来者。”——谈学习方法与学习的最高境界，也就是“切磋琢磨”与“举一反三”……

要理解这一系列的论述，我们要先理解“学”“习”二字的本来意义和深义。从造字本义上看，“學”，甲骨文=（算筹）+（六，即“庐”，房屋），表示练算习字的房屋。有的甲骨文在算筹两边加（爪，手），突出“手把手”教练的含义。金文在房屋下面加“子”，表明教的对象。有的金文加“攴”（持械打击），表示执教者体罚受教育者。造字本义：教孩子算数、习字的校舍。篆文承续金文字形。隶化后楷书學将篆文的写成，将篆文的写成。俗体楷书学依据草书字形将正体楷书的简化成“学字头”。这是“学”字的造字本义及其意义的历史演变。可见，古之所谓“学”，作为名词，指的是学习场所，如今天所谓的“小学”“中学”“大学”“学堂”“学校”，古代的“太学”等；作为动词，指的是学习的过程，即知识的传授、习得（传习）的过程。这个在“学习的场所”里的“学习过程”，要突出这么几点。一是“爻”。“爻”是算筹，是算命的蓍草，而算命在过去是极其高深的学问和技术，是由这些专业人士如巫、史、祝、宗干的工作，代表着知天知命知人、把握世界和人的存在的本质和规律、据往知来、趋吉避凶、指点人生迷误、指导人生价值和方向的智慧和能力。所以“爻”成为八卦的基本构成元素。“爻”代表的是最高的知识体位，是学习的终极目标，也是实用的技术，更是由知“道”的人体悟、总结出来的知识、智慧集成。今之学习，往往被误认为“学习知识”。但知识不是智慧，只是为谋生而必懂的对于对象的一些认识和操作性技巧、技术。如果只是满足于知识的学习，往往会因陷于事功、浅层次的生存而痛苦；只有掌握智慧，才能高屋建瓴、进退有据、积极事功、从根本上彻底解决问题，而同时也能够超越物象之外，从生之痛苦中解脱出来，从外物对人性的压抑中解放出来。二是，即爪，就是“手把手”教练。这一点非常重要，是对教育者的要求。在教学过程中，教师要言传身教，以身作则，身体力行，亲证亲历；要体察学生的学习实际，虽然“有教无类”，但要“因材施教”；要用心施教，不能把教学当成职业、当成挣钱活口的手段。教育的本质是心性教养，所以要用心做，教育学生用心学、用心体悟。三是要有房子即教育场所。再穷不能穷教育，再苦不能苦孩子。这是中国文化中最感动人心的一句话。教育优先，先集中资金做好教育场所的基本建设，给孩子们提供一个学习的场所，这是基本的工程，首先要予以满足。当然，教育不是基建，“大学者，非有高楼大厦之谓也，有大师之谓也”，只有宏伟的建筑、豪华的装修、先进的仪器、官僚式的管理，并不能成为真正的大学，所以，这个“场所”，这个教学的条件和环境，更重要的是要有真正的有水平的师资。四是“子”。这个“子”，首先是年轻人。立志要趁早，学习要趁早，学习的时间要起早。“少年强则中国强，少年富则中国富”等，都是就年轻人这个教育对象而言的。其次，“子”还是对有智慧的人的尊称，如孔子、老子、庄子、韩非子等，所以，“学”字中的“子”，指的是人才养育的最高目标，那就是“君子”的培养，培养出“为天地立心，为生民立命，为往圣继绝学，为万世开太平”“诚意正心修身齐家治国平天下”的人才来。中国人做人的最高标准就是“君子”，这是教育、教学、学习的最高价值和律令。

但是，中国的教育在强调“道”的重要性的同时，并不放弃“术”和“器”，也重视方法、具体对象和实践，这就是“习”。“习”与“学”不同。造字本义：习者乃反复演练、实践、实际操作之意。“习”，甲骨文=（羽，翅膀）+（口，像鸟窝状），表示在鸟窝里振翅。造字本义：幼鸟在鸟巢上振动翅膀演练飞行。有的甲骨文在鸟巢中加点写成“日”状。金文承续甲骨文字形。篆文误将金文的鸟巢状“日”写成“白”

白。俗体楷书习省去正体楷书習的一个“习”习和“日”日，字形极大简化后，本义线索消失。古人称理论知识的训练为“学”，称生活实践的体验为“习”。在学习时，学者要用心把握，深刻体会，反复演练，把老师教的内容消化变成自己的；把生疏的变成熟练的；把抽象的理论具体应用于实践。要学以致用，不能把学习空虚疏淡玄学化。“道”学是本质、是规律、是指导、是价值，而技术与器物和实践则是落实到社会与人生实际上。如果说，道是阴，那么器物与实践就是阳。用阴阳的辩证关系来理解学习与实践的关系，最易入手。

学，目的在于格物致知。或研究世界本质、规律，探索人类与自然、社会的存在样态、关系和方法，掌握技能和手段，发明新事物，约定新道德，建设丰富和美幸福的人生。故学习有两个层次，一是道的层次，二是器的层次。以哲学语言说，则可以有世界观、认识论、方法论、实践论、伦理学、道德论、美学等。学习最重要的是道的层次。道，即本质问题、方法问题、角度和态度问题，包含世界观、方法论、认识论、美学等。器的层次为物的问题，是比较浅层次的问题，是“知道”而后的必然结论，是现象界和具体实践。对于学习的内容，西方重视哲学，更偏重于自然科学的角度；中国重视伦理和道德学问，更偏重于社会学、政治学和人生论。

“格物致知”之后，依次进行到“诚意正心修身齐家治国平天下”的层次和阶段。这是由学习而成为“君子”，由“君子”通经致用，安邦定国，经世济民的路数。但是，“格物致知”把“物”和“知”当作客观的东西：它们是对象，在“那儿”，我们经过学习、思考、体察，就能把握它们；从对“物”的观察，进而达到对“知”的把握并具有运用于实际的能力。这是客观实用主义的态度。但是，中国文化并非只是强调实用，而是更强调“道”的功能。“道”，可能是客观的，如世界的本质、自然规律等；也可能是主观的，这就是“心”“性”，即人的主观的认识、主观的意识活动、主体的能动性的创新力，甚至认为，“境由心造”“相由心生”，心性对世界具有认识能力、构造能力、改变与革新能力。这有点类似于康德所说的“先验性”：对于世界的知识，实际上早已存在于我们先天的意识仓库里。心即是理，没有外在于人心的“理”；物就是心，物是由心体察把握而得。所以，我们可以通过“反躬自省”、回到自我的心性的方式，找到并抓住那个“知”：“知”不是从“物”里“格”出来的，它本来就存在于我们的心性里边，只要能返回自我、观照自己的心性，无须过多的“格”，于刹那间即可明白大道、获得对世界和人自身的本质性认识。这就是心学一脉的基本认识，类似于禅宗里南宗惠能的“顿悟”。而这个“顿悟”出来的“良知”，往往更贴近道的本质、本体、本来的样子，是更高层次的智慧。毕竟，学习的对象、学习的过程，都是因人的、为人的，与人的主体性、主观意识不能分离。所以，综合来看，学习，最终目的是“道”，最终价值是实用，通常途径是“格物致知”，而最高境界是“致良知”：从“物”到“心”，从器物和术数到“道”，这是学习由低到高的层次感；反过来，从“心”入“物”，从“道”而“术”，进而在“术”的层次上“进乎技矣”，游刃有余、效用突出地应用于社会实践和人生，道术合一，心物不二——由道而术，从术返道，道与术的互根、互在、互动与互化，这堪称教育的最高境界了。

可见，学=学+习=知+行=道+术=格物致知+致良知=理论+实践。“学”是理论知识的训练，“习”是生活生产实践；“学”是知，“习”是行，学习就是“知行合一”。古人明确地认识到，学习不能死读书本，更要重视实践，重视其实用价值。所以，通经致用、学以致用、活学活用，把“学”与“习”的关系讲得非常明确、到位。可惜，如今的教育，以升学率为衡量标准，从幼儿园、小学、中学一直到大学，均是应试教育，甚至于大学也只是延续了中小学的教育模式和方法。在整个上学期间，全部在课堂上讲课听课，老师在上面灌输，学生在下面记录，课下学生背诵，期末老师出题考试，背的好的就是学习成绩好，而不考察学生的思维能力、写作能力和实践能力。学生只知背书，不知学“道”，“术”的练习甚至于无；知既不得，行也不能；不会思考，不懂方法；不会表达，不会写作；德性难树，智慧不得，实在是教育的悲哀。如何回归到道术兼顾、知行合一的正确道路上来，是教育界要思考的问题。

“学而时习之”之“时”，按钱穆先生《论语新解》的解释，“此有三说。一指年岁言。古人六岁始学识字，七八岁教以日常简单礼节，十岁时教书写计算，十三岁教歌诗舞蹈，此指年为时。二指季节言。古人春夏学诗乐弦歌，秋冬学书礼射猎，此指季节为时。三指晨夕言。温习、进修、游散、休息，依时为之。”可知中国古人，深刻地认识到，人乃大自然之有机部分，与自然具有同样的节律，故安排人事。其一，尊重自然之道，按照自然的节律安排人事活动。其科学性，让今人亦为之惊异而赞佩。其二，“时”的繁体字是“時”，“寺”是官府，所以“时”的意思是官方制定的日历。可知政府在教育与学习中的重要作用。政府要起到组织作用，发挥其管理职能，同时也要制定内容边界和规矩，用今天的话说，就是要掌握意识形态。其三，学习要坚持坚韧。学习是为了成长，成长要经历相当长时间的积累。要持之以恒，不能三心二意、朝三暮四、三天打鱼两天晒网、一日曝十日寒；知识需要沉淀，功夫需要打磨。其四，在这个积累过程中，学与思要结合，“学而不思则罔，思而不学则殆”，学，就要学习明白，不能迷惘懵懂；学，就要坚持坚韧，不能懈怠放弃无果而终。学习过程中还要“切磋琢磨”。“治骨曰切，治象曰磋，治玉曰琢，治石曰磨”，“治牙骨者，切而磋之，使益平滑；治玉石者，琢而磨之，使益细腻”——这是说学习的方法与功夫，必须假以时日，坚持不懈，并能致精益求精。总之，为学之道，一是必须旷日持久，功力至厚，不可半途而废，不可三心二意，不可有始无终，不可松懈怠惰。唯勤勉用力，方可问学成道；二是必须立大志向、高目标，定严标准，不可浅尝辄止，流于虚华不实，或流于表面，不知而以为知，自欺欺人，如此则不成气候、不成材料，不可成就。简单来说，学习时要用心体会，品咂味道，反复琢磨，反复打磨，勤学苦练，渐渐入于化境。武侠小说中的神武大师，总是把自己置于苦寒艰辛的环境中，数十年如一日，揣摩打造，钻研磨炼，终成武功绝学。这也是成就大学问家的唯一途径。其五，“时”是一个时间概念，在这个过程中的学习，还要“到位”。时间用到位，功夫用到位。例如，思考不留死角，表达要淋漓尽致，尽力铺排却又收放自如，不含糊、不打折扣、不回避、不浅薄、无短板，如唱戏时的一举一动、一举手一投足、一个眼神，均要细致中肯，不短不长，不多不少，不盈不欠，恰到好处。这都是“时”的内在意思。

所以，“学而时习之”的意思就很明确了：首先，在导师的严格教育之下，传习天地人生的大智慧。其次，在社会实践中不停地反复演练，使人生由幼稚而成长，由浅薄而深刻，由聪明而智慧。由此而获得的人生成长，是自我身心的进益，这种自我的成就感，作为发自自我自心内部的喜悦之情，是为“悦”。“悦”者，左“心”（表示心情）右“兑”。“兑”，在甲骨文中为上“八”下“兄”（即“咒”），“八”为发声、祝颂，“咒”为咒语。故“兑”意为祝祷颂神，为祈求而许诺。向神祈颂许诺，希望神必佑我，其诺言也必能兑现。若神之诺言能予兑现，则我的愿望亦得实现。因之而产生的欢喜之情，为“悦”，所以悦在心，是因自己的愿望能够实现而得到的大快乐。那么，《论语》之“学而时习之，不亦说（悦）乎”，意思是，在导师的严格教导之下，严格按照自然人生的时令与生理规律安排教学，掌握天地人生的大智慧，成就个人人格和综合素质的提升，不是一种发自内心的高兴吗？当然，“悦”还有更深的含义。“兑”在《周易》中是一卦。“兑”卦，是“兑”的重卦，就是两个“兑”卦相叠而成，“兑”为泽，泽为水，刚内柔外。两泽相连，两水交流，上下相和，团结一致，朋友相助，欢欣喜悦。所以，兑卦表示，主方和客方都积极主动，素质良好，态度随和，都取得了成功，享受成功的喜悦。双方在相互关系中，相互交换，互利双赢。内秉刚健之德，外抱柔和之姿，坚行正道，引导人民向上。由此看来，“学而时习之”的过程和结果，教学如水利万物、润物无声；学习是培养柔善若水，无往而不利，而又处于不争之势的人生态度；培养似乎柔弱，实是阳刚，外柔内刚，刚柔兼济的君子品性；学习的过程必然是教学相长、师生融洽、同学友悌的，大家互相帮助、共同进步，其乐融融，获得无上的学习的快乐。总之，“悦”是祝祷，因而是人生的希望；“悦”是承诺，因而是人生的依托；“悦”是语言的表达，故而是信息的交流；“悦”是水，故而教育就具有水的柔软、温润、利万物而不争、品性高洁、力量强大的属性；“悦”是心情的愉悦，是关系的融洽，是学习教育，是审美的而不是痛苦的，是群体的进步而不是个人的闭门造车和满足……

我们总结一下“学习”的几个关键词：道、智慧；技艺与方法、知行合一；坚持坚韧；精益求精；精准到位；快乐成长。

中　庸

“中庸”思想，是儒家思想的核心之一，是君子人格属性、德性修养、行事实践的原则，甚至是自然法则。“中庸”，告诫人们做人做事都要有一个“度”：无过无不及、不偏不倚、中正不二、行于中道、止于至善。做人做事要“中和”“执两用中”，处理好两个方面、两个端点之间的关系，从而做到包容万象，和合万物，坦荡无私，心性平和；处理好人与自然、自己与他人、自己与自己的关系，能行仁政，能和社会，能齐家治国平天下。于己能够诚意正心修身，于社会能仁义礼智信，能亲民，于自我定位能“素”能“中”，于各种关系能“诚”能“一”能“和”，故能“高明、博厚、悠远”，故能“止于至善”。

先把“中庸”思想的逻辑图式放在这里。下面，依次就“两端”的“中”“素”，动作与发生机制的“执两用中”“致中和”，“中庸”的最高境界、最终结果和最善价值即“诚”“一”“正”等进行说明。

何谓“中庸”?

谈论“中庸”的材料，最集中的当然是作为四书之一的《中庸》了。我们通常把“中庸”当作没有观点或骑墙态度的代名词，实在是庸俗化了这个深刻的词语。朱熹在《中庸章句》的《序》里边开篇就说，“中庸”，“其见于经，则‘允执厥中’者，尧之所以授舜也；‘人心惟危，道心惟微，惟精惟一，允执厥中’者，舜之所以授禹也”。也就是说，尧舜所传的大智慧，是在“人心”与“道心”之间“允执厥中”。这个说法很是玄乎，其

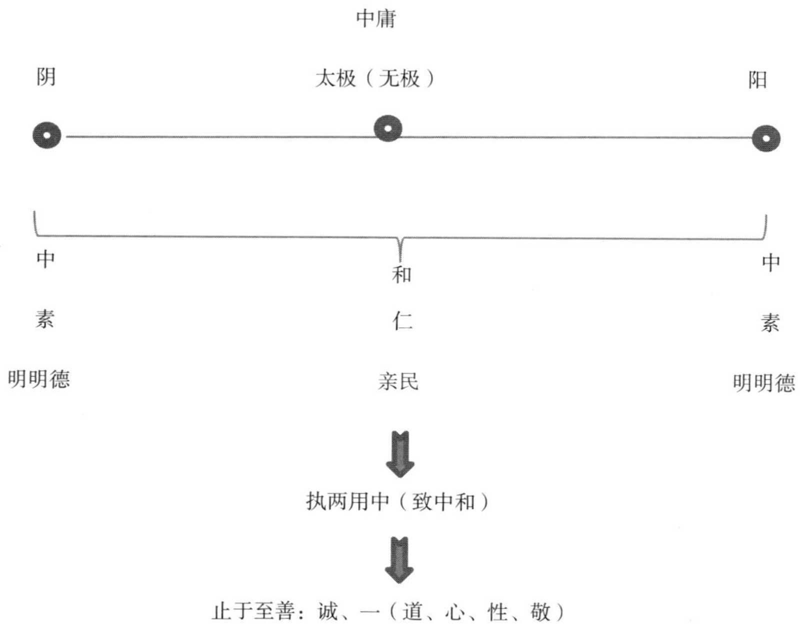

实这是朱子本人的“理学”思想的发挥。理学认为，有一个人心，人心之外有一个道心。人心“危殆而不安”，人心是坏的、危险的、不安分的；道心“微妙而难见”，道心是微小的、难以看见的，但却无处不在，神奇妙有。理学把“人心”与“道心”对立起来，提出“绝天理，灭人欲”的要求，目的是为中国人规定一个统一于外在“道心”的伦理与道德标准。这实际上并不“中庸”了。朱熹还没有走这么远、没有绝对化走偏。他贯彻了《中庸》的思考方式和方法，把人心和道心“折中”在一起，说，“精则察夫二者之间而不杂也，一则守其本心之正而不离也”。他说的“精”“一”的“间而不杂”“一守本心”，恰当地指出了人心和道心的辩证关系。那就是，既不要偏于人心，使人欲横流；也不能偏于道心，远离现实的社会生活和人间烟火气，既不能过度，也不能不及，“无过不及之差”，把度把握得恰到好处。这是理学家从矛盾的“人心”和“道心”的角度立论的。当然，“中庸”之意，弥纶天地，不只是这一点，而是适用于自然界和人事的全部，是无处不在、无处不适用的“大道”。儒家思想之恢宏博大，可见一斑。

什么是“庸”？“庸，平常也”，“不易之谓庸”，“随时而在，是乃平常之理也”，是无处不在的大道。“庸”有二义。一是“常”，即平常、平素、平时、日常，亦即不易不变不移，与“无常”相对。二是“用”，即使用、实用。所以，庸是日常生活必然之用。这个大道是不变的，并且应用于日常生活之中，“不变”和“日常之用”就是“庸”，是“中”的功能和用途。

什么是“中”？“中者，不偏不倚、无过不及之名。”子程子曰：“不偏之谓中……中者，天下之正道。”“中庸者，不偏不倚、无过不及，而平常之理，乃天命所当然，精微之极致也。”“中”就是中间、适度、合乎理性和规范，既不偏向于此，也不偏向于彼。但是，我们要防止一种误解。比如，有人把辩证法机械地理解为“既不这样，也不那样”“既要这样看，也要那样看”的油滑、没有态度，自以为这样才是严密严谨。同样，也有人把“中庸”低俗地理解为“各打五十大板”、绝无态度的滑头主义、不落后也不出头、没有特色等，显然是对儒家思想、儒家智慧的极其不了解。这个“中”，不是等距离的中间、不是首鼠两端的骑墙主义态度、不是固定于某个点、不是物理时空的机械式凝固，也不是人们所说的中间派，而是变化的、辩证的、理性的、价值的、真理的“至善”之“道”。对于这个“道”（太极、至善的状态），可以有两种理解方式。第一种理解方式是线性思维方式：它像一把水平尺，那个“中”点随时处于变化之中，并在理性和规范的约束之下，不停地向着那个“中”点靠近或重合。“中”有两义，要么是于空间、并列关系上的“不偏不倚”，无私无党，不偏向于任何一人、一方，不依赖任何单方面的力量。判断与行为不会倒向任何一个极端，公正无私，中正仁和，不是从一己私利的角度对双方做出不合理性的、远离客观实际的判断。要么是于时间和程度上的“无过无不及”，过与不及，其实质是一样的，都不是至善，不是理性的抉择。“中庸”要求的是“无过无不及”，既不过分，也不能欠缺，就是“恰到好处”，适中适量适用适性。过刚易折，物极必反，九五至尊之后必然是亢龙有悔；而不足、欠缺更是不行。所以，“止于至善”，就是“无过无不及”。此“中”字可读为一声，为名词。也可读为四声，为动词。为动词时，“中庸”意为“中于道而于庸常中用之”也。那么，“中庸”就是“日常生活合乎道之用”。能以“中庸”之道指导行动，就是大人君子。第二种理解方式是圆形思维：以“阴阳”“太极”思想来理解“中庸”。“两端”即是“阴阳”。“阴”和“阳”是两个端点，但是，没有绝对的阴，也没有绝对的阳，孤阴不生，孤阳不长。阴阳互根、互转、互化、互在，处在不断地变化之中。阴也是阳，阳也是阴。而阴阳辩证互动的结果，就是“太极”（无极）。观察一下太极图，可以看到，阴长则阳短，阳长则阴短；阴欠则阳盈，阳欠则阴盈，二者互抱互成，构成一个圆形。这个圆形，意味着圆满、成熟、至善。这个圆，也就是“一”“诚”。阴阳不二，不二一体，说的就是这个状态。所以，“阴阳”是我们入手的出发点，而太极是我们实践和价值的目的地：凡事从两端考虑、入手，结果却是追求圆满、最好。“阴阳”就是“两端”，是我们实践所必须坚持的立足点；而“太极”就是“中”，是我们实践当中必须适用的最终结果和最高境界。

“中庸”是怎么实现、达成的呢？

要达到这个高境界，就要“执两用中”，正如伟大的舜能“隐恶而扬善，执其两端，用其中于民”一样。朱子说：“两端，谓众论不同之极致。盖凡物皆有两端，如小大厚薄之类，于善之中又执其两端，而量度以取中，然后用之，则其择之审而行之至矣。然非在我之权度精切不差，何以与此？此知之所以无过不及，而道之所以行也。”所以，“执两用中”的意思是，考虑问题要从矛盾的或并立的两端考虑，做事也要从两端开始，两端才是现实的、具体的，是出发点。做事情不能抽象，实践不是空想和纯粹的意识活动。但是，考虑的结果、行为的结果，要有一个致用的标准，那就是“中”。这个“中”，是标准，是理想，是理性，是心性，是规范规约，是价值追求，总之是“道”。从两端思维和实践，从理性的合度来衡量价值和结果，就是“执两用中”。这是实现“中庸”的保证。“中庸之道”，讲究的是于日常生活之用中行不偏不倚、无过无不及之道，而不是远离、脱离现实生活；讲究的是自我的建构、成就与保持。这不是自私或个人中心主义，而真正是中国文化人性化、人本化的考虑。“中庸”不是形而上的，而是生活与做人、社会形式及其展开的准则。“中庸”是世界及人的日常生活中必须遵循、发挥作用的不偏不倚、过犹不及的原理与界限。重复强调一下：所谓

“执两用中”，其意思是，在考虑问题、解决问题时，不能偏执于一端，而应该从两个方面入手，考虑到两个方面、两个因素的影响与作用，做出判断、抉择进而提出举措。其中的关键是找到那个核心、那个合乎理性的“点”——它不一定正好处于中间；它最好的位置在“至善”的地方。所以，“中庸”不是物理意义上的距离的等距，而是在充分考虑两个端点的基础之上，合乎理性地判断出这个最佳突破点。不偏不倚，指的是意义、德性、价值上的不偏执，而不是距离上的“中间”。在判断者那里，所有的相关性因素都是不能忽视的，它们是平等共在的，或多或少、或正或邪、或大或小地发生着作用；而这些相反或相近的因素综合作用的结果，就是那个最终让我们的判断停止的地方，即“中”。中国传统文化，在处理人与人、人与自然、物与心、国与国的关系上，都讲究“中庸之道”这一极致。人与人的关系，需要彼此保持不能太近、不能太远的距离，既要有自我，更要有社会的和谐。在处理人事纠葛、利益矛盾的时候，也不能偏向，不能党同伐异。人与自然的关系讲究天人合一，但是也必须注意保持天与人之间的某个距离，持有对天地的敬畏之心，而不能肆无忌惮，为所欲为。心是心，物是物，主观与客观、主体与客体，呈现为二元对立的关系，但是这种对立不是故意设置一个矛盾，而是对双方的各自属性的尊重，并追求他们之间和谐融洽的关系，在诗性的理解中，就是心物合一，就是游于艺，就是类似于禅宗的不二无我的坐忘与入定状态。而这种智慧，在历史上各国处理国际关系时，也发挥了巨大作用。我们国家主张独立自主、彼此相互尊重而又友好、互利、共在、共赢，更是古老的“中庸之道”“止于至善”的智慧的时代化应用。这一点，使我们的政治策略、国际关系准则，有连贯延续的定性，而不是像其他某些国家那样争端迭起、反复无常、朝令夕改。从人的生存和生活的角度看，每个人似乎都有很多烦恼。这种烦恼的根源，不是与自然的关系，而是人与人的关系，人与自我之心的关系没有处理好。他人是地狱？当一个人如此定位别人，也就意味着他把自己与别人的距离拉得很远，他的心偏向于自己，对别人总是抱以批判、质疑、防卫、抱怨的心态，那就不是“中庸”，不是中和，而是对立、对抗，就会产生痛苦。佛教教导人们无我无相，不要执着于我，也不要执着于相，更不要执着于某种念头尤其是恶念，心静如水，心净如镜，从根本上否定人与人的距离。所谓“同体大悲”，意思就是，我们以绝对的爱，体念众生之苦乐，使所有的存在物，包括人、物，都处于不二一体的和合状态，这样，我们就安心了，也就不会产生痛苦，从而从痛苦的无尽无休轮回中解脱出来，获得心灵的透亮、走出无明的烦恼。这个药方，与儒家的药方，出发点不同，本体不同，方法不同，但是目标却是惊人的统一。儒家从对个体属性的保持出发，承认个体的差异，但是要求人们本诸中庸之大道，处理好各种关系、距离，并把主体的价值判断放在至善的那个点上，从而，在“关系”这个层面上达到与佛的“不二一体”“同体大悲”的理念的一致。这都是“执两用中”。

“执两用中”换言之就是“致中和”。用“致中和”来理解“执两用中”就更明晰了。“中庸”的实现路径是“致中和”。“中庸”是道，是体，是人文修养和行事标准与规范。而“中和”是关系，是两个或多个因素的和合关系。这个关系范畴意味着其中各个因素的独立性，即“中”；也意味着其关系发生过程或结果的平等融洽状态，即“和”。也就是说，“中和”意味着从对个体属性的保持和肯定，到此种诸多个体因素的平等一体、融合不二。这个“平等一体、融合不二”作为结果就是“中庸”。所以，“中庸”是道，而“中和”是实现、实践“中庸之道”的途径。

“中”是自我的建构、成就和保持。何谓“中”？“中和”之“中”，和“中庸”之“中”有所不同。前者是自我、个体、属性之意，后者是哲学概念的“度”。就“中和”之“中”而言，人皆有喜怒哀乐。当喜怒哀乐生起于心，而不向外发散，保存于自我之内，就是“中”。“中”就是佛禅所谓“保任”，保有某种状态而不变、不散乱、不外发、不溢出。它是边界、界限，是对自我内部属性和状态的保持与坚守。“中”，表达的是内、我、心、身，表现在自我修养上就是“诚意正心修身”，表现在行事做人上就是“忠”，表现在个人品行和岗位职守上就是“素”。“中”，是观察、研究人事的起点，也是实践行为的始点。个人的“中”，是自然社会与实践的第一推动力，所以求人必先求己，成人须先成己，时时事事善于反求己，反省自身，如射箭，不中目标时不能怨天尤人，而要向内转，反思自我。简言之，“中”是对自己、自我的认可、建构、保持和保证。

“中”是比较哲学化、抽象性的说法，若通俗点、现实点讲，就是“素”。君子一定要“素其位而行”。什么是“素其位”呢？“不愿乎其外”。就是不愿意、没有主观意向地超越或溢出自己的位置。“素”，就是简单、单一、纯粹、坚守、朴素。这里包含几个意思。一是简简单单地做人做事，不把人事搞得太复杂，越简单对待、处理越好；二是不轻议人是非，不随便臧否人物、东长西短；三是做事情不要贪多，一心一意、专心致志地做一件事，不做完一件事绝对不开始另外的事，直到圆满完成；四是坚守坚持，善始善终，达到预期目的；五是坚守自己的岗位，尽职尽责；六是绝对不能越权，自己不应该享有的权利就不能贪心、不能有非分之想；七是不越出自己的职责范围，而是把自己的事情做好，有余力再考虑做自己能做、可以做的事，比如帮忙的事，那是可做可不做的……总之，各就其位，各行其是，各尽其职，各得其所，各安生理，保持中正、不偏不倚的位置，不超越、不逾越，严格自己思考、言行的界限，一切以自己的德性为考量标准，一切不假外求，成人先成己，而不是怨天尤人，敌对世界或社会。所以，“素”就是“中”，就是定位，就是把自己限制在自己应该在的地方。作为一个君子，他并不能有超越或逾越的主观意图和愿望，而只是守“中”，守己，守责，做一个单纯、简单、始终如一的人。所以，“素”就是“中”，就是从个体、自我的角度观察“中庸之道”。“君子无入而不自得焉”，君子没有任何时间和地点不是自然自得、自由自在，完全不受外界的左右，得失由己，从心所欲，这是很高的境界。怎么才能做到这一点呢？那就是安于自我的现状、尊重自我的选择或被选择、认可一切理性的规定，把一切看淡，并认真地对待一切、执行一切，做应该做的事，不逃避，不推脱，难也做，易也做。生在富贵人家，那么就应该安于富贵、保持自己的富贵、做对自己的富贵有益的事。生于贫贱之家，也不要自卑、烦恼痛苦，要学会认可，并能为了改变自己的贫贱而在艰难的处境中努力奋斗、积极进取。“万物共生而不相害”，不能蠢蠢欲动、谋非法非分之事。处境艰难，罹患苦难，那正是考验人的时候，要认可自己的这种状态，并于患难之中见出自己的柔韧性、忍耐力，以自己的努力摆脱一切不如意。这样，一个人还能有痛苦吗？还会因为自己的非理性、非法、非美学的态度而做出不仁不义，把自己置入痛苦、限制、阴郁的境地的事吗？所以，“素位”，既是做人行事之标准要求，其实更是儒学心法之要，也就是慎独、明明德、诚意正心修身，即安自己的心、定自己的位、成自己的德。

以上是做好自我的定位。说到处理自己与他者的社会、政治关系，“素位”的要求是：在上位的人、当权者不能凌辱下级，要尊重他、合情合理地以仁义对待之；下级不能攀缘上级，通过各种手段诱使上级为自己谋权利或利益；首先要端正自己的态度、调整自己的心态，让自己行得端、站得正，不阿不偏，不把自己的愿望的实现放在别人的恩赐、布施或帮助上。这样就会“无怨”：上不怨天，下不尤人。那些没有君子修养、不能做到“素其位”的人，往往不能成功，往往心态失衡，最后总是说，“自己命不好，老天不作美、不公平”，或者，“都怪别人这个不好，那个不好，反正我自己没有什么不对”。所以，真正的君子，能够安居其位、认可上天或理性的安排，遵从天道，尊重规律和法则，这是宽厚而博大的智慧；小人呢，则不安其位、不行其事，整天跃跃欲试，失去理性规范，不贞不正，日日事事处于危险之中，把成功的可能寄托在侥幸、冒险、冲动和小概率上。君子从自我出发考虑问题，并从自我的德性修行上给自己的行为定下规矩；小人却从自己以外考虑问题，把自己的命运交给不属于自己、自己无从掌握的东西上面，无规无矩，行为失范，危机重重。所以，孔子说：君子的人格和行为方式，就像射箭一样。如果没有射中目标，不能怪他人或客观因素，而是要反思一下原因何在，是学艺不精，还是心理素质太差？怪风速太快，怪弓箭做得不好，都不行。所以，君子之道，必须从自我出发。世界与社会，在君子看来，不过是一个由我及他、推己及人、由自我中心向外部世界社会荡漾、延伸、发展的过程与结果，君子首先要对自己有严格的要求，并厉行“明明德”才行。当君子能够“明明德”，就拥有了向外发展、外溢、社会化的资本和资格，站在圆心上向外射箭，就能亲民、齐家治国平天下，实行仁政。正如行远路程必须始于足下，正如登高必须从最低的地方起步；正如一个社会的和谐与进步，必须起自于夫妇如琴如瑟的和谐、兄弟姐妹的团结与快乐的和谐，大家和气而且快乐。这样，家庭就美满了，父母也就安乐了，社会就会和谐发展了。所以，“中”“素”之德，始于自身，齐于室家，虽微必显，盛德洋洋。人不中不素，则不和不恕，不仁不义，不能成人成己，不能成圣成王，不能成君子大人。

自我之“中”“素”与社会之“和”“仁”，是“中和”的两大义项。“和”，是从群体、社会的角度观察“中庸之道”。“发而皆中节谓之和”。人有情不能不发，否则就无法进行社会交流而难以适应其社会性，也无法保证心理健康而致病。人的七情六欲怎么发呢？发不能乱发，不能无原则地狂暴而发、凌乱而发、肆意而发；若发，必须合乎音律和节奏，必须有美感，和和乐乐才行。“和”，所指的是外、关系、社会、结构。音声相和、感应、律动、在某种规则下的共生共在，都是和谐。“和”是终点，是结果，是价值的落地之处。和谐，要求格物致知，知人察物，以内体外，由我及人。所以，圣人君子必须从诚意正心修身慎独开始，正心修身为第一要义，强化个体之成；而且必须以齐家治国平天下，由内及外，渐次扩大以至于把社会作为价值终极目标。这就是由“中”而“和”。“中”是过程和机制，“和”是结果和规范。故《大学》开宗明义言“大学之道”，首先强调“明明德”，就是强调中、我、内、心、德、身、个体，是说“中”；其次说“亲民”，德性体现于社会关系，如外、他人、礼、仁、义、信、恕、社会性，是说“和”。前者内圣，后者外王。前者立己，后者达人。独善其身，是“中”；兼善天下，是“和”。“中”是天下的根本，没有“中”，就没有自我，世界与社会就失去根本。“中”“素”，是个体修身、明德、践行之准则；“和”“一”，是群体社会治理、关系措置的价值规定。这是理念。

“和”，成之于礼制，行之以仁政，而“一”成一个整体、一个高度，这是最高境界。“礼”为制，是契矩，是体，是范，是度；“仁”为和，和于政事、和于人事，是融融、大同，自修身、和亲以至于知人爱人亲民。“仁”，是人之关系，是社会关系的多元之“和”。和于政、和于人事，即“仁”。“一”，就是合一，如《中庸》要求，达道者五，必一之；行之者三，必一之；天下九经，必一之。“一”，为最高之理念、最高之境界、最终之追求。由“中”而“和”，修身以至于仁，由己及人，由个体而关系。因为礼也好，仁也罢，论其实质，都是强调合一、融合、整体、不二之理，此即是道。“和”是和谐的世界关系和秩序，这是世界和社会和谐运转的根本。所以，只有发挥“中和”的作用，才能让世界万物各就其位，各安其理，皆得发展繁荣，所以，“中也者，天下之大本也；和也者，天下之达道也。致中和，天地位焉，万物育焉”。那么，“和”有三个阐释的角度：一是“礼”之“和”，二是“仁”之“和”，三是作为本质的“一”之“和”。

“礼”之“和”，强调的是伦理关系上下之间的秩序性、体系性、组织性和谐。这种和谐不是平面的和谐，而是在保证尊卑关系这个前提下的融洽状态。这种状态保证了机体的有机性和有效性。文王、周公是“礼”之“和”的代表。文王无忧。无忧的文王得益于周公之礼制。文王尊重自己的家庭系统伦理。这个系统就是：大王、王季、文王、武王。王季是文王之父，文王是武王之父。父亲创造的基业，儿子继续其大统，缵先王之绪，从而获得天下，“身不失天下之显名。尊为天子，富有四海之内，宗庙飨之，子孙保之”。武王到老才受命于天，是周公成就了文武之德，制定了各种礼制。这个礼制，对上自天子、中经士大夫、下及百姓的行为规范，尤其是丧礼这个最重要的人生大事，都有详细的规定。这个规定有层次和做法要求上的不同，但是人人必须服丧，却是同一要求。如同书同文、车同轨、行同伦，礼就是“一”的制度力量，是制定同一规则，以为人事行为的原则、规定、要求、规范、界限。这是体制的保证，礼之规定下的“和”，才是真正的“和”。没有平面的“和”。“和”，虽有等级差别却无规则不同。“和”是秩序之“和”、差异之“和”、伦理之“和”、等级之“和”。“和”的前提是“礼”。祭祀祖先，明确昭穆、贵贱、贤愚、上下、老幼的秩序关系，以这种明确的礼制尽己之责，事天、敬尊、爱亲、睦民，这样，能礼，就能治国平天下，“明乎郊社之礼，禘尝之义，治国其如示诸掌乎?”晓义明礼，治国就是易如反掌的小事。中国是一个人治国家，是伦理政治，以“礼”治国。“礼”，在中国文化、道德、修养乃至政治体制中，居于最核心、最崇高、最重要的位置。这是体制。

“仁”之“和”，说的是“仁”以施政。政者，最能体现“仁”“和”之用，故以政言之，所以有“哀公问政”。“政”的核心是“仁”。按，[“政”，原义为征伐（甲骨文=正，征伐不义之地+支，持械攻击），表示武力征服。］造字本义：武力征服并用暴力统治。然而，似乎古人在使用时故意改变了“政”字的原义。“政”由“正”和“文”组成。正，是中正，是不偏不倚，是“止”于“一”（“正”=“一”+“止”），即“止于至善”。文，是文采、纹路，表示所有美丽的东西，是美的现象、美的态度和审美方法。所以，“政”，一定是以善为价值导向和最终追求，以美为人生态度和内涵意味，既善且美是为“政”。所以，我们才主张行仁政、善政而去恶政、苛政。如前所述，礼是政，仁是政，和合乐乐是政，这是君子之政、贤王之政、圣人之政。“仁”是人与人的平等（当然，这个平等也不是绝对的平面上的平等，同样也是礼制规定之下的平等）与融洽、和乐。那么，“仁政”就是“和”这个原则在政治领域的延伸和理念的现实化。如果说，“礼”更强调尊卑秩序和道统，那么，“仁”则更倾向于和乐融洽的审美关系。“政”的核心、基础、主体、目的都是人。有人才有政，无人则无政。人与政的关系，就像树与地的关系一样。政由人出，政亦是为人而施。那么，无论是行政者还是被治之百姓，都应该以“仁”为准则：施政者施以仁政，被施者受仁政之惠，整个社会以仁而爱。所以，“为政在人，取人以身，修身以道，修道以仁”，这是儒家政治思想的“仁道主义”。朱子说：“人君为政在于得人，而取人之则又在修身。能修其身，则有君有臣，而政无不举矣。”这是从行政者的素养和德性上而言。对于被施政者，也要求其仁，或通过施行仁政让他们达到这个要求。所以，仁以修身，既是施政主体的德性，也是社会治理的目的。此言政事。仁是礼制规定下的仁，包含亲亲、尊贤。亲亲是基于血缘关系、于亲属间的仁，尊贤是社会关系、是对于人才的尊重，是应该之“义”。然而，亲亲不是平面的亲，尊贤也不是平面的尊，亲与尊都是有“礼”的具体规定的，都是由“礼所生”的。如果在下位者不能获得上司的信任，在下位者不能获得上司的领导与服务、管理，国家就得不到有效治理。那么，君子不可以不修身，这是起点；而能不能修身，就看能不能事亲至孝；能不能孝，就看能不能知人；能不能知人，就看能不能知天。知天就是知道，能知道，就能知人；能知人，就能事亲；能事亲，就可以修身；能修身，就可以治人以仁政。所以，不守社会伦理规范，不修身、事亲、知人、知天的人，也就是不懂礼制的人，根本不能与之谈政治的问题。仁、义、礼，为三大器也。仁者亲亲，关系也；义者相宜，价值也；而礼者生之，其保证也。无礼则无仁无义可以成也。这是政治。

“执两用中”要“止于至善”。“中”是对于个体的尊重，是对于个体属性的保持和肯定，强调的是自我的“一”；“和”是对于关系的约定和追求，强调各种关系的一体不二、平等融洽、和谐大同，是群体的“一”、大局的“一”、社会的“一”和结构的“一”。“中”与“和”的本质意义都是“一”。“中和”的结果，最终体现在“止于至善”，就是止于“一”，止于“道”，止于和合之象、平等不二之境。无论是作为个体的“中”，还是作为群体的“和”，其性质都是“诚”，都是“一”。“一”者，先之以个体主体的“中”，继之以群体、社会的“和”，既“中”且“和”，就是“一”。“一”是整体、同体、大同、和乐，是人与人、人与物的平等，是个体间的不二一体，是无矛盾不对立的和谐和乐，是儒家伦理思想的形而上学，也同样是道佛两家思想的形而上学，如道家之齐物、佛教之中道，都是“一”。“执两用中”“致中和”的最终结果、最高境界，就是“一”。

“一”就是“至善”。“一”即“道”，就是最高最好的本质属性。“正”就是“止”于“一”；“正心”就是“一心”，那个符合大道的心；而“一心”就是“诚”和“敬”。《中庸》里说，“诚者一也”，“诚”就是“一”，就是由多而一，就是从对个体的关注到最终对群体的强化，从独立对立到和合统一或同一，所谓天人合一、内外合一、上下合一、人我合一、心物合一都是。反映在社会与政治层面，“诚”即“仁”“道”，即“中道”，是齐物之道，是儒道释三家共同之核心、共同之哲学性思考的形而上学。能“诚”，则无矛盾，无对立，无我无相，无相对性差异。“诚一”的境界，是世界一体、我物不二、均质平等、心物平衡的至大“真空妙有”的“中道”境界，是“逍遥”而“游于艺”的美学境界。能“诚一”，则人与物游、心与物同、人与我和、天与人一、内与外等，那么，世界即我，我即世界，宇宙即吾心，我心即宇宙：“高明”“博厚”而绝对的无所不容；可以预知先知，绝对的“我思”即可通达世界；可以参天地之化育，神通天地之机运；可以成己成物，成己即成物，成物即成己；可以悠久不息，长久悠远；可以无为无不为，“不见而章，不动而变，无为而成”——所以，中庸是天地之道，此道，“博也，厚也，高也，明也，悠也，久也”——所以，“天地之道，可一言而尽也”：天地之道甚是广大精微，然而，只要一言就可说尽；这“一言”，不过“一”字，即“一”也。故，中庸之道，即“诚”即“一”，即“中”即“和”；《中庸》之“中庸”，“尊德性而道问学，致广大而尽精微，极高明而道中庸”，是最深刻的宇宙本质、人生智慧、治国方略，是最博大的人之胸怀、致胜之达道、君子之人格修养！

中国文化关于为人行事的基本要求即德性规定，最重要的就是这个“诚”。人与人的关系要诚，就是大家不要有矛盾，要融合融洽，和乐一体，和气生财，天下一家。人心要诚，内外如一，心中所想与行动要统一，而不是巧言令色，言不由衷。言行要一致，做到诚信忠贞，始终如一。自己对自己也要诚，要坚守信念，要善始善终，要慎独。组织对组织也要诚，国与国也要诚心相待。其他如仁、义、礼、智、信、忠、孝、悌、友等，都是以这个“诚一”的结构关系为最高宗旨的。中国文化在所有这些关系中，追求一种一体不二、平等共在、万物并在而不相害的和谐关系。要之，中国文化追求的最高境界就是“一”，就是“诚”。“诚”，于天地、内外、身心、人我（五伦之属）等的关系，在“礼”的规定之下，以差异之必然、礼制之规定而达到同一性的追求。这个追求，即“诚”。《中庸》全篇以“诚”为枢纽。合儒家诸经典看，修身修心而能诚，能诚而以知以行，则为君子。诚作为道，是“止于至善”的终点。而“至善”，由“分”（散、众、多、杂）而“一”，由“中”（内部、个体、独）而“和”（关系的平等、融洽、和合），由“素”（干净、独立、坚守、合理性、合规矩）以“仁”（爱），由“忠”（不变、向心、保任）而“恕”（以己度人、体察人心、平等热爱）。所以，“至善”，是处理好个体与群体、内部与外部、心与物、我与社会的关系的至善之道理。这也就是圣人之道，也是天道，天人合一，圣即天，圣心即天心，圣道即天道，圣人之性即天性，故天圣合一，故圣人能自然而然，顺天行道。圣道天道，即“诚”，即“一”，即无异不二，即中庸而执两用中，即大道自然。修行之要，在于反求诸己，回归本心，去除异解异见，以“中”而定心，以“素”而成己。“正心”者，“一”其心，净其心；“诚意”者，“一”其意，合异二。这样，既成己，方能成物成仁，所谓推己及人，仁以治国，恕以待人，和而大同。这就是内圣而外王。内圣为本，外王为末。本立而道生，王因之而成。内圣为因，外王为果。而本末一体，内外无异，诚之又诚。

“中庸”思想、“中和”的方法实践、“诚一”的属性和境界，有很大的实用价值。在中国文化的基底上，“中和”的方法与智慧，是以“礼”为基干的。在“礼”这个文化与政治、人伦的基干上，生出了“中庸”与“中和”的大道与方法途径。宇宙间的各种元素及其关系，可以概括为天地、我人、身心三大类。作为由很多元素构建的一个结构，中国社会与文化的核心是“礼”，如封建、道德、伦理，也就是天文地理人伦，其中心是秩序、结构、上下察、左右明、老幼分。每一个个体的“我”（不一定是人而包括人）作为中心，与他者相和相合，那么天地、外物、他人与我这个中心的关系，由上而下，由内而外，形成了一个立体金字塔结构，这是封建之原理、道德之根基、人伦之大德的基本结构形式。在这个结构当中，首先有严格的等级分别秩序，范之以“礼”，规定、保持个体的自由与存在的属性。其次，要强调个体关系的和谐，求之以“乐”，礼与乐，是儒家思想之源即西周礼乐文明的核心和要义。所以，我国政治与文化的古典精神，是典型的“戴着脚镣跳舞”。其害处是泯灭个体性，当然其利处在于群体，在集体性、群体之宏大力量性和行政的高效率性。这是儒家思想的本然面目。

然而儒家学说的压抑、体制化、无个体性及其于心的层面的无自由性，必然有反弹后果。在人心取向方面，有内向之害，则必然有外向之求；有过于事功之弊，则必有超越之请；有积极入世之利，亦必然应之以隐世修行之钝。所以就有了佛与道文化存在的余地。道家从远处高处观察世界本真而求超越，佛家从人心深处探视人世之真而求解脱。儒家的存心养性，必然伴随着道家的修心炼性与佛家的明心见性。对于一个完整完善的君子人格而言，行进于身必以儒，止退于心必以佛。内外兼修，身心合一，动止合宜，进退有据，内外和谐。其最高境界，就是老庄超越于齐物基础之上的逍遥自在、身心舒泰、出入自由。

那么中国之文化，以世俗性、生活性见长，而短于哲思与自然科学，所有思路均以人世为标的；中国人温良恭俭让、温文尔雅、不出风头、平衡中正，缘由在此。中国人于体制之内，清心寡欲，稍富即安，有家有国，有礼有乐，有武有文，内定外安，来远怀人；而于生活之中有诗书琴棋，钟鸣鼓庆，呀呀小唱，梦乡温柔，斯即满足，其幸福指数极高。国家往往因此而国泰民安。如是，于人而言，身心合一而超稳定平静，欲而有制约，约而不退藏，积极中知退，退让中有进，如此进退有据，左右逢源。亦不必止于凡间，世人也有神仙境界，无相对之烦扰框范，有无用之明哲保身，超然物外，跳出三界，如“至人”之绝对无待无依，那种绝对的自由、虚无的道境，使人获得无上的精神超越性。中国人的心理世界，结构稳定，波折而能直面，危机而能化解，成功可以庆，失败不必悲。孔孟之道、庄周之境、佛祖之心，成为中国人心的幸福法门。从文化结构上看，儒道佛三足鼎立，为最稳定之结构。故中华文明，能长盛不衰，历久弥新，日日以新，与时俱进，不断焕发出勃勃生机。

逍　遥

逍遥！这是个多么美好的境界！

庄子，这个哲学地思考的圣人，被日本人称为世界上最杰出的人物之一。庄子哲学是人类文明的瑰宝，是人类思想的奇葩。其冷峻的智慧、超越得宛如处于地球之外的精神实体（神仙），滋润着中国知识分子的心田，滋养着中国悠久的诗性文化，为中国知识分子的生存策略提供了一种可供回旋的巨大空间，为中国人精神的丰盛饱满、行云施雨，提供了审美的超越途径。

《庄子》首篇就是《逍遥游》。在那一波三折、奇谲诡异、绚丽多姿的奇文中，他给人指出了逍遥之津梁，即三个途径：一是去掉相对性的比较，二是不要有所依赖（“有待”），三是要有一个辩证的“用”的观念。

首先，鲲鹏很大很大，它们看蜩与学鸠很小很小，但是鲲鹏与天空相比、与大海相比，也并不算得上多大。大小不就是相比较而言的嘛！那个朝生暮死的细菌很短命，那是我们认为的，比细菌生命更短的东西还有很多。彭祖，对我们普通人来说是够长寿的了，然而与那个千年乌龟相比，他不过是个夭折的幼儿罢了。可是，这个如此长寿的乌龟，与那个“以三千年为春，以三千年为秋”的大树相比，还能说是长寿吗？那么，什么是长，什么是短？长与短，不过是相对性的、由比较而得来的一个观念。人活着，总是陷于长短、大小、贵贱、高低、毁誉、利害、成败的相对性之中，把人生的幸福安放在这种毫无意义的比较或攀比上，真是愚蠢至极。那些“知效一官”者——知识足以做一官之长的人，“行比一乡”者——那些行动能力冠绝乡里的人，“德合一君”者——那些德行能够称得上做君主的人，“征一国”者——足以征服一个国家的人，等等，他们都可能自视甚高，并且认为一个比一个更高明高级，但是，不过是五十步笑百步，陷于“小大”“长短”“高低”之辨的可悲之境。所以“宋荣子犹然笑之”：“局限于自己的井底一样的视野，在高下长短之间比来比去的，你们太狭隘了！”荣子先生之意，作为世界上的一个存在物，我们一直“未数数然也”——没有活明白：不要那么纠缠、纠结于比较、辨别，昏昏昧昧于外物的束缚之中，否则就是昏庸愚昧、自以为是，从而可能带来生之痛苦——你比较来比较去，有什么意思呢？什么时候才能学会从自己身上找快乐，而不是在相对性的比较、攀比中求快乐？攀比是不可能带来快乐的。

其次，真正的逍遥不能依赖外物，而要回归自我。物化之界，鲲鹏之类为大，蜩与学鸠之小，这是大小的分别。固然，这两个大的、小的生物都可以逍遥，然而都是“自以为”逍遥，其实并不是真逍遥，因为它们“犹有所待”——还是要依赖别的东西，比如，没有风，它们是逍遥不起来的。舟也好，翼也罢，必须要依赖水的载荷、风的厚重。如果，一个人的快乐是建立于外物之上的，他觉得外物带来的东西多而有利，就快乐；觉得外物不足，就痛苦，这是真正的快乐吗？显然不是。放下这一切比较、攀比，不再关注于身外之物——“举世誉之而不加劝，举世非之而不加沮”——全世界的人都夸我我也不飘飘然，全世界的人都诋毁我我也不沮丧，因为我做到了“定乎内外之分，辨乎荣辱之境”——知道内外有别，我就是我，我不会受外物之御；知道荣辱不在于别人的判断与指点，而全在乎我之一心——如此应该是多么超脱自在！

可是这个自以为很超脱的宋荣子“犹有未树也”——还是有些东西没有拎清。他比那个神仙列子差得太远了。列子“御风而行，泠然善也，旬有五日而后反”，腾云驾雾，轻飘飘地，清凉凉地，在天空中飞行，一连飞了十五天才回来，那是多么美好的事，享受着那时的人类永远不可能实现的飞天梦想。他可以说是“致福”了，钟毓天地造化之灵气，获得了无上的福气，可是庄子还是说他“未数数然也”，还是没有达到一个更高的境界。

因为他虽然不必用脚在大地上行走了，但是，他“犹有所待也”——还是要靠风的托举力量才能运动。

正是文风奇绝，一浪高过一浪。上述那些大的、小的，长的、短的，内的、外的，荣的、辱的，世间的隐士、天上的神仙，虽有高下、大小、长短、人神之别，有神通或本领之别，有状态与属性之别，但是他们同样的是“有待”——永远地要受制于外物的限制，行止离不开外物的依托。这很可悲——他们不是逍遥。

真正的逍遥是“乘天地之正，而御六气之辨，以游无穷者”，他们“恶乎待哉”！他们一无所待、无所依赖、不必依托任何外物，是完全的自由自在——想干什么由自己说了算、“在”什么状态也是由自己做决定。海水不需要，大风不需要，毁誉也不需要！因为他们是“乘天地之正，而御六气之辨”的。“乘天地之正”，完全按照天地的正气、正能量、本然状态施为。什么是正？正就是圆满，就是知行知止，就是止于大道，就是服从最高的天地之法则（“正”，止于一也）；“御六气之辨”，适应阴阳晦明风雨的变化规律，知其可与不可、为与不为——有所为有所不为，知进知退，坚守天地之正气。这样，即可“游于无穷”。游，就是逍遥地活着。“游”，本义是学子打着族旗，过河越境，四处参观学习。后来“游”引申出“泅水横渡”。此处所渡过的不是水，不是江河，是“无穷”——是浩瀚的太空、是无穷的宇宙、是物我合一的至纯至真的境界、是均质无别的混沌、是“将磅礴万物以为一”——宇宙万物，磅礴无限，然而它们本质上是无差别、没有我和对象（无我无相）、混沌合一的净土。当我与外物无别，宇宙是均质的混沌，二元对立还有吗？矛盾还有吗？当时空消失，对象还有吗？过去现在未来还有吗？物体和时间都没有了，那么，欲望还有吗？困顿还有吗？人间世与净土的区别还有吗？这一切的区别，都不过是时空的产物，而时空——不过是我们人作为人这一特殊物种的特殊的认识方式，以自己有局限的认识能力“造”出来的，它本质上不过是个绝对的“空”而已。这个“空”里，本来无一物，哪里有什么物的区别！哲学的讲法就是，没有人和物的区别，没有物和物的区别，没有施动者，没有受动者，没有主语，没有宾语——这样，我们处于与宇宙万物完全没有差别的绝对的混沌纯一状态中，

“游”于这个“空”中，就是“逍遥”。

庄子又有了新的问题——什么样的人才能真正是逍遥的人呢？那就是“至人”“神人”“圣人”，这样的人一要“无己”，二要“无功”，三要“无名”，没有大小之辨，没有我相之辨，没有成败之辨，没有名利毁誉之辨。“无己”就是无我，就是无主体，那么还会有欲望吗？没有了。因为，欲望是“我的”欲望。还会有对立吗？纯一没有差别的世界，当然没有对立了。“无分别”就是无我、无相、无内无外、无名无利、无毁无誉，做到至人至神至圣。“无功”就是没有功利性价值，无欲望无意志，也就没有了对对象的执着，也就摆脱了纠缠。“无名”就是不要社会性的评价——人为的别人或社会的评价，不再成为左右自己心志的因素。由自己决定自己的存在方式，有强大的自信、定力，而不是依赖别人的评语、毁誉活着。能做到“无己”“无功”“无名”，就能做到逍遥。譬如那个不要天下的许由，那个“物莫之伤，大浸稽天而不溺，大旱金石流、土山焦而不热”“其尘垢秕糠，将犹陶铸尧舜者也”的接舆，就是真正的逍遥之人。

逍遥的人，既然不受制于外物、无待于外物，甚至连天下都不要，视尧舜如秕糠之铸，那么对于世界、对于外物、对于他人，无分别、无依赖，我行我素，天马行空。但是他们也是生活于世界中的，面临生生死死，必须吃穿住行，总之，必须作为一个肉体存在于世。所以，要保持他们的逍遥，其实不是简单容易之事。怎么办呢？那就是于世间的逍遥，即出世于世间。我们追求超越，而所谓超越者，一定是对于世间的超越，所以超越在理论上是与人间世相对应的。没有人间世就没有超越，超越是对于人间世的超越。这就是佛所谓即色即空、真空妙有、中道是真的般若理论，也是无无无有、有无有有、即有即无、非有非无的道家理论，是即是即非、非是非非、是是非是的理论，也是慧能大师“于相离相，无念而念，住而不住”的理论——既要超越，又要现实，超越是现实中的超越，现实是超越性的现实，即所谓的“大隐隐于市”。可见，中外哲人宗教，所思考与追求的东西，无非是精神的超越，以及如何在世间超越的问题。

最后，就是“适用”与“善用”自己。逍遥的人，在世间也是无比自由的，这表现于“小大由之，量材用之”，即“自适”。没有绝对的无用，就看一个人怎么给自己定位、怎么发挥自己的作用。即使看上去无用的东西，却往往是最有用的。比如老子说的，车轮子之所以能够有用，关键部位就是轮毂中间的那个“无”。所以，无用往往是最有用的。这跟“道”一样。“道”，无形无相，有什么用？看上去是没有任何作用。然而，它是世界之母，无处不在，无处不发挥作用，没有“道”，就没有一切。所以，不要抱怨自己没用，“天生我材必有用”。还要学会小材小用，大材大用，适材而用，量才录用。愚笨的宋人手握“不龟手之药”，世世代代以染织浆洗为业，挣几个辛苦小钱；那个外来客却把这个药用在吴越战争中，结果却是裂土封侯！惠子因为大瓠无用而烦恼，庄子告诉他，不拘小大，只要善于使用即可，适其用而用之：把它连接在一起，做成船嘛！惠子因为大樗大而无用而无奈，庄子告诉他，要因势利导、因境而用：让它给人乘凉，不是最好的用途吗？这样，还有“无所可用”的烦恼吗？“安所困苦哉！”意思很明显，当我们不懂得适应自然之状态对待事物，我们会困苦不堪、烦恼疑虑。对物，要善于利用；对自己，要看到自己独特的用途。这个地方用不上，别的地方一定会用得上。这个用法不行，换个方法就一定有效。

结论是什么呢？当我们因自然之状态而行，尊重自然，依从天然，任运自然，不计大小远近长短有用无用，适其可用而用之，本之于本心，用之于可用，则逍遥之境，于人间世可致。超越未必出家，逍遥总在世间。这就是佛教之净土，它不在西方，不在东方，不在任何外境之中，而只在清静平和、无染洁净之自心。

庄子不认识释迦牟尼，不懂佛教理论，然而庄子思想与佛教理论相通，二者对世界和人生的思考，可谓是道通为一、殊途同归。若用佛教禅宗的术语解释庄子的思想，可以这样说：所谓逍遥，即是无分别无判断，即是无我无相无念，即是不执不住，即是自然任运，即是心外无物、以心转境或以心顺境，如此即是一悟成慧，当下即佛、即慧、即涅槃、即阿耨多罗三藐三菩提、无上正等正觉，亦即般若波罗蜜。

要解脱，要逍遥，就要回归自然之本然，回归自心之本性，顺应自然，适可而为，孔子所谓“从心所欲不逾矩”，佛所谓无、有、非、即、中即明心见性。大道至简，道通为一。信然！

是　非

《红楼梦》里贾元春判词有“二十年来辨是非”一句，是非曲直，争来争去，总也没个结果，徒增无数烦恼。能不能“无是无非”呢?

“是”，在现代汉语中是判断词，在古代汉语中还有指示代词“这个”的意思。事实上，探究一下“是”的本义，能发现更多的意义内蕴。

“是”，金文由（日，太阳）和（又，手）加（止，即“趾”，脚）构成，表示太阳直射，时至夏至，人们手脚并用进入夏季农忙。造字本义：夏至，太阳当头，适宜农务。有的金文误将手形简化成“又”。篆文则将金文的“又”（手）和“止”（脚）连写成“正”，强调太阳在头顶正上方。夏至是夏历法则中的重要节令：夏至即入夏农忙的恰当起始日。所以，从本义上看，时日恰当为“是”，相互抵制为“非”。这是就时间方面而言。还有人认为，“是”字上为“日”，下为“止”，寓意是看太阳的位置，来确定行走方向的正确性，使不至于迷路。“日”指太阳，日出东方，日落西方，正午太阳在南，人们可以依据太阳的位置确定方位；“止”是行走，表示走路是有目的方向的，判断去向哪个方向，一般阴天或黑夜容易迷路，容易走错方向，人们都仰头看日以确定方向。这是就空间而言的。所以，“是”是确定时间与空间的标尺、准则，“故曰：是，则也，直也”。

德国哲学家海德格尔研究了“存在”这个词的词源学意义。他认为，“存在”就是“是”（be），说一个事物存在与否，就是在下一个判断：

"是"意味着"存在"。存在不是具体的存在者，它只是一个存在的可能，类似于中国哲学里面的"道"，不可描述，不可看视，不可触摸，是非现实的、但却是实在的存在，是一切存在的可能。"是"是西方哲学史上最普遍的哲学概念，"是论"所表述的是绝对理念自身的运动，是纯粹理性自身的展现，而这个判断的现在进行时 being，就是存在者（人）。

简言之，"是"有三个义项：1. 现代汉语的判断词"是"；2. 可以确定时间、确定空间，是定位并对行动作出判断的准则，引申为重大事项、规律与本质，如"国是"；3. 哲学与宗教意义上的"存在"，即理念，即绝对精神，即道，即佛，即心，即性。

再看"非"。甲骨文是指事字，字形在相背的两个人（背）头上各加一横指事符号，表示两人思想相悖、观念冲突、行为排斥。有的甲骨文变形，指事特征消失。造字本义：思想相悖者之间相互抵制、排挤，相互攻击、责难。所以，非就是否定，就是对"是"的相反性判断，因之会在行动上予以排斥，产生矛盾。

所以，"是"和"非"就是基于某种判断，决定行动的时间与方向，进而营造生命存在形式。如何下判断呢？在什么情况下可以下一个判断？在我们对周围环境、客观条件进行研究、探索、观察的基础之上，对自我进行恰当的位置、力量、资源、目标的定位，确定自己或群体的重大方向性政策、方针。此一方针政策的实施，若符合自我存在的属性，即自然的、本能的、本我的、纯净而单一、不躁不动的本质属性的——此时，我们才可以下判断说："是！"哲学、自然科学强调对于世界本质和规律的把握（理论的或实验的、实践的把握方式），伦理学和道德学强调的是对于人存在于群体之中的自我位置的把握，美学和宗教更强调对于自我心性的定位，即自我应该以一种什么心态、角度面对这个世界。如儒家思想主要内容是以"礼"（伦理）为最高范畴，以"忠、孝、悌、友、仁、义、礼、智、信"等为具体要求的伦理学与道德学规定，符合这些要求的就是"仁人君子"。而西方的哲学，尤其是后期的现代哲学对于"是"的判断，是基于人之自我而不是社会体系的，如存在主义强调个人、独立自主和主观经验。萨特的论断"存在先于本质"认为，除了人的生存之外没有天经地义的道德或体外的灵魂。道德和灵魂都是人在生存中创造出来的。人没有义务遵守某个道德标准或宗教信仰，人有选择的自由。要评价一个人，要评价他的所作所为，而不是评价他是个什么人物，因为一个人是由他的行动来定义的。存在主义否认神或其他任何预先定义的规则的存在。萨特反对任何人生中“阻逆”的因素，因为它们缩小人的自由选择的余地。假如没有这些阻力的话，那么一个人唯一要解决的问题是他选择哪一条路走。只要一个人的选择符合自己的意志，而不是外来的要求，那就符合自我的本质，就可以说“是”。所以，东方的“是”（人生判断）是基于社会关系的，而西方的“是”是基于个体的、个人的。

但是，我们的判断是“真”吗？或者说，它符合事实吗？道家思想尤其是庄子对于“是非”有自己独到的见解。在《逍遥游》中，他说，一切都是相对的，所有的判断都是基于自己的角度形成的。从自己的角度看，别人、他物总是有让人作出“是”与“非”的判断的可能。大鹏可以笑话麻雀，麻雀也可以笑话大鹏；彭祖笑话朝生暮死的细菌，殊不知细菌自己认为自己已经足够长寿。有用的笑话无用，而无知无用者也许能保持长生久视，不受戕害，似乎无用者在智慧上更高一筹。所有的这些判断，都是站在自己的角度，都是相对正确的。从宇宙来看，本来没有时间与空间，我们对于时间与空间的定位、定义，都是于一个参照物、一个出发点的。当参照物与出发点发生了变化，我们之前所有的判断都是错误的。站在“道”的角度看问题，所有的东西都是平等的、齐一的，它们都是道的产物。所谓“逍遥”的状态，就是认识到相对性的虚假，回归到真实中来，去掉相对性的约束，回归自我。凡是存在的，从自己的角度看，都是合理的，也都是最佳的。大与小、长与短、有与无、有用与无用、明与昧、愚与智，都是相对的。那么，还辩论什么呢？辩论是愚蠢的行为，是短视的、片面的、不知道的。“辩无胜”，辩论者没有赢家，“是其所是”就好。各安其位，各行其职，满足现状，勿恼勿躁，认可现实，把自己当作一个可以欣赏的对象，站在高处“观”看自己——以“道”“观”己，就是“道观”。

现代自然科学表明，所有的存在物，都是量子以不同的速度运动而形成的能量载体或形式。人、物、生命、意识或精神，以庄子的话说，都是

“齐物”的，没有任何区别，并遵循着物质不灭与能量的法则，存在于多重宇宙中，呈现为多种的可能（参考“双缝实验”“薛定谔的猫”）。人的存在是偶然的、渺小的，与其他存在没有区别。作为有智慧的生物，人处于广袤无垠的宇宙中一个很小的、很短暂的存在体——地球上，以自我为中心，向各个方向、各个物体发出试图理解的目光，以自己的感官和意识（眼耳鼻舌身意）对位置关系、意义关系、价值关系做出自己的感知和判断。很显然，这个感知和判断是极其狭隘、自我中心、极其受限而且很可能是错误的。那么，我们对于有与无，就应该是“非有非无”的；但是，我们既然是在作为认识能力有限的生物体、认识主体而存在，那么，我们就不能脱离我们的存在现状，还必须承认并安然安心地生存在这个地球上，以我们的狭隘性存在着，所以，我们还必须“即有即无”。非有非无，即有即无，到底是有是无，不能绝对下个断语。所以，“色即是空，空即是色，受想行识，亦复如是”；所以，“真空妙有”，只能行于中道，不做关于有与无的任何判断。这就是“无差别”“不判断”的原因。

“是”与“非”亦然。人活着的一种智慧是，不执着于我相、人相、众生相、寿者相，不执着于某物某念，不执着于自我，不能有任何贪心、嗔心、痴心与妄想。当我们对任何存在物有“是”或“非”的判断，就会引起我们的生物本性即对名利的追逐，从而陷入轮回不息与污染不净、躁动不安的罪恶世界。所以，“无是无非”就是个人生智慧。然而，人存在着，就意味着人需要对外界进行物质与能量的索取，意味着作为社会性的人，他是群体生物，离不开对别人的依赖，也就离不开对社会关系的经营，也就需要我们对自然界与社会进行判断。也许我们的判断是错误的，但是这种判断是必须的也是必然的。所以，我们也必须“是其所是，非其所非”，最后“即是即非”。极端点说，“是”与“非”没有界限，甚至没有善与恶、迷昧与涅槃、生与死、佛与众生的区别。一方面，我们生存于外物、社会和自我的心理感受这些“相”中；另一方面，又不能执着于外相我相人相。两者相加，就是要做到“于相离相”“念而无念”，于执着中做到不执着、执着于不执着，甚至是连不执着也不执着时，才是真正做到了解脱、自由的解放状态，进入精神的净土。所以，出世的智慧的实质在于：它并不出世，而是积极地入世；它从不否定与肯定，但是又不否定肯定与否定——它要的是一种完全的超越态度，那种在世间超越于世间的美学观照。

否定性的“非”的判断，其意义并不亚于“是”。我们是本着“是”存在的吗？未必。我们的“非”就应该是被否定的吗？也未必。《金刚经》通篇就讲一个“非”字。我们有理由“非”一切，包括“非”（动词）、“非”（名词）自身。所以，非，非非，非非非……如是脚脚踏空，无依无靠，而入于真空妙有之解脱境界。

“是”与“非”的辩证性极强，辩证到最后，我们再也不能对“是”与“非”本身有个“是”与“非”的判断。这也就是“如是我闻”。“如”，好像，它没有肯定或否定什么。“如来”，好像来了，其实没来。真的没有来？也并不是，它明明在那儿啊！妙处难与君说！不区别、不判断，不完全地出，也不完全地入，贵在有无、是非、出入间的“以心转物，即同如来”。没法做出绝对的是非判断，好像对，好像不对，不是圆滑的世故，而是对人的认识能力的哲学体贴。不要说“是”，也不要说“非”，只有这个“无法判断”的“如”才是真道理。我如是而听、如是而言，我听的、言的“是”的核心就是“如”。所以，执着于“是”与“非”真的没有意义；我行动时，不必考虑我应该区别、判断、出入与否；只要沉浸于当下状态，做好每个动作、每件事情，用心体验自己的当下感受，观察自己心灵深处的平静与愉悦，是其所是，当下即是，就好！

无是无非，是邪非邪？到底有没有是非，确实是一个令人烦恼的哲学追问。“彼亦一是非，此亦一是非”，“辩无胜”，等等，并不是油滑的机巧主义，而是认识到宇宙本相、世界本质之后的睿智。当我们摆脱了自我认识的局限性，真正从心性的层次上观察人的生命的存在及其应该具有的方式，我们就会在各种关系中，为自己进行最恰当的定位，做出最明智的选择。所以，不要粗暴地下判断说，“这样表达没有是非观念”；掌握“是”与“非”的哲理，是一个宗教问题，更是一个美学问题，而信仰的东西、美学的东西，是超越于现实的。它作用于人的心灵、情感或美感；它可能离现实性远点，但对于人生，却是宝贵的建议与助力。

关于“是”与“非”的问题，西方哲学也在做着痛苦的思考和辩论。

他们从人的认识能力、人对世界认识的可能性上即认识论上探索这个问题。有两股势力、两种主张，即理性主义与经验主义的，也就是独断论的可知论与怀疑论的否定论。到了近代，这种分裂形成了理性主义哲学和经验主义哲学的分野。解决这个问题的人是康德。康德的解决办法是，理性主义和经验主义之所以争论不休，是因为他们对世界即人类的认识对象没有分别对待，以人类有限的理性去面对一个复杂的世界，显然超出了理性的范围和能力。那个上帝创造、与人的理性有着先验的结构的世界，当然是可以被人认识的。但这也是人类认识的全部和界限。至于精神、意识、上帝等东西，却是与人的理性无关的东西，是为“物自体”，这个物自体是远远地位于人类理性的认识可能性之外的，它只能是“信仰”。凡是人的先验能力能够认识的，我们就去认识它，就是“是”；凡是我们不能认识的，那就信仰它好了。可见，康德的解决办法，其实还是贯彻了西方人的二元对立的思维模式，不过是人类理性与信仰各有分工，各司其职，互不逾越而已。这与东方人的处理方式不同。东方人在“合一”“一元”“一片”“澄明”“和谐”等描述性概念之上，面对的是“道”“心”“性”“佛”“一”“诚”等最高范畴，即一个一体“宇宙”。于此，东方人认为，“是”与“非”意味着分裂，意味着二元，所以我们既不能“是”，也不能“非”——我们不谈论可知与不可知的问题，不谈论人类的认识能力问题，而把它们统统归之于美学或宗教。于此，东西方文化展示出了本质上的不同。这个不同，衍生出了双方文化的其他分野。但是，有一点是相同的，那就是：

关于人的存在：做出西方式的“是”与“非”的判断也好，做出东方的“无是无非，即是即非”的判断也罢，其目的，都是在智慧的层面上，让人面对自己，本着自我的意志而存在，但是也要考虑自我与自然和社会的关系之“善”。这就是“自然”——活出自己的样子来，活出一个好样子来。

慈　悲

“慈悲”二字，在中国文化中，是处理自己与别人的心态、情感关系最常见、最通俗、最通用的基本词汇。若以“慈悲”之心对待世界，对待自己、自然和他人，我们会有一种什么样的人生境界？儒家思想的仁爱、墨子思想的兼爱、道家思想“自然主义”的审美性超越，都是一种“慈悲”。马克思主义的积极人生与具体的、社会性的、大写的“人”，以及摆脱了物化、阶级压迫之后没有异化、没有剥削、没有压迫的理想的共产主义社会，也都能够从“慈悲”这个词汇中找到某种显隐程度不一的影子：一个充满现实感与理想性的人生形象，活生生地跃然出现了。我爱众生（人，或无产阶级），所以要指出他们不幸福的根源：要么是被异化成物（商品或机器的奴隶），要么是被异化成阶级压迫下的牺牲品；从物化中解放出来，从阶级压迫中解放出来，就是慈悲，即予人以乐、拔人出苦。伟大的哲学、宗教、文学，无不如是。

“慈悲”后来在翻译佛经时，被借用为佛教的关键词之一。“慈悲”是持哀愍之念以怜物之谓。“慈悲”是佛道门户、诸佛心念。南本《涅槃经》卷十四云：“一切声闻、缘觉、菩萨、诸佛如来，所有善根，慈为根本。”《观无量寿经》云：“佛心者，大慈悲是，以无缘慈摄诸众生。”又，“慈悲为万善之基本、众德之伏藏。”《大智度论》卷二十七云：“慈悲是佛道之根本，……亦以大慈悲力故，于无量阿僧祇世生死中，心不厌没。”又，“大慈与一切众生乐，大悲拔一切众生苦。”丁福保编《佛学大辞典》：“（术语）与乐曰慈，拔苦曰悲。四无量心中之二无量也。智度论二十七曰：‘大慈与一切众生乐，大悲拔一切众生苦。’”《佛学大词典》：“慈爱众生并给与快乐（与乐），称为慈；同感其苦，怜悯众生，并拔除其苦（拔苦），称为悲；二者合称为慈悲。佛陀之悲乃是以众生苦为己苦之同心同感状态，故称同体大悲。又其悲心广大无尽，故称无盖大悲（无有更广、更大、更上于此悲者）。”

“慈悲”不是佛教的专有观念，而是人类大爱的集中表达。简单来说，“慈”是给予爱，“悲”是拔去苦。按中国汉字本义，丝，既是声旁也是形旁，表示柔软的细丝。“慈”，古体 = （丝，表示柔软）+（心，心肠）。造字本义：比喻心肠软如丝，疼惜生命，不杀生，不作恶。篆文将“丝”写成“兹”。隶书将篆文的“心”写成。所以，“慈”就是“众善奉行”。非，既是声旁也是形旁，即“排”。“悲”，金文 = （非，与愿相违）+（心，意愿）。造字本义：因违背意愿的意外变故而痛楚、哀伤。篆文承续金文字形。隶书将篆文的“心”写成。所以，“悲”就是“诸恶莫作”。

“慈悲”是人类的终极价值追求。人生而痛苦吗？不是的，人应该是快乐的。这个快乐，不是我们一般意义上的快乐，不是得到某物、实现某个愿望的快乐。快乐是一种幸福，是人作为一种生命的本相。因为，宇宙的本相无所谓我们的快乐。宇宙是按照一定的节奏律动着的，类似于我们的音乐，所以宇宙本身就是音乐。这种快乐是本源上的快乐，是本有之乐。宇宙没有与快乐相对的痛苦。宇宙的“乐”，就是它的本来样子。但是，由于我们人的局限，人把世界与“我”分别开来了，把他人与“我”分别开来了，把“我”与物分别开来了，把快乐与不快乐分别开来了，并且把物欲、权欲、色欲的实现与快乐之间建立了因果联系，因而我们离宇宙的本源之乐越来越远，所以，痛苦就来了。

“慈”与“悲”就是两个方法、两个途径。

“慈”是此心。第一，“慈”是“兹心”，就是“这个心”。我们的注意力放在“这个心”上，我们就明心见性了。我们一定要看明白，这个心的本来样子是什么、本来状态是什么。我们的心本来是光明的心、无蔽的心、明净的心、平静的心、物我一体的心，现在，它被蒙蔽了、物化了、异化了，变得“无明”，变得“有漏”。所以我们要“明心”，使这个心恢复到它本来的光明状态，见到其本来之性。那么，回到自己的心的本来面目、回到心的本身、回到心的自然状态，这样，我们就获得了或说我们就能回到我们的快乐状态。所以，“慈”这个字，就是通过回到自己的心的本来状态，回到快乐。所以，真正的智慧，是通过找到自己的心而获得以乐。当然，中国文化是反对分别的，所以，所谓“这个心”也并不是有“这个心”和“那个心”的区别，“兹心”就是回到心本身，就是明本来之心，就是回到本来之快乐。

第二，在“慈”之“这个心”的意思外，还指状态，是“在兹之心”。回归本心、回归快乐，不是超越世间、消极避世之意，而是于世间、于实践中停下来，把事物或人当作一个可供欣赏的对象观察（止观），以积极的入世态度，行超越性之精神。真正的快乐是对“兹心”的肯定，是对现在的、现实的肯定，是对于当下的我的状态的肯定。有了这个肯定，就能够于世间而达到出世间的快乐；纯粹出世间的人谈不上智慧，也谈不上根本的快乐。因为人是作为一个物质性的生物体而存在的，其本质属性是其社会性。物质性和社会性两个属性，决定了人只有在物质性、关系性的社会上才能安身立命。所以，离开这个物质性和社会性的所谓的绝对超越，否定了人之为人的本性，是反人性的，所以，那只是痛苦，而本无快乐可言。所以，“慈”，在世也。

第三，“兹心”就是“当下”。在世之人往往为忧心困扰，其原因在于我们有分别心，包括过去、现在、将来的时间轴上的分别心。以此分别心把自己这个完整的个体分摊在过去、现在与未来，将自己的心放在过去、现在与未来的不同时空中，从而在这不同的时空中执着、滞留、困扰不休。今天记挂着昨天、担忧着明天；明天痛苦在记忆里……所以要去除过去心、现在心、未来心的区别，只有去此区别，我们才能把自己从这个无限的时间空间中抽回，集中注意力和精力于当下，专心一意于此时此刻的每个动作，如此才能真解脱。专心一意地做当下的一个事，比如走路时就专心感受脚底板与大地的摩擦，快乐时就忘乎所以，痛苦时也完全沉浸于痛苦的情绪中，喝茶时就喝茶，打扫时就打扫，饥来吃饭困来眠，不去记挂别的、牵扯别的，记挂与牵扯除了烦恼，没有任何用处。这种专注于当下，也是一种积极的解脱。

第四，“兹心”就是儒家所谓的“正心诚意”。“正心”之“正”，有二义，一是“止于至善”，二是“适可而止”。“止于至善”，凡事应设定一个目标，此目标是最佳境界，所谓学无止境、精益求精。“适可而止”，目标不可过高，过高则不达。“止于至善”要求我们积极行动，但是还要防止不能过分，“适可而止”就是设定了一个安全阀。所谓“诚意”，“诚者一也”，于世界观而言，即万相为一，即无区别、无对待、不相对，万物一体，圆融同一；于人生观与方法论而言，则是一心一意、专心致志、集中心意于当下、一事一行一物，而不能三心二意。

所以，“慈”之意义大矣、多矣。道通为一，简而言之，从外在时空和诸种束缚性因素中解脱，回归自心自性，专心诚意，关注于当下而积极作为，是为大智慧，这是积极的人生、美学的人生、现实的人生、快乐的人生的根本。

“悲”是“非心”。“非心”不是“不是这个心”的意思。“非”是一种认识论，也是方法论。如前所说，由于受制于自己的认识能力，由于我们的认识器官的限制性，我们无法认识宇宙的本来面目和本质，使我们处于一种“无明”“有漏”、蒙昧、遮蔽的状态。那么，为了达到有明、去蔽得到光明的目的，就必须达到对事实本来本相的认识。既然我们的认识是错误的，那么我们就要反对和否定这个错误。这就是“非”。事物、事实、本质、本相不是我们看到的这个样子，所以，我们必须否定它。我们看到的事物之间的分别也是我们的主观造成的，所以，我们也必须否定事物的分别，回到万物一体状态、回到万物平等状态、回到无时间空间的分别状态，找到纯净一体、圆融混一、无分无别的本原。所以，否定了有，也否定了无，否定了是，也否定了非，都是认识到“认识论的局限”或“认识论的断裂”（阿尔都塞语）的必然结果。因为“有无”“是非”全都是人的主观的产物，相由心生，境由心造，我们的痛苦是由主观造成的——人是有创造、构造能力的，既能创造、构造快乐的“世界”，也能创造、构造痛苦的“世界”。既然如此，为何不能换个角度，把“世界”“看”（创造、构造）得美好一些呢？“世界”本来是美好的，但是我们戴着有色眼镜把它看错了。所以，做到“心能转境，即同如来”，就是要求主观能够回到事实本身，改变主观的谬误，让心与宇宙的本相合而为一，让心回到自己本来的家。当然，“非”就意味着有相对的“是”，是与非也意味着分别，所以佛也反对绝对的“是”或“非”，所以提出了“非非”乃至于“非非非”……总之，就是不要判断，判断意味着主观，而主观意味着我相与外相之分别，意味着绝对的谬误，意味着无明即痛苦。这个“非”，就是反对、反抗、背弃、不认同，同样，也是一种对现实的超越。类似于道家所谓神仙；神仙对于人的超越，就是离开大地，离开地球引力，离开烦恼如云的人间世界，不受自然规律的约束，不受物质性欲望的控制，不受外于我的因素的伤害，没有隔阂，没有矛盾，没有对立，只有融合在一起的一体不二的圆融。这就是“非”。“悲”的“非心”，就是超越之心，就是对现实的超越，就是对不如意的、痛苦的、物化的、非我的、非人的……超越。这种超越，不就是拔人出苦吗？

需要申明的一点是，“非”不是普通意义上的无是非观念。是非观念必须有。问题是，何谓是？何谓非？世界本无是非，所有的是与非均是人的主观的判断，所以是非本身是不存在的。与其纠结于一个不存在的判断而痛苦不堪，不如放下这个错误的判断，让是非自是非吧。当然，非也是一种否定，所以非也要否定为“非非”；同样，否定的否定也是肯定，所以“非非”也只能再次被否定……最后呢？无判断。而当我们都做到了无判断时，还有是非吗？这真是釜底抽薪的解脱捷径。

回到心的本来面目，不再过度地主观判断，就是慈悲，就是出于痛苦而归于快乐。“慈”者，“兹心”也，让人安心，帮人找到自己的心，明心见性，予人以爱。其实质是立足现实、立足大地、立足当下，积极进取，精进不休。这是入世的态度。“悲”者，“非心”也，以无判断，拔人出苦也。反对异化、物化、非我化、非人化，反对执着，以否定的精神，进行超越性的提升，进入到“大道”的美学和哲学、宗教境界。大慈大悲，就是找到心的本然，而不要去主观地判断它；就是要立足于现实而有超越性的美感；就是要积极入世地超越世间；就是在肯定中否定；就是要认真地、辩证地对待世界和人生。所以，“慈悲”就是解放，就是幸福，就是人生的真谛。

大 人

中国文化特别强调“君子”与“小人”的区别。“君子”与“小人”的区别，不是物质财富的区别，不是社会地位的区别，不是年龄、外貌、身材的区别，而是德性修养的区别。儒家倡导“诚意正心修身齐家治国平天下”，追求“君子人格”这一最高标准。在社会层面的伦理道德规定，其实取代了法律与制度的规定。清末民初国学大师辜鸿铭称之为“君子法”。“君子法”就是“内圣外王”，能够“内圣外王”的人就是君子，通常我们称为“大人”。

“大”者如何大？圣人君子，自然是我们人格修养的标杆。他们如何“大”？概括地讲，圣人以“中和”之道、“中庸”之行、“明诚”之德，成其圣人之圣、行其圣人之行，为天下标榜，为社会体式。他们德位相配，道以配天，德以配地。德性的最高端，就是配天配地：人立天地之间，圣者唯我独尊，体天地之德，登造化之极。所以，“君子”“大人”之“大”，核心是“德性”之大：他因为“得道”而能大。得道，就能“优优大哉”，优裕充足。如果得道了，那么，他就可以洋洋洒洒、游刃有余、德泽万物、威加四方。德性极高以达天顶，具有最强大的包容能力，“至大无外”；具有最精微的洞察能力，“至小无内”——无远弗届，无微不至。当大则大，当小则小，自己像“道”一样，与自然相消息、与天地同体相，弥漫于宇宙之间。这是人格的最高标杆，是我们高山仰止、如影随形的榜样。如果苟且而打了折扣，不能达到至德之境，大道就不能凝聚生成，就会沦为“常人”或“小人”。

具体来看，君子圣人德性之“大”，其一，体现在其德性修养。如，“尊德性而道问学”——德性至上：把德性修养当作自己的最高目标而致力于问道之学；“致广大而尽精微”——达到最广大的境界却也能极尽精微之处；“极高明而道中庸”——极尽高明之智慧境界而能于日常生活行为之中行道体道且理性适度；“温故而知新”——学问上能够温故而知新，立足传统而创新，立足过去而推知未来，时刻注意进步革新，绝不故步自封、浅尝辄止，绝不自以为是、自大自满；“敦厚以崇礼”——温柔敦厚，性情温良柔软，内涵敦实厚重，温文尔雅，崇尚礼制。这样的话，就可以做到“居上不骄，为下不倍”——居上位不骄傲、不自满、不欺人、不凌下；居下位不悖反、守礼遵制。“国有道，其言足以兴，国无道，其默足以容”——在国家有道之时，其言论可以兴邦；在国家无道的时候，就沉默不言而足以包容一切。能穷能达，能言能默。这就是做人的智慧和哲理，是保家国、保自我的道理和方法。概括起来就是“致广大而尽精微，极高明而道中庸”。“道”至广至大，而能极其精细奥妙；极高而明，而能落地于中庸之行。大人君子的行为，必诚而博厚、敦而坚定、素而不变、礼而不乱。圣人之为人，居上不骄，为下不悖，上下通顺。圣人之为政，其言足以兴国，其默足以保身。这就是君子大人的德性的伟大。

其二，在于其能够“德配天地”。如孔子之贤圣，继承尧舜的道统，以文武周公之礼法为典范，做到了上遵循天时，下符合地理。就像天地那样没有什么不能承载，没有什么不能覆盖。又好像四季交错运行，日月交替光明。万物一起生长而互不妨害，道路同时并行而互不冲突。小的德行如河水一样川流不息，大的德行敦厚纯朴、化育万物。圣人君子之德，如天地之德一样。他们合天之德、行天之道。天地之德，即圣人之德，合古今，融天地，行四时，位万物，一大道。因为君子圣人有天地之大德，所以他们有天地之德，必有天地之行、之境、之高度。君子能够做到“有临”（居高临下，统御万方）、“有容”（包容博大，宽厚深刻）、“有执”（执着努力，奋斗不息）、“有敬”（遵从礼制，敬天事神）、“有别”（辨别纹理，明察秋毫）四点，因为他聪明睿智、宽裕温柔、奋发刚强、阳刚坚毅、平等庄严、谨慎中正、能明善辨以区别纹理细节。君子圣人之所以能为天下之准则，在于他能够容天下、事天下、敬天下、识天下。如此之圣，则民悦之、敬之、信之、尊之。这是天德，就是圣人之德，足以配天地。所以说，只有天下崇高的圣人，才能做到聪明智慧，能够居上位而临下民；宽宏大量，温和柔顺，能够包容天下；奋发勇健，刚强坚毅，能够决断天下大事；威严庄重，忠诚正直，能够博得人们的尊敬；条理清晰，详辨明察，能够辨别是非邪正。崇高的圣人，美德广博而又深厚，广博如天，深厚如渊，并且时常会展现出来。美德表现在仪容上，百姓没有谁不仰慕；表现在言谈中，百姓没有谁不信服；表现在行动上，百姓没有谁不喜悦。这样，美好的名声广泛流传，并且传播到边远的少数民族地区，传播到凡是车船行驶的地方、人力通行的地方、苍天覆盖的地方、大地承载的地方、日月照耀的地方、霜露降落的地方——凡有血气的生物，没有不尊重和不亲近他们的，所以说圣人的美德能与天相匹配，成为治理天下的崇高典范，才能树立天下的根本法则，掌握天地化育万物的深刻道理。为什么呢？他的仁心那样诚挚，他的思虑像潭水那样幽深，他的美德像苍天那样广阔，周遍而广阔，静深而有本。

其三，还在于他“德位相配”。要有与自己的位置相配的德性，行为不能超越自己的位置的规定。君子圣人，必然是“中”“素”其位之人。愚蠢透顶而卑贱低劣地自用自专，生在今世却反对古人之道，这样只能灾及其身，绝无益处。不要自以为是，不要独断专行，不要自大自高、自骄自傲，更不要越位擅权，不在其位勿谋其政，总之，要知道、明确并素安于自己的位置，尽职尽责地做好自己分内的工作。不是天子，就不要议论礼制，不要制定法度，不要考订文化规范。虽然一个人有一个位置，然而如果他没有相应的德性，就不能做礼乐；虽然有其德性，但是若没有一个位置，也不能做礼乐。德必有位，位必有德，德配其位，位有其德，才能做事成事。要之，不做愚人，不做贱人，不自用自专，不自以为是，不好大喜功。虽有其位，其位必有德，德必配其位。德不配位，有德无位，不能为，也不敢为。

其四，还体现于“有德性的作为”。其行为要做到“欲善、欲征、欲信”——做事要尽善尽美、止于至善；要有成就、有成果、有实证；要有诚信、服人心，言行一致，一诺必达。所以，必先修其身。修身与否，有德性否，不是自己说了算，要用自己的行动来证明，要让老百姓来首肯，要让三王、天地、鬼神赞同。如果修身既定，就可以知天、知人，动就能为天下道、行而为天下法。这种德性修养，很难，也很大。王天下有三大重点，即："议礼、制度、考文"。如果大人们能够把这三个方面做好，那么国家得以完善的治理、家庭亲情得以保证、人生过失也就会变少了。在最上位的人，虽然行为很好，但如果没有根据可资验证的话，就不能使人信服；不能使人信服，老百姓就不会听从。在下位的人，虽然行为很好，但由于没有尊贵的地位，也不能使人信服；不能使人信服，老百姓就不会听从。同样是善，必须一要有根据，二要有地位，说话言之有据，并有号召力，才能使人相信、心服、遵从。所以君子之道，应该以自身的德行为根本，并从老百姓那里得到验证。考查夏、商、周三代先王的做法而与之没有悖谬，立于天地之间而没有产生悖乱，质询于鬼神而没有疑问，百世以后待到圣人出现也没有什么不理解的地方。质询于鬼神而没有疑问，这是知道天理；百世以后待到圣人出现也没有什么不理解的地方，这是知道人意。所以君子的举止能世世代代成为天下的先导，行为能世世代代成为天下的法度，语言能世世代代成为天下准则。在远处有威望，在近处也不使人厌恶。总之，君子圣人的行为准则，一要善，二要有征信，三要有地位。其行为之道，要明其德性，要让百姓信从，要让鬼神无疑，并能放之四海而皆准、与世推移而切于时用，上合天道，下契人事。这样的圣人君子的行为，一定是天下人的准则、法度；圣人君子因而获得名望与声誉。

其五，还在于"潜心无言"。谦恭谨慎，不张扬，不高调，低头做事，低调做人，少言寡语，静默深沉。这就是所说的"大音希声，大象无形，大智若愚"。自大即无知，高调即浅薄，这样的话，就性非天地之道，行无天地之德。《诗经》说："身穿锦绣衣服，外面罩件套衫。"（衣锦尚絅）这是为了避免锦衣花纹太显露。然而，君子的道深藏不露却能日益彰明；小人的道显露无遗而日益消亡。君子的"道"，平淡而有意味，简略而有文采，温和而有条理，由近因知远事，由风知源，由微知显，这样，就可以进入道德的境界了。《诗经》说："潜藏虽然很深，但也会很明显的。"（潜虽伏矣，亦孔之昭）所以，君子常常自我反省，没有愧疚、恶念存于心志之中。君子的德行之所以高于一般人，大概就是在这些不被人看见的地方吧？《诗经》说："要看你独自在室内的时候，是不是能无愧于神明。"（相在尔室，不愧屋漏）所以，君子就是在没做什么事的时候也是恭敬的，就是在没有对人说什么的时候也是能表现出他的德性。《诗经》说："进奉诚心，感通神灵。肃穆无言，没有争执。"（奏假无言，时靡有争）所以，君子不用赏赐，老百姓也会互相劝勉；不用发怒，老百姓也会很畏惧；笃实恭敬就能使天下太平。《诗经》说："我怀有光明的品德，不用厉声厉色。"（予怀明德，不大声以色）孔子说："用厉声厉色去教育老百姓，是最拙劣的办法。"（声色之于化民，末也）《诗经》说："德行轻如毫毛。"（德輶如毛）轻如毫毛还是有物可比拟，君子那种像上天所能承载的属性，既没有声音也没有气味，才是最高的境界啊！可见，君子大人的德性达到"道"的高度和境界，就会呈现为无言沉默的状态。他不必言说，不必张扬；心性修养到达天地之德的程度，就会无声胜有声，不形于色，不怒自威，不言自彰，并能影响、控制天下百姓和四夷，就可以齐家治国平天下。君子体道、行道，懂得事理圆融，做到仁爱中和，追求万法合一，能够执两用中。君子大人，其功甚伟，德配天地，其行为足以为天下则。但大人君子从不高调行事，而是朝惕夕厉、战战兢兢、如履薄冰、谦恭谨慎、无声无息。他善于处暗、淡泊、简单、温俭、明智、潜伏、内省。这样，君子大人虽暗而章，不动而敬，不言而信，不争而名，不赏而劝。君子大人怀德惟德，无声无息，正如大道无言，大音希声，大德谦谦。谦谦君子，为最高的君子形象。

所以，君子的大美人格，必须有充分的、无所不能容的体量和心胸；必须知天地之道，有天地之体，行天地之道，致天地之用；必须有道、立德，把自我设定为天地之大、即空即有的"道"或"一"。"大"，是包容，是深刻，是博大，是悠远。与天地同体共用，故能大能小，而成其大度气量，成其隐微无相。对自己，要求知道、行道，明其明德，持守中道，素其职位，葆其德性；于社会世界，亲其人民，生发世界，养育万物，仁礼相兼，不二一体，圆融静寂。虽深沉博大、厚重久远、包容万有，而一无所有；虽养育天下而不居其功；虽影响世界而无言不彰。圣人君子之人格，即"道"之格、"德"之性，故虽弥纶天地而谦恭谨慎，无声无相。

《中庸》是彻底“大”，而《心经》是彻底“无”。大即是无，无即是大。能空既有即无，即能大。实就是虚，有就是无，而虚才是实在，无才是真有。真空妙有，大道实无，奥妙无穷。读《中庸》而能“大”，读《心经》而体“空”，“大”即是“空”，“空”即是“大”。二者都强调“中道”与不二法门、平等之意。能大而空，即为“博大”。

数　字

中国文化，对于数字有一种近乎痴迷的崇拜。《周易》中的阴阳、八卦，都是数字的智慧。古人用数字，构建了他们的世界，发展出了他们的精神心性，也延伸出伟大的东方文明。一、二、三、四、五、六、七、八、九、十、百、千、万、亿，确实描绘出了世界的生成、文化的诞生、社会的形成、科学研究、语言与教育、实践、心灵的痛苦与文明的记忆。

在中国文化里，“一”是至高无上的，即是道，道即是一，所谓“大道归一”。古人发现，世界本来是一个整体，这个整体呈现出纷繁复杂、分成个体的种种形态和动态，这些形态和动态究其实质还是一个融合不二的东西。这个东西，我们称之为“道”。道在中国文化里，就成了“本体”。道家之“道”，佛家之“佛”“性”“心”，儒家之“诚”“中”“和”，都是此意。这个道，其于世界的呈现之物即是“一”：一是不二整体，是万物之源，虽可以分化、分解成无数现象世界，但同时大千世界本质上不过是一而已。对“整体”“无分别”“不分裂”的“一”的观念的执着，保证了个体人格的圆满完善，保证了国家的统一和领土的完整，保证了思想学派如儒道佛之间相生相克、相资相斥的文化格局，从而保证了中华文明的生生不息。

“一”，特殊指事字，抽象符号“一”既代表最为简单的起源，也代表最为丰富的混沌整体。造字本义：最小原始单位，最小的正整数。古人认为“道立于一”“一生二，二生三，三生万物”。就是说，混沌太初的存在是“一”这个整体；然后由混沌太初的“一”，分出天地“二”极；天地二极之间，又生出人这第“三”部分；天地人三者，衍化出宇宙万物。一，代表混沌太初的整体；二，上面的一横代表“天”，下面的一横代表“地”；三，上下两横代表“天地”，中间的一横代表“人”。《说文解字》：“一，惟初太始道立于一，造分天地，化成万物。”《老子》：“抱一为天下式。”我们知道了“一”，也就知道了世界的本源和本来、所来、规则、标准、图景。混沌初开，盘古开天辟地，一个混沌一体、不二一元的宇宙，变成了天、地二元存在。二元是人们思考的基本架构，然而二元的本源是一体不二。所以“一而二，二而一”。一是本体，是本质，但是“一”我们是看不见的，它无形无象、无声无息、无用而用。在用《周易》占卜的时候，我们取蓍草五十根，先取一根弃置不用，而只用四十九根。为什么一根不用，有各种解释，据我看，这一根，代表的是天地未生之前的混沌世界，是道，是那个生两仪的太极（无极）。它在具体的世界上是没有用的。但是尽管没用，它却是其他四十九根的基础。两仪、四象、八卦、季时、星宿、方位等，都是从一出发而生成、而被观察和考量的。

我们可以从数字的角度，从“一”的角度考察一下世界的生成，实际上是观察一下人们对世界的认识。其结果是：第一，数字代表着中国人的世界观、社会发展进化观。第二，“一”作为道的特性是整体混一、一体不二；它无象、无用而无处不在，无所不用。第三，“一”即道，是洁净、安静、原初、纯粹的，是人与世界的初始，也是人与世界的终极，是人们认识世界的目的地和修身养性的理想净土，而修行的方法是回归（“回光返照”）或“损之又损”。第四，“一”是生活或存在的本来面目，是简单、当下的一种把握，是精神由分裂回归混元一体，由复杂回归简单，由动荡走向安定，由浮躁回归安定安静。总之，“一”是本原、是起点；世界或文明的发展是“一”的分裂、繁殖与复杂化；修行的目的是与文明发展方向相反的、向着性、心、道这个本来面目的回归。世界是前进的、分化的、发展的，同时，世界也是倒退的、整一的（中和的）、一元固化的。世界是人为的、为人的、因人而存在的，是可认识的，同时也是不可认识和判断的。

如果说，“一”是道，是本质，是本源，是世界基础，那么，“二”和“三”就是现象世界的生成。“一生二”，则“二”是世界生成的机制。

“二”也是特殊指事字，表示天地两极，这就是“道生一，一生二”生出来的“两仪”。天地生而有人，而有万物。“二生三”，“三”是世界本身。“三”字，上面的一横代表“天”，下面的一横代表“地”，中间的一横代表“人”。造字本义：衍生万物的天、地、人。这就是“三才”，即世界的基本构成。有了“三”，世界作为世界的生成，就具备了主体。所以“三生万物”。三，这个数字很伟大。在现象世界，三是最稳定的。

如果说，一、二、三是自然世界的基本元素，则“四”是世界的复制与扩展。“四”是特殊指事字，甲骨文亖的字形，表示其为“二”的两倍。造字本义：两倍于二的正整数。金文亖承续甲骨文字形。将金文的横笔亖竖写，就成了丨丨丨丨；将丨丨丨丨与＝（二，表示四是二的倍数）合写，就成了罒。有的金文四在罒的基础上再加“二”＝，强调“四”亖与“二”＝　的倍数关系。篆文四省去金文四中的“二”＝。看来，“三”构成了世界的基本元素，从三之后，世界就可以通过“复制”的方式进行繁殖、扩大、发展了。这是世界复杂化的开始，也是人类创造世界的开始，同时也是人类心灵由于其复杂而形成异化、束缚与痛苦的开始。所以，很奇怪的一个现象就可以解释了：我们看到的金文中的“四”四，无疑是一个哭丧着的脸。它告诉我们，世界的复杂化，同时也是痛苦的开始！四与死同音，人们反感“四”这个数字，也是有其文化基因的吧。

“五”是世界的元素构成、计量与研究方法。“五”也是特殊指事字，“五”的甲骨文字形㐅用一个叉号寓意天、地万物的交汇，以表示大于“四”的正整数。有的甲骨文𠄡在字形㐅（万物交汇）基础上加＝（天地之间），表示天地间交汇的万物。造字本义：金、木、水、火、土等宇宙的构成要素，代表天地间万物构成元素的极限数，大于四，小于六。在造字时期的远古时代，一、二、三、四、五、六、七、八、九、十，都曾是极限数。金文𠄡、篆文𠄡承续甲骨文字形。隶化后楷书“五”将篆文的𠄡写成五。我们知道《周易》的一个核心的东西就是“爻”，两根算筹相交错、组合构成一组两对四根，以此效法天地之变的规律，用阴阳的组合（八卦）变化，推测、计算世事的变化。所以，四，作为世界复制、变化与发展的机制，其造出来的世界数量之大，将无以计量。人们的一个能力就是用抽象的方法把握对象。世界很大，但是，推其本原，不过是“金、水、木、火、土”五种可以区别的现象、世界的五种基本构成元素。天地五行的相互组合与相和相斥（生克），就形成了世界。这时，古人对于世界的之所由来、生成原理、计量方法，都有了基本可靠的世界观与方法论。

如果说，“四”和“五”表达的是大道生出来的世界，是自然的世界，下一步要关注的就是那个天地之间的“人”了，是社会属性与人的属性。所以，“六”就是社会生活。人要生活，即要食色、生存下来并能顺利、大量地繁衍。那么人首先需要安居、乐业。所以，关于房子、家、庐、安、定等的字眼也就出现了。首先，人要有房子。当房子里有了“猪”，我们就有了“家”；当房子里有了女人，我们就“安”了；当我们在房子里研究世界的本质是“一”、人的活动原则是“一”，且我们行为知止于“一”这个“至善”时，我们就“定”了。所以，“六”是社会组织与生活的开始。“六”是“宀”即“庐”的本字。“六”，甲骨文像房屋的外形框架，有立墙、斜顶，表示房屋的空间维度：四壁加屋顶地板两面。甲骨文突出了屋脊，像屋顶的烟囱。造字本义：庐，由四面墙，以及屋顶、地面两面构成的房屋。金文承续甲骨文字形。篆文则将金文的屋顶形象变形成费解的。隶书则将金文的屋顶形象简化成一点一横。当“六”作为单纯数字之后，后人再加“盧”（器皿中装着兽肉）另造“廬”代替，表示生活栖息的空间。这个空间是人类生活的中心区域、固定区域、不能没有的区域。在这里，人类的食、色、心、性的问题得以解决——人们在家里生活、生殖繁衍、安心静心，有家而“安”，由“安”而“定”。所以，“六”就是生活，就是社会的形成和组织，是以人为中心考察的世界现象，是人本的、人类中心的，是人类对于自我的考察和定位。现代文化中人们对于“六”这个数字的喜好，有着生命深处的感动和缘由。这应该是人类原初生命和文明开端时产生的记忆吧。

随着人类生活问题的解决，接下来，人类开始对这个世界进行科学研究，即切分、探索，这就是“七”“八”“九”这三个数字了。“七”“八”“九”是科学研究。“七”是“切”的本字。“七”是特殊指事字，甲骨文写作“十”：一横代表全部、一切；一横加一竖，表示对全体进行切分。

造字本义：古人认为需要切分的极限数，即比“六”更大的数，“六”与“八”之间的正整数。金文承续甲骨文字形。篆文为了区别于“十”，将金文的竖笔写成四折曲笔。隶书将篆文的四折曲笔简化成折笔。所以，“七”是需要切分的极限数，代表一切、但是应该被切分的一切。“八”也是特殊指事字，甲骨文用相背的两条弧线指事符号，表示物体被分离为两部分。造字本义：切分。金文、篆文承续甲骨文字形。楷书承续隶书字形，写成一撇一捺。当“八”的“切分”本义消失后，篆文再加“刀”另造“分”代替。古人认为“八”是极限数，曰：“七乱八糟”。如果说“七”是一切有待切分的话，那么，“八”就是切分的动作，是分裂、分割的开始和状态。四分五裂，说的是复制与生产的停止、有机世界的分裂；七乱八糟，说的是分割的结果和分裂的状态。

那么，“七”和“八”的分割、分裂是为了什么呢？为了“九”。“九”，甲骨文是象形字，字形由“厷”（即“肱”，大臂）与“又”（抓、掏）混合组成，表示伸出手掏摸、探究，力求确定内部情况。造字本义：动词，伸手往洞里掏摸、试探，以求确定情况。金文承续甲骨文字形。篆文淡化了金文字形中的手形“又”。隶书承续篆文字形。当“九”的“掏摸、力求确定情况”的本义消失后，篆文再加“穴”（未知空间）另造“究”代替。所以，“九”属于后世的自然科学研究的范畴和方法，就是使用人的精神能力、人的各种技术手段和工具，通过实践、试验或实证，探索、探究，达到对对象世界的认识的目的。

“一”的道体产生的“三”的世界，被“七”“八”“九”之后，我们既认识了世界的本质和本源，也认识了世界现象的丰富、复杂及其生成机制，用以指导我们的实践活动，我们据此就发展出了文字、文明、文化，我们人类在世界与精神、物质与意识、生命与生存、现实与理想等层面，就“圆满”了，就“十全十美”了。所以，我们就到达“十”的阶段了。“十”就是结果、状态、心性的满足和记忆，是文化的集中体现和呈现。“十”从金文开始成为指事字。“十”的甲骨文是象形字，像一根用于记事的垂悬的绳子。古人用结绳记事、计数，一根绳子代表一个主题，代表全数。金文承续甲骨文字形。有的金文在绳上加圆点指事符号•，表示结绳记事。有的金文将表示结绳的圆点指事符号写成短横指事符号。造字本义：一根用来打结记事的绳子，代表满数、全数。篆文承续金文字形。“十”是打满了结的记事绳子，是人类记忆的形式。这种记忆，是以文字记忆的人类的成就，是人类必须要记住的东西。它是人类自身价值的体现，是人类极其自豪的主体性的辉煌，是人的本质力量对象化的确证和确认。所以，“十”是文明，是圆满，是记忆，是成果，也是人类的自信和力量的表达。

那么，“百”就是教育与传承。“百”，甲骨文在“白”（极力说明）字上加一横指事符号，表示述说不尽。有的甲骨文将双舌重叠的形状写成。造字本义：说不完道不尽。金文、篆文承续甲骨文字形。人类的文明成果是十，这个成果必须保持好、传承好。文化记忆之后的一个动作就是传承，是智慧、能力、成果、信心的传承。传承的方法有口口相传，有文字记载，有结群教育。人们以声音或文字的形式，把某个东西反复说明，说不完道不尽，就是“百”。

“千”就是实践。教育的目的是实践，是在认识了世界和人类自身之后，为了人类的生存与发展，把已有的精神成果用于指导实践行为活动。这就是“千”。“千”，甲骨文是指事字，字形在“人”的小腿部位加一横指事符号，表示不停地行走。造字本义：动词，不停地走，跋山涉水，即“迁”的本字。当“千”由本义“不停地行走”引申出数量词“十个一百”之后，甲骨文将“二、千”连写成混合结构的；将“五、千”连写成混合结构的。金文、篆文承续甲骨文字形。隶书变化较大，失去甲骨文、金文、篆文字形中的“人”形。当“千”的动词本义“不停地行走”消失后，篆文再加“辵”另造“迁”代替。所以，“千”，就是不停地行走，就是行为与实践的意思。在这个行为实践中，人们改变着世界，改变着自己，改变着自我与世界的关系。

而“万”是心情、感情。随着人们认识和支配自然的能力的不断增强，人们面对的将是一个更为广大、复杂、多变的世界。这个世界是人类的家园，为人类的生成与发展提供着无数的资源与营养，同时，也对人类的生存与生活提出了很多挑战。人与自然是既对立又不可分离的悖反关系。对这个关系，人类充满各种复杂的情感应对。怎样表达这个世界和人的现象呢？那就是“万”。甲骨文像尖头、大螯、有尾的蝎子。造字本义：数量巨大的蝎子。大约远古时期中原地带蝎子数量巨大，因而借蝎子代表巨大的数目。金文加一只手，表示捉蝎子。篆文误将金文字形中蝎子的双螯形象写成双手的形状。隶书又误将篆文字形中的双手形状写成“艸”。魏晋时期楷书“萬”被“万”（由表示永恒无尽的符号“卐”演变而成）字代替。如蝎子一样，这个世界有毒，充满了恐惧；这个世界也有营养，值得我们去搏击和获取；我们恐惧的和能获得的东西数量如此之大，只能用“万”来表示！所以，“万”是人类的生活和工作，是人与自然的关系，是现实和历史的交织，是生命的挣扎和抗争，也是人类力量的确证。这个“万”，由数量极大的蝎子，到形容词“极多的、大量的”，再到“非常、绝对”（如万恶、万全、万幸等），展示了人类心灵的深度与广度，也表达了人类对于世界的敬畏与依赖。

“亿”是广大、高远，是数量和广袤，也是记忆、反思和反省，是文学、哲学、宗教，是上层意识形态。确实，世界如此之大，“万”仍然不能穷尽其大。那么我们就必须有“亿”。億，金文由（言，说）和（口，说）组成，表示言之不尽。篆文由（人）和（意，欲念）组成，表示人的主观意念。造字本义：无限地憧憬。隶书将篆文字形中的写成，将篆文字形中的写成。俗体楷书用简单字形“乙”，代替同音的复杂字形“意”。所以，“亿”是极大；“亿”是言说，是对于其无以言说之“大”的言说。这个世界之大，让人充满了崇高之美感；这个世界的广袤，让人充满了向往和探索的欲望与意志；这个世界如此诗情画意、惊心动魄，让人欲言又止、一言就错而又不能不言。这是个令人憧憬的世界，让人“忆”的“亿”的世界。“亿”“忆”“一”同音，说明我们的世界大至“亿”，不过是个“一”，这个“一”和“亿”的世界，让我们憧憬、回忆。我们生活于“亿”的世界，如儒家之所要求，入世而精进地生活与奋斗，谁也不能离开这个现实的世界。在这个现实世界之外之上，还有一个理想的、憧憬的，或者是已经进入我们的记忆的世界，一个过去的、一个理想的、一个出世的、一个神仙神话的、一个美学的世界，这是理想国，是净土，是道境，是梦想与诗意。所以，无论是形而上的思维，还是形而下的现实，我们都不能远离。在这个上与下、内与外、我与他、心与物的关系网中，我一边生活，一边做梦；一边奋斗，一边赋诗；一边前行，一边回忆。这种状态，发展出了诗、美学、回忆，也发展出了道家的齐物逍遥、损之又损的哲学与世界观、方法论，发展出了佛陀静修的方法、禅坐的思惟修的方法。那就是回归，就是回光返照，就是回归到自己的本来面目，就是“九九归一”，就是大道至简、道通为一。对于“一”和“亿”的“忆”，对于本体和现象的思考，对于现实的依赖和对于理想的畅想，对于此岸的爱恋与对于彼岸的神往，造就了美好而痛苦、一体且分离的光怪陆离、多姿多彩的世界。

那么，“一”是世界的本源，是本质，是世界基础。这个世界本来就是个“一”，是混沌一体的、圆融混一的、无二无别的。可是这个世界有生发、成长、分化、多样大量的内在要求，所以，作为道的“一”，就由“二”而“三”，生出了天、地、人。由此，生产的动力和主体准备完备。剩下的就是复制，就是在“三”的基础之上以复制的方式（“四”）生出万物来。这个万物世界的构成，抽象出来也就是“五行”构成的。至此，世界的本质、生成、扩张、世界的构成元素，就完成了。这就是“世界”。而“六”给我们展示了一个人类社会的生产与生活图景，在人体与精神家园的双重意义上，为我们准备了一个家，让我们安居、安心、安静下来，生命才得以以生活的形式稳固下来，获得坚实的资源和空间依靠。这就是“社会”。此后，人类发展出了自然科学和哲学，对世界进行切分、分解、探索，从而达到对世界的解剖学认识。由于这个时候世界太大了，人类太渺小，人类对于世界的认识几乎不可能，小小的人类是不可能把握一个极大的世界的。所以人们必须采取以小知大、格物致知的方式，窥斑知豹地认识这个世界。这就是“七”“八”“九”所记载的文化记忆和世界历史。当这一切都已完成，人类也就完满了，并把这些东西化成记忆，以言说、教育的方式传承下去，指导人类自己的生产与生活。这样，人类在关乎我和自然的关系上，获得了哲学的、社会的、自然科学的、宗教与文学的生活方式，既有实在的自然性、社会性，也有理想的审美性、神性，使人成功建构了作为人的“存在”的“世界”。

所以，“说一不二”，世界就是“一”，通过二元与多元的前进运动，发展出了文明。而当文明或世界超出了我们的认识能力和把握的可能，我们就成为这个世界的奴隶，被它控制和异化。此时，以美学的方式、宗教的方式、通灵的方式或自然科学的方式，认识到世界的本一这一本来面目，让人从恐惧、分化、异化、牵挂、执着、欲望、吊诡中解脱出来，以道家“止”与“损”的方式、“处下”与“集虚”的方式，以佛法的“禅修”或“棒喝”、“渐修”或“顿悟”的方式，以自然科学的方式，或以沉思与幻想的方式，回归到原始，回归到本质、本源，回归到那个无二无别，无我也无相，无念无执着的“我就是我”的实在状态中去，理想地奋斗、深入地超越、痛苦地快乐，而我们只是在做着这些动作，不要去分别、辩论，不要把自我与对象对立开来，感受着自己的每一个动作，实实在在地存在于这个天地之间。这样的我，就是“天地之间，唯我独尊”的大写的自我，也就是那个无我的我。

世界之大，“一而言尽也”。

思 维

一般说来，一个人少不了思维能力、情感能力和实践能力。思维能力是最基础的，也是最重要的。思维能力就是分析问题、解决问题的能力：通过合乎逻辑的意识活动，发现对象或问题的本质、规律，使之以某种结构的形式呈现出来，构成一个现实问题或现象的意识化模型，设定出实践行为的蓝图来。所以，思维包含意义和结构两个方面：发现或创造一个意义，并使之以某种合乎逻辑的结构呈现出来，即作为内容的意义与作为形式的逻辑架构。

一切文化都源于农耕，英文的文化一词 culture，它的词根 cult 就是农耕的意思。话说农民在田地里劳作的时候，他面朝黄土背朝天，俯视观察脚下的土地，仰头观察天上的天气条件，思考着耕地、播种、浇灌、施肥、锄草、收割等问题，结合时令对这些问题作出合乎自然规律的安排，结果是他会不违农时，获得丰收。这种“在田地里面用自己的心去把握”，就是“思”，所以把“思”写成“田心”。在实践当中，密切关注环境与世界，观察、衡量并试图找到应对之策，这就是“思”。如果说，“思”是意识活动、精神运动，那么，“维”是实践活动，有目的地做。什么是“维”？左边是“丝”，就是绳子，中间是一个人，右边是个凶猛的大鸟。这个画面告诉我们，一个人用丝线编成了绳子，再做成网，用这个网捕捉大鸟。大家在鲁迅的作品中也见到过这样的描述：下大雪了，孩子们弄个盆子，找个小棍子，拴上一根绳子，把盆子用小棍撑起来。自己藏在隐蔽处，看到麻雀一蹦一跳地钻进盆子底下去吃粮食，就拽动绳子……这就是“维”——制造一个结构，以之为工具，达到主观目的：用我们编织的意识结构，把握对象，也就是用我们的意识或叫作心，创造一个结构，去把握对象，通过实践活动制造我们需要的结果。这是个逻辑结构。“思维”就是用人的意识探索发现世界的本质与规律，找到或构建一个结构并以此结构认识世界、把握世界并去解决问题的过程。

一个人最重要的能力、绝对不可缺少的能力有两个，一个是思维，一个是审美。思维让人通过自己的意识活动在实践中达到目的，是功利性的物质性的精神活动，而审美要完成的任务是，人如何对待世界和他人，这个时候我们应该采取一个什么样的视角、态度和情感形式，从而使自己轻松愉快、自由自在、解脱解放。

同样是思维，东方与西方的思维模式不同。西方人的思维是二元对立式的，把人与世界分别对应为主体与客体、主观与客观，世界非此即彼，判断要么是要么非。所以，西方人对于世界的看法是分裂的、斗争的。由于人与对象是对立的、有观照距离的、其关系是斗争的、其目的是索取的，所以，西方人特别注意从“人”这个中心出发，对世界做以对象化的、客观的探索与理解，所以他们的哲学和自然科学非常发达。东方人的思维是和合的。认为世界是一元的，即使是由阴阳二元构成的，也是和合为一个不能二元化的“太极”或“道”，二元的存在只是一个由“道”生产出万物的中间过渡阶段（“道生一，一生二，二生三，三生万物”），二元本身并不是实体性存在。儒家讲“和合”“中庸”“仁”“义”“礼”“诚”，讲“一”，讲“素位”，讲过“犹不及，无过无不及”。道家反对对立的差异，讲究“齐物于道”——从道的本质规定上看，物无不齐，是绝对的平等。当我们无我无物、无相对性、无有用无无用地辩证地对待一切，就进入逍遥境界和大美人生了。佛教讲“中道”，非空非有，非虚非实，非是非非，真空妙有，不二一体，圆融混一，此即心性，如来佛性，如来藏心；讲无分别、勿判断；讲无我无相无念；讲不入不出、即入即出，我而无我、无我而我，于相离相、相而无相，念念相续、无念而念。无论是儒、道还是佛，其关于道的认识都可以归结为“大道归一”，世界“可一言而尽也”，所谓的道、性、心、佛、本质、理、原动力，都可归为世界的本体，既是世界的初始形式，也是世界的终极形式。西方人把完整的东西分开，呈现为二元对立；东方人把分开的东西和合起来，呈现为一体不二。这就是东西方在“思维”的逻辑形式和内容上的差异。

现代自然科学的新发现似乎证明了世界与人心的关系。世界的终极之构成，已经与人的心性相关联，借助于此，我们能够还原宇宙本相并对“世界”有“真”的认识。如果以二元的思维来把握世界，应该会离世界的本相越来越远，因为心性作为道是不可分的。真正把握世界的方式不是西方人的理性的判断与推理，而应该是东方人那种直觉的、一元整一的把握方式，即观照、直觉。西方人的二元哲学从古希腊发展到 20 世纪后半叶，突然发现人不是人，上帝死了，世界也不是世界，世界无意义、无中心、无结构，人和世界不过是异化的东西，是荒原上游走的无家可归的孤魂野鬼。所以，他们以“后现代主义”的轰炸，推出了“后结构主义”（“解构主义”），把“世界”（其结构、意义、主体与客体关系）看成是生成变化中、不在场的一个过程。根本没有二元的存在，多元也不存在。“元”这个概念原本只是作为逻辑要素而不是事实的构成要素而存在，现在，“元”作为逻辑要素也不成立了。意义从何而生？生于佛之所谓“缘”——因果率与因缘率、生于动态、生于偶然，生于不可预见、不可把握的、没有方向和目标、没有结果和实体的某个过程。这种西方哲学的不自信和自掘坟墓，与西方哲学自 19 世纪即已出现的直觉主义、唯意志主义哲学遥相呼应。它们非理性、反逻辑，强调无意识的力量。叔本华、尼采是唯意志主义，法国的柏格森强调生命哲学，意大利的克罗齐明确强调直觉。他们共同的特点，都是强调直觉，否定理性和科学的作用，主张意志、直觉决定一切。把非理性的、盲目的生命本能冲动作为世界的本原。非理性主义对于理性的、逻辑的、概念的、科学的东西已经失去了兴趣和信仰，而非常推崇非理性的、盲目冲动的艺术和审美的东西。突出直觉之类的非理性能力的作用，认为直觉具有非凡的伟大的作用，它不仅是文艺的主要创造能力，而且是达到世界本原的唯一能力和途径。

说到底，人类的思维是有人种、民族或者地域差异的。其结果，西方思维特别适合哲学和自然科学的发展，东方思维更适合艺术、宗教与审美。然而，正如我们的阴阳原理所表明的，这个分别也是相对的。中国人也有哲学与自然科学的理性逻辑，西方人也有他们的诗学思维和宗教感悟。西方的哲学近代以来向着东方的感悟式、一元式思维模式靠拢，东方的哲学与自然科学思维也获得了强化。东方与西方，虽有天生的差异，却能够在后天的对比、交流和互动中各展所长、学人之长。二者有历史性的差异，却没有现实性的分野。

梳理一下人类哲学史，唯心主义哲学一直很有市场。在此我们不必要进行价值取舍的判断，而是深入到唯心哲学的思路深处，理解一下他们的思维模式，以及他们对世界的意识构造和实践的结果。他们普遍认为，世界源于“意志”（“理念”“道”）。“意志”“理念”或“道”不断地感性化、表象化、世界化、社会化、具体化，形成了世界。老子如此讲（“道生一，一生二，二生三，三生万物”），黑格尔如此讲（“世界是理念的感性显现”），叔本华如此讲（“作为意志和表象的世界”）……这个“道”是真实的、实体的、自主的，而“现象世界”是有增有减的、随时生灭的、没有自性不能自在的，我们自以为其真实的存在的、由心性或意志虚构的、暂时存在的“世界”，它离本质、本体很远，由实在、实体变成了虚伪的感性的物性的存在者。这显然是典型的唯心主义思维。

人类文明的发展，源于人类有一种探索世界的欲望。这种认识和探索，是由心进行的，体现为一种先验理性——先验的结构和意义内容。马克思说得好：“材料的生命一旦观念地反映出来，呈现在我们面前的就好像是一个先验的结构了。”材料本身就是观念的产物，那么作为观念的材料与观念本身的相符合——我们称之为“真理”，似乎就是个先验的存在。康德也说，事实上，世界首先是个先验的存在。康德对这个当时还特属于他自己哲学的概念做过两方面的基本定义：“我将所有那些不是与对象有关，而是与我们关于对象之认识方式有关的认识，只要它们是先天可能的，都称作‘transzendental’。‘transzendental’并不意味着某种超越出经验的东西（那将会是‘超越的’），而是某种虽然先于经验（‘先天的’），但除了使经验成为可能以外，还没有得到更进一步规定的东西。”认识就是发现世界与先天经验的符合，也就是人在客观世界发现了自己。一句话，“心”（“先验”即先天具有的意识结构），是世界的本原，是创造的动力，也是创造的场所。是“心”，而不是别的一个客观存在，才是世界的本体。世界就是心，心构造世界。因为心与物是一个东西，所以心才能认识它。“文明”，不过是人为了自己，有意识地主观地给自己建构存在的结构与框架——“家园”。这个家园是虚构的，却是人生的必要。人们在虚幻、虚妄、外相中，构成了文明——文明是反真实的，是人的创造。文明反过来对人类构成了异化、压抑与控制，物性、外在性、非我性、向外在体异化的态势和生存状态，成为人类的宿命。文明为了人，走向了反人类的另一面。

所以，马克思不遗余力地批判异化。他批判的是资本主义对人的异化，其实也就是批判了物性对人的异化、阶级对人性的异化。佛家讲回到自我的本来面目，找到那颗如来藏心，以回光返照的方式回到自我的心性本身，摆脱一切外物、外相、自我（自我之为物也是我外于我的心性本身的），进入到那个不二一体、圆融圆满、澄明洁净、无别无差、唯心唯性的般若世界，回到那个不生不灭、不垢不净、不增不减、不依赖于他者而存在，也没有变化的“道”与“性”即佛性中去，就是人的解放（涅槃、开悟）。文明是一个构造过程，同时也是一个解构过程；是一个异化的历史，也是一个反异化、回归自我的历史。这正是人类文明的魅力之所在。思维，以心创造世界，却在物性的发展与进步中，让物性压倒了道心道性，使人呈现为被异化和奴役的反人类的牺牲品。思维在创造，同时思维的成果本身也可能就是谬误。人类在谬误中发展，在发展中不断地产生着谬误，在对谬误的改正与更新中，再生产出新的谬误来。人类为了自己的存在与发展，以主观思维创造出文明，当文明成果反过来成为人的异化力量和主人时，人类就会在哲学或宗教的层面上回归自我、回到世界的本原、回到道与性本身去。

那么，“思维”无论是在创新时、异化时、产生谬误时、更正谬误时，都是文明创新和发展绝对不可离开的力量：它是工具，是内容，也是结构与形式，是真理与谬误的合体，是前进与回归的合体。人类的存在就是这样，这就是文明的历史形态。

人类的思维形式，大体就呈现为辩证法与形而上学两个形式。

“道”（“理念”）所生的世界是什么样子的？一部分哲学承认“道”“idea”这些东西的本体性，唯物主义者把他们称之为“唯心主义”，并大加挞伐。过去人们不知道世界的本原是什么，于是沉思，沉思的结果是，存在一个可以统称为“道”的东西，它或者是“心”，或者是客观存在着的一个什么，我们不得而知其形象，它也没有声息，不可捉摸。它存在于事物的内部、世界的源头。世界就这样“一生二，二生三，三生万物”而生出来了，就是黑格尔所说的，一个精神，就是idea，它作为晶莹剔透的精神本体，很孤独，流离于现象世界之外，于是它就为自己寻找一个具体的存在体，可是它具体化之后觉得自己非常庸俗、邋遢、复杂、躁动，按照佛的说法，它感觉受到污染，变得不净不雅不纯，于是它怀念那个纯粹的精神生命体状态，于是就往回走，试图回到它的本原之体上去。可是，它永远具有具体化的欲望，于是它再次在另一个比较高的层次上寻找具体化的途径和方法，并获得一个精神与具象化的物的合体。这个循环一直持续下去。这就是“精神是如何表象为世界的”“精神现象学”，也是黑格尔的“辩证法”。佛教的本体是“佛”。但是佛教很彻底，佛教从来不预设一个终极的东西，“佛”是本体不错，但是如果试图找到“佛”、修成“佛”，那是不可能的。因为如果承认有“佛”的话，那就陷入了新的执着。所以“佛”是有本体却否定本体的。这些都是唯心主义的，唯物主义哲学对这些东西进行了批判。

“世界是什么”的哲学问题，到今天也没有答案。我们观察世界靠的是“六识”，即眼、耳、鼻、舌、身、意。比如，我们对世界现象的观察，是用眼睛。举个例子，在某个班级有两种学生在上课，一种是人，一种是昆虫。在他们的眼中，讲台上的老师可能是英俊潇洒、谈笑风生、学识渊博，也可能是丑陋不堪、浅薄无知、迂迂讷讷，或者，他不过是一片风、一阵雨，或者一段忧伤。“我”到底是什么样子的？世界是什么样子的？它是由我们看、观察、构造的。霍金在《大设计》一书“何为真实？”一节中举了个例子：假定有一个圆形的金鱼缸，由于水与空气的折射率不同及弧形玻璃的关系，里面的金鱼观察到的外面的所有直线运动在它们眼里都是美妙的曲线运动，所有呈现为直线形的物体，在它们看来必然是呈现为曲线形的。这个有趣的假设启示我们：原来的一切规则、一切结论、一切知识，不过都是一些假设、一些猜测、一些观点、一些阶段性结论。人要的不是这个假想的结论、这个妄想的形象、这个猜测的虚相，而是，人必须拥有这些猜测、假想、沉思的能力。人要用这些能力，去构建“自己的世界”。人存在的价值与意义，就在于参与到这个世界的构建过程中来。这就是人的价值，这就是创造与创新能力！

“世界是什么”“认识如何可能”的问题，归结到我们的思维上，就形成了辩证法与形而上学两种形式。中国人的思维是辩证的。阴阳互在互生互转，世界处于运动、变化、革命的进程当中。黑格尔的辩证法也是发展变化的辩证法。这是“运动性”。中医上的辨证施治，把人体看成一个整体，而不是从某个局部、某个零件入手。这是“整体性”。马克思是世界上最伟大的思想家之一。马克思讲选择、革命与创新，在《德意志意识形态》《资本论》《共产党宣言》里，他写的只有两个字，或革命，或创新，也就是通过对物的异化和阶级压迫的克服而完成“人的解放”。他的方法也是“辩证法”。什么是辩证法？马克思概括得最全面。在《资本论》第一卷第二版的“跋”中，他说：“辩证法在对现存事物的肯定的理解中同时包含对现存事物的否定的理解，即对现存事物的必然灭亡的理解；辩证法对每一种既成的形式都是从不断的运动中，因而也是从它的暂时性方面去理解；辩证法不崇拜任何东西，按其本质来说，它是批判的和革命的。”怀疑、批判、质疑、革命、创新，从旧的走向新的，从过去走向未来，从无走向有，以人的自我解放为标准，为根本，这是否定的、革命的、创新的辩证法。马克思告诉我们的是自我的解放与创新的机理在于保持自我的主观能动性和批判、怀疑的精神。其强调主体性、自我性、批判能力与创新的可能，而不是静止的、守旧的、固化的、局部的。

形而上学并不是与辩证法相矛盾的思维方式。辩证法更强调过程和内容，是逻辑的内容；形而上学更强调理性的展开形式，是逻辑的形式。辩证法也是形而上学，形而上学也讲究辩证法。形而上学，是抽象的思维能力最集中的体现形式，是我们逻辑能力的最明白的显现。什么是形而上学？古人言，“形而上者谓之道，形而下者谓之器”。形而下的物，可以描述可以把握；形而上的道，却是不能把握和描述的，只能依赖人类的意识、理性的感悟、直觉或理性判断。形而上学更集中、更典型地表现为哲学沉思或者哲学理论。它设定一个核心范畴，若干概念，并依据判断、推理、论证，进行命题的阐释与逻辑的论证，在纯粹的意识领域展开思索、架构，呈现为某个理论模型。这种思维，类似于数学建模，是对世界的一种理论的模拟，是实践的蓝图、指导和依据。“形而上者谓之道”，“形而上”就是我们发挥人类最大最特殊的思维能力，对世界进行抽象把握、探索与创新。有人说，世界是理念的感性显现；也有人说，观念的东西不过是客观世界在意识中生成的关于世界的意识图案，它看起来好像是一个先期生于意识中的先验结构，实际上观念与意识是后发的，所以世界还是唯物的——我们没必要纠结于“唯物”还是“唯心”这两个名目，二者的共同核心就是，人要通过自己的“思维”，去探寻、抓住世界的本质，把握这个世界的结构，想象也好、实验也罢，反正得去形成一个对现象、对象的结构的描述。这个就是“形而上学”，就是思维。形而上学就是思维的学问。形而上学是纯粹的思维活动。对形而上学的钟情，是对思维训练有益的投入。

知　行

《大学》："知止而后有定，定而后能静，静而后能安，安而后能虑，虑而后能得。物有本末，事有终始。知所先后，则近道矣。"妄念丛生而能克服，行为摇摆不定而能有定向；积极行动而能知进退，行于所当行，止于所当止，心性修养是行动的标准，伦理道德规范是停止的界限；"止于其所不知者，至矣！"能够"知"其不知而能"止"，是中国文化精神最深层的要求："止"是行动，对于自己的未知领域要积极地行动、探索、实践；"止"又是停止，对于我们不能说的就沉默、不能知的要敬畏、不能行的要止住；"止"还是要到达的终点，对于价值的实现要有恰当、理性的目标。"知止"，是修养，是能力，是智慧，也是要求。

那么，"知"是什么意思？"矢"表示箭，借代行猎、作战。"口"是谈论，"知"的造字本义是"谈论打猎、行军的经验"。所以，"知"有以下诸多意思：其一，表示"知识""经验"。其二，"知"表示言论、理论或科学探索与总结。其三，"知"与实践即"行"不可分割，"知"源于"行"，没有"行"就没有"知"，反过来"知"是为"行"提供指导的，这就是"知行合一"。其四，中国传统文化最讲究的就是，"知"首先是自我的反思，即对人自身的研究、对个人经验的总结、对个人道德与行为的反省，表现出极强的内向性。《中庸》十四章"子曰：射有似乎君子。失诸正鹄，反求诸其身"，是说君子之德，表现在为人处世方面，如同射箭，如果出了问题，一定是反过来从自己身上找原因，而不是抱怨箭或"鹄"有问题。所以，“知”是一种有道之士的主体修养，能“知”才能“定”“静”“安”“虑”“得”。中国传统文化中的“诚意正心修身”“明心见性”“修身养性”“性命双修”，其立足点就在这里。儒家的君子人格，道家的神人、至人、圣人，佛教里的佛与菩萨众神，都是这种内向性修养的结果和最高境界。其五，“知”是理性行为也是先验的能力。“知”的认识与自我反思、反省既是理性的、伦理与道德的和知识学的要求，也是与生俱来的本能，即王阳明所说的“良知”。其六，“物有本末，事有终始。知所先后，则近道矣”，“知”的内容、“知”之所以重要，原因在于“知”会让我们知道“本末”“终始”“先后”，这其实是一种对于人的存在的伦理道德规定，是中国“礼”文化的核心内容。这样，“知”就从内在省思与修养扩展到外在社会关系，内外达成了合一状态。那么，“知”是知晓人自身与对象的关系，进而在人自身的学习、成长或修养方面获得本质性认识并掌握规律，为如何处理与对象的关系找到道法原则。这就是知识论、哲学、人文社会、自然科学等人类知识的起源。人自从有独立的自我意识那一刻起，就把自己有意识地置于与对象世界对立、共在的位置，以此基点思考彼此的关系。自己与自然事物的关系、自己与别人的关系是什么？如何处理？这些问题构成了人类知识探索的基本出发点，进而构建了人类知识系统。

人类之所以孜孜以求、探索不息，是因为人类对于对象世界总是有新的发现、总是有无限的未知。而未知总是无限的，因而人类对于世界的认识是永远没有止境的，从而对于知识产生一定的崇高感、敬畏心。但是，“知”之难，难言也。“知”是可能的吗？如果可能，“知”是如何实现的？“所知”即“知”的内容是客观的还是主观的？“知”的界限又在哪里？综合起来，也是一个“二律背反”：“知”是可能的，也是不可能的；“知”是主观的，也是客观的；“知”是无边界的，也是有局限的。一句话，“知”就是“自我的”和“实践的”。

第一个问题，“知”是可能的吗？感觉器官是认识的基础。眼耳鼻舌身意是认识的器官，是知识的源头，是力量和智慧之根，也是痛苦之本、之所由。器官及其感觉功能和结果，是认识的门径，同时也是局限，是我们人类认识的悲哀。简单来说，我们认识到的世界，是由我们的以上五种器官加上意识的共同作用而构建的。比如，世界给我们提供了生存的资源，欲望得到满足的同时，也在不断膨胀，使很多不必要的、多余的东西成了人们的主宰，人进而被异化成非人、被物化了。这就是一种“执着”，因“执着”而产生贪欲、痴迷之心和妄想念头，导致无边的、反复的痛苦。这都是由于人们对世界和自我的认识，是由感觉器官生成的。只要我们认识到我们认识的局限性，就能从物的异化中、各种外尘的污染中解脱出来，进入到澄明的、无蔽的圆融境界，心灵透亮，无挂无碍，来去自由，无所凭依。这是佛教的说法，基本上否认了认识的客观性，认为认识是有限的、局限的，本质上是错误的，容易把人引入到痛苦中去。而应该摆脱这种认识，代之以“禅”式的直觉与“悟”，在灵性的把握中，直达本质和真相。

西方哲学家们对此也颇有争论，尤其集中在近代的英国经验主义与大陆理性主义的对立与论争中，一方认为人类的认识是经验的，而经验是不可靠的，所以世界是不可知的。这是怀疑论。另一方则认为“世界是什么”的问题，是一个人类先验理性的问题，世界的答案早就被上帝置入于人的认识理性当中，所以现象世界可以通过经验感性——知性或悟性——理性即依概念、判断与推理的形式把握。这是独断论。这说明，人类对认识主体的认识能力是持保留和怀疑态度的。到底人类具有认识世界的能力吗？莫衷一是。后来康德站出来立论，划清了人类能够认识的范围和不能认识而只能放在信仰中的东西。他认为，我们能认识的不过是“为人的”“因人的”世界的“现象”，而那个与我们的主体、意识或精神无关的、“客观”“自在”的“物自体”，我们不可能认识，只能信仰，比如“神”，或一些道德律令的规定，不能认识，只要信仰或依从就行了。所以，结论必然是，我们对世界的认识，是极其有限的，对某一部分的认识可能较为清晰正确，而如果试图超越人类认识的范畴，那就一定会出现“二律背反”，一定会陷入迷误之中，把很多东西遮蔽起来。这是认识论的问题，即为人的认识能力，即“知”的能力划出了一个明确的界限。

第二个问题，我们的“所知”——“世界”——是什么？具有什么形态？什么属性、本质？我们所说的“知”，不过是呈现于头脑中的东西，通常用“逻辑”或“事态”表述。而无论是“逻辑”还是“事态”，都是存在于我们意识中的。所有这些“所知”都是依靠我们的六识及其延伸工具而获得（人的诸感觉器官及其功能，以及作为人体功能延伸的工具）的，包括经验、知性与理性，也包括人类的信仰。这是我们“能够认识”的那部分，因为“我们是能够认识的”，那么，认识与世界的关系就是“图像”关系，也就是类似于维特根斯坦所说的语言与世界、逻辑与事态的关系。维特根斯坦的意思是，由事态构成的世界是逻辑的世界，逻辑是事态世界的逻辑，所以逻辑能“表达”、呈现这个事态的世界。在这个意义上，“世界”是可知的。这个“可知的”前提是：这个“世界”是由逻辑构造出来的。这当然是一种彻底的唯心主义。这里的“可知”也就是完全的唯心的“可知”。但是后期的维特根斯坦又反转了过来，他表示，若从另一个角度即唯物的角度看，（意识中的）逻辑并不对应于（外界的、客观的）原子事实，语言并不对应于具体事物，逻辑与语言对应的只能是概念、范畴、命题或判断，而这些东西在客观的存在那里是没有实际存在形体形态的。所以，逻辑或语言就没有意思，没有意义，纯粹是梦魇似的胡编乱造。所以，“对于我们不能认识的东西，我们必须保持沉默”。知识以及认识的可能的问题，就变成了形而上学。

第三个问题，“知”是主观的还是客观的问题，恰恰是人类的价值所在。语言即世界？世界即认识？当然不一定。“世界”是我们认识到的“世界”，意即是我们能感知、理解和分析、推理的主观世界，而不一定是真实的、全体的世界本身。对此，人们需要审慎地思考：“哪个是上座本来面目？人、世界的本质、本相到底是什么？”禅宗所常参的这个重要话头意在表明，人们对于世界的本来面目的认识很难。不是不能，而是很难。它可能、应该是不能依靠我们的六识，而是应该更多地通过直觉之悟、于刹那间而于意识之外直接抵达。一经感知与理性的参与，这个认识就成了人主体自身的一种对世界的主观构建，就会远离世界真相本身。“世界”不等于“世界本相”。昆虫认识到的世界跟我们所谓的真实世界一样吗？由于我们与昆虫的眼睛的构造不同，昆虫看到的世界与我们的世界就不同。是谁对谁错？没有对错。一切认识都是受认识主体自身的能力、视角和语境的限制的。认识能力与范围，就是他们认识对象的实际性相的源泉。庄子反对相对性观念，认为所有的存在都是相对的，而相对性是人的一种主观意识，相对之物相是不存在的，只是人的主观意识认为它存在。所以，我们也不能以相对性的存在来决定人的欲求、认识与行动。金鱼和人类物理学家们的认识也是相对的，其真理性只是相对于他们的认识能力而言。中国的道学家和心学家们说：“宇宙即是吾心，吾心即是宇宙”，也是基于这种认识得出来的结论。总之，世界是由主体认识到的，认识是主观的、相对的、有其巨大的且是先天的、不可克服的局限性。所以，认识是难的。“美是难的”这个哲学家的感慨，用在认识物相对象上，同样适用。古希腊人说：“认识你自己”，也表明了“人的认识”的难度。承认认识之难，并不是不可知论。世界是可知的，只是认识的主体因为其认识的角度不同，对客观存在的事物有了不同的认识和形态的描述。于“难”处“知难而上”，正是人的主观能动性、强大的意志力、创造性的表现，也是人的存在价值之所在。正是因为认识的这个特点，世界对人类才充满了吸引力，它能不断地唤起人们的好奇心和求知欲。正是在满足人的好奇心和求知欲的过程当中，人的主体性得到进一步的坚决肯定，人们的创造力、创造性才能被肯定并得以生发出来。所以，人的存在就是有价值的存在，而其价值就在于主观性。知难而进，才能构建我们的文明。不然，人何以存在？人的存在还有何意义？实际上，这种存在性及其意义，也是先天的。康德那么强调“先天理性”，作为一个杰出的哲学家，他洞察到了人类的这一本然的先天局限的意义。

第四个问题，“知”的目的是什么？中国古人称之为“知行合一”。《中庸》里说，知、仁、勇三者要合一。“知”是知识、认知，“行”是行动、实践。“知”，一定要有巨大的勇气，在格物致知的过程中，我们必然要以自己的主体性、主观能力，通过格物过程中所必然遇到的重重迷宫，超出各种可能的迷惑和迷惘，不断地发现光明。此所谓启蒙、去蔽，是对“无明”与“有漏”的克服，是解脱和智慧的法门。这就需要“勇”。而这个“知”，体现在人类社会层面，就必须要发挥人主体的仁爱精神，以一颗爱心、仁义之心去拥抱世界和社会，对自然和他人充满爱心，并行之以“义”（“宜”），这样，“知”才有可能。“知识”“意志”和“爱”，就是圣人的智慧。有勇气才能“知”，“知”是为了“爱”，这就是孔子的“知行合一”的意思。《大学》里说了这么一段话，“古之欲明明德于天下者，先治其国；

欲治其国者，先齐其家；欲齐其家者，先修其身；欲修其身者，先正其心；欲正其心者，先诚其意；欲诚其意者，先致其知；致知在格物”。“物格而后知至，知至而后意诚，意诚而后心正，心正而后身修，身修而后家齐，家齐而后国治，国治而后天下平。”由“格物致知”出发，经过“诚意”“正心”“修身”三个过程的修炼，进入“齐家治国平天下”的实践阶段。可见，“知识”“心性修养”与“实践”三者，完全是一体的，“心”是“知”和“行”的中间环节，“心”把“知”和“行”链接、统一在一起。到了王阳明，则把“知行合一说”发挥到极致。“知是行的主意，行是知的工夫；知是行之始，行是知之成。”知中有行，行中有知，二者不能分离，也没有先后。与“行”相分离的“知”，不是真知，而是妄想；与“知”相分离的“行”，不是笃行，而是冥行。他提出“知行合一”，一方面强调道德意识的自觉性，要求人在内在精神上下功夫；另一方面也重视道德的实践性，指出人要在事上磨炼，要言行一致、表里一致。这就是“良知”。“良知”指“见父自然知孝，见兄自然知弟，见孺子入井自然知恻隐”，“致吾心之良知于事事物物”就是“行”。“良知”是自然的、必然的、本性就具有的；把良知运用到实践上，就是“行”。“我今说个知行合一，正要人晓得一念发动处便即是行了。”所以，“行”也是修养功夫。

“知行合一”就体现在“功夫与到位”上。儒家的“格物致知”是一个长期的过程，道家道教的修炼更是难如天梯，佛教的修行必须要积年累月的沉思，如达摩九年面壁。“功夫”，一是指要花费时间，过程漫长，二是指处于极高的相位的造诣、境界和结果。“功夫”要“到位”，就是用功要勤、用心要专、持之以恒、矢志不移，能“如切如磋，如琢如磨”，真正达到一个最高境界。这个最高境界的标志就是“到位”，就是达到一个最理想的标准。如戏剧中的唱念做打、举手投足，强一点弱一点不行，近一点远一点不行，轻一点重一点不行，要“恰到好处是天然”（《牡丹亭》）。如汉赋中的铺排，描写到极致、极点，场面小了不足以表现“大汉”之“大”，描写粗疏则不足以表现文章之细腻，而必须推至宏观极远之大、拉近至微观极近之小，苏轼所谓“行于所当行，止于所不可不止”就是这个意思。《论语·八佾》：“子谓《韶》：‘尽美矣，又尽善也。’谓《武》：‘尽美矣，未尽善也。’”音乐就要做到“尽善尽美”；《大学》要求“止于至善”，凡事做到最佳境界。这都是“到位”的“功夫”——“尊德性，而道问学，致广大，而尽精微，极高明，而道中庸”，“溥博如天，渊泉如渊”：德性修养要以“道”的高度为标准；在做到广大的同时也要注意精微；极其高明之处必须不能突破中庸的理性适度。

第五个问题，“知”如何成就“自我”？如上所述，这个人类可能的“知”，不过是自我在“宇宙”这个外物上的投影，甚至这个宇宙本身也不过是我们意识的影子。正如柏拉图所言，它不过是“影子的影子”。我们不必全盘接受先贤们受制于时代局限的一些观点，但是能够引起我们思考的点在于：正是在这个影子的影子上，我们洞察到了自我的存在，并以此来成就自己的存在。所以，“知”的出发点是自我，而“知”的目的仍然在于自我。认识就像射箭，看起来我们把箭射向了对面的对象，而其实，射击本身是我们自己的行为和结果，射击不过是为了完成我的主体性的一种行为。所以，儒者对于“自我”的强调，对于“独”的推崇，对于方法论上“省思”“反求诸己”“正心诚意修身”的严格要求，真正是人类的智慧的表现：他们认识到了人类的局限就是人最大的资源，认识到世界的多样性和众多的可能性，认识到人只有在知识世界的过程中才能以表象的形式生成自我。儒者心法和佛家心法，都关注主体本身。

反求诸己，才能找到那个“本来面目”，人的主体性才能生成，人的最真实的自我才能被重新发现，才能从被自己建构的种种知识或世界的束缚中解放出来。“反身而诚”，就是要我们以省思和反求的方式回到自我的“身”或“心”，在认识到人类认识能力的局限性及其必要性基础之上，体悟到世界的本然状态——“自然”，那就是天人、人我、身心，所有的事物和人都不是对立的，而是均质一体、平等共生的存在，所以，我与自然、他人乃至于自我的心，都不是二元对立的，而是圆融一体、混沌不分的“冲和”状态，这就是“诚一”。“诚一”，是儒家思想形而上学的集中体现，是儒家最深刻、最精练、最高明的世界观和社会学方法论。不过，佛禅与道家明确地将人的“身”与“心”严格区分开来，认为“身”就是“心”的拖累之一，是痛苦的根源。所谓“吾有大患，为吾有身；及吾无身，吾有何患”

以及“吾所以有大患者，以吾有身”，强化了“身”与“心”的尖锐对立、势同水火。他们要求的“同一”，是在排除了外物和“身”的、绝对单一的“心”上。而儒家在“身心”二字上没有做过多清晰的区分，而是模糊地一言以蔽之曰“正心诚意修身”。因为儒家道德既是外向的，人在面对世界时要有一个积极入世的态度和行动导向，即“外王”，所以它不能彻底地放弃外物与“身”；同时它也是内向的，且它首先是内向的，“一是皆以修身为本”，知本末先后，为大学之道的基本原则，内向即“内圣”是先决条件。对外的积极入世和对内的积极修养，使之不能把“身”“心”区分开来，从而在“身心合一”的认识上，明确地与佛道产生了歧异。儒家心学从来不是绝对“唯心”的，而是“身心合一”的。

总结一下：1. 世界是人认识到的对象，是人作为主体的认识的构建物。2. 认识及其结果因人而异、因时而异，因而具有多种形态和可能性。3. 宇宙不是二元对立的，而是一元混合、澄明一片、圆融一体的，其本质是作为能量的粒子的不灭与守衡。4. 人的价值就在于这种可能性、主体性和对于世界的主观构造能力。5. 对于世界的认识，让我们得以强化自我的主体性征与构造能力，对于人自身的强调是所有文明和文化的共同成果。尽管因其对内外强调有侧重点的不同而有所不同，但是，一致向内而轻视或拒绝一个绝对唯一的“客观”“世界”的存在，则是同一的。外物的存在，是“我”发生作用、实现价值的场所和舞台。以佛言之，外物是痛苦之源，但是人不能离开外物，所以我们必然在一个“妙有真空”的世界上，践行“中道”，以离于外、不执着于外相而生念的精神和行为，追求解脱与超越的效果。这就是佛禅既要“非”世界，又要“即”世界，从而立足于“当下”、是其所是、接受现实并超越现实的本旨所在。以儒言之，我是我，人是人，人我相分，但是，社会是一个集体，是由个人构成的一个“群众”。其中，一个具有完善人格的主体，与他人在“礼”的规制之下，形成一个有秩序的“理想国”，这个主体以内圣而外王，在我与人、出与入、内与外的辩证关系中，构建了一个自我和谐、人和仁爱、事理圆融、知行合一的郁郁乎文哉的“大同世界”。

如是而“知”！

生　死

生死事大。没有人记得起自己怎样出生，更没有人能够体验死亡并向我们讲述。生死，都是一个不可逆的过程。所以，生死问题就成为一个谜，引起哲学家、宗教家饶有兴味的无穷探索。

生死问题，是每个人人生中最重要、最恐惧也是最神秘的事情，是人类学问题，是哲学问题，是宗教问题，是情感问题，是美学问题，也是艺术问题。人类贪生怕死，追求长生不老。亲朋好友的死，甚至自己梦中死了，都足以让人惊魂不定。孔子说：“未知生，焉知死。”哲学家海德格尔说，人类向死而生，生就是为了死，死是生的目的地。宗教家说，人之悲哀在于从生到死，死而复生，在轮回中轮转不息。文学家说，“问世间情为何物，直教人生死相许”“似这般花花草草由人恋，生生死死随人愿，便酸酸楚楚无人怨”“世间何物似情浓？整一片断魂心痛”“生生死死为情多，奈情何”……

生死问题，奥妙无穷。如何才能豁然开朗、倏忽放下？如《心经》所说，“无有恐怖，远离颠倒梦想，究竟涅槃”。

什么是生死？生，甲骨文是指事字，在草叶（中）下面加一横表示地面的指事符号，表示新芽破土而出。有的甲骨文用“土”代替表示地面的指事符号，成为会意字：=（中，新芽）+（土，地面），表示地面上有新芽冒出。造字本义：动词，草木破土萌发。金文、篆文承续甲骨文字形。隶书将篆文上部的“中”简化成，失去植物嫩叶萌发的形象。

死，甲骨文=（跪着的人）+（口，哭）+（歺，即“歹”，尸骨），表示跪着对不舍的尸骸哭泣。简体甲骨文省去“口”。金文、篆文承续简体甲骨文字形。隶书将篆文字形中的“歺”写成“歹”，将篆文字形中的“人”写成“匕”。造字本义：动词，生命结束，他人对遗体痛哭哀悼。

那么，老祖宗说得很明白，生与死，不过是某种生物体从出现到消失的一个过程的两个端点，外加亲人情感的哀悼。作为一种物理现象，我们不能把握。我们既不能掌控生，也不能掌控死。没有生，没有死，生死相对并相互流转变化；正如没有具体的阴、具体的阳，阴阳总是相对并相互流转变化一样。生是为死而生，死是为生而死；生死相依，相互转化；没有生就没有死，没有死就无所谓生。出生与否人是无法控制的，那么怕死也就没有任何意义。这是高超的智慧。哲学、宗教关于生死问题的探索，都没有能超出这个阴阳逻辑。

要想思考得透彻，还是要问哲学。我们可以从“世界是什么”这个问题开始玄思之旅。这是个深奥的哲学问题。哲学家们的思维往往是深不可测、神秘玄奥的，我把它翻译出来表达如下，便于大家理解：“世”是时间的流淌，“界”是空间的界限。所以“世界”就是人所存在于其中的时空。世界构成了人存在的四维空间。“宇宙”是什么？“宇”即是“界”，是空间；“宙”即是“世”，是时间。但“宇宙”与“世界”不同。“世界”是因人、为人存在的空间，“宇宙”是与人存在无关的空间。世界是人为的、人造的，没有人也就没有世界。宇宙不是人为的、为人的，是超越于人的存在而存在的空间。人生存于世界上，而不是宇宙中。宇宙是何形态，宇宙是什么，目前对人类而言仍然是不可知的。人的认识能力只限于“世界”，因为世界是因人而存在的。宇宙就目前而言却是不可知的，因为宇宙的存在与人无关，人在与不在，宇宙都存在。与人无关的东西，我们就不可能认知。宇宙是什么？它有多大？多远？能够存在多久？我们还不能知道。康德说，那是“物自体”，我们不能认识，只能信仰。面对世界，我们可以积极、主观、能动地认识和改造；面对宇宙，我们只有敬畏和发呆。可见，这个世界只是“人的世界”。人如果不存在，“世界”也就不存在了。如果我问：人死了世界还存在吗？不能说人死了世界还存在。没有人，就没有了世界。一个人死了，别人还活着。那个世界是“他的世界”。每个人都有自己的世界。“你的世界”绝对不是“别人的世界”，反之亦然。当一声枪响，我倒在地上，死了，那么“我的世界”就不存在了，而“你的世界”还好好地存在着。只有“你的世界”“我的世界”，而没有一个共同的、抽象的世界存在。从“世界”的角度看生死，我们就只能敬畏，而不要过度地思虑。生与死，是具体到个人的、不可回避的、生物学的必然。生，是来到了这个世界、构建了自己的世界；死，是离开了自己的世界，自己的世界也就消失了。

中国古人没有对宇宙的探索，没有形而上学的兴趣，中国传统文化更多地关注世俗世界、现象世界，关注现实，关注人事和可操作性，如自然、社会、国家、思想、文化与精神等。这是一个以人为中心的、现实的、世俗的生态系统。每个人都存在于这个现世的生态系统中。我们首先生存于大自然中，所以我们“仰观于天，俯察于地”，从天地的秩序确立人世社会的秩序，由天地的尊卑确立人们地位的高下。中国古代社会的知识者和智者们，向自然界学习，并模仿自然界的存在形态和规律，建构政体、社会伦理，发展独特的文化内容和形式。所以中国传统文化特别重视“天人合一”，强调人与自然的和谐统一，甚至于把“自然”上升为“道”这一哲学本体，要求人们“道法自然”。这就是中国人的世界。在这个世界中，自然界有生有死；作为自然的一部分，谁能不生不死呢？所以，道家有长生久视的追求，道士们用化学反应炼外丹，用打坐采气炼内丹，意思是在肉体上和精神上突破自然界的生死规律。道士们不是不懂自然界生生死死的必然性，而他们仍然试图寻找长生不老的法门，这多少是中国文化中的诗意与浪漫成分的表现罢了。而秦皇汉武这些堪称雄才大略的帝王们却被道士这一套搞得五迷三道！“神丹”葬送了多少帝王性命，却没有让他们放下对死亡的恐惧。毕竟，人世太美好，生命太珍贵，谁也舍不得这个花花世界啊！常人尚且如此，何况帝王！在中国思想史上，关于“贵生”的思想层出不穷。中国人是最不想死的，所以，中国人研究出了很多养生的法子，政治、经济和思想也是以民生、生命、生活、美学为导向的。

对生死理解最通透的是庄子。庄子说，哪里有什么生死？一切不过是我们这个世界里物理性状的变化。庄子懂得能量守恒、物质不灭。人有时变成个人体的模样，有时可能就是我耳边的一股清风，有时可能就是那阕宋词中的一声哀婉，有时就是夜半的一声叹息，或是哲学家形而上学的一条逻辑思维流。庄子站在世界上，却有宇宙意识，所以庄子被我们尊为神人。庄子说："方生方死，方死方生"，意思是，活着就是死了，死了也是活着。无所谓生，无所谓死。那么，执着于生死就是极其愚蠢的。生有何乐，死又何哀！生死是个假相，还有理由为生而庆祝，为死而哀悼吗？还有对于死亡的恐惧吗？骷髅嘲笑行人，庄子妻死鼓盆而歌，才是关于生死的大智慧。那么我们不就解脱了吗？我们只是一股清风，或其他的任何东西，自由逍遥地飘落在这个维度空间之中。谈什么生死、爱恨、情仇！

佛教是能正面面对死亡的。佛教有轮回之说，认为死亡只是意味着肉体的死亡，并不是意识的消失，意识继续存在，并在合适的时机找到另外的宿体，成为另一个世代、另一个空间的另一个人。前世造的业障，在那个不死的意识中，像基因一样被保存下来，影响着新世代的样态和质量。这当然是迷信。迷信的东西往往是用来教化人的。佛教对于普通人（所谓"下根器人"）的教化，采取与"上根器人"不同的内容和方法。对后者而言，人是无所谓生与死的，因为佛教拒绝二元对立的存在，认为没有生、没有死；一有生死对立，便有执着住相执念，就不能涅槃解脱了。释迦牟尼对"下根器人"讲经，教人以生死轮回。这只是权变手段，意图教人"诸恶莫作，众善奉行"。而那个涅槃的佛陀、面对"上根器人"的讲经说法，从来不说生死轮回。他只说无生无死，无过去无未来。所谓不生不灭、不增不减、不垢不净，没有生死迁移等任何物理性的变化。哪里有什么生死！人的生死，不过是能量载体的形式变化：过去能量的载体是"人"，人死了，可能能量的载体就变成了石头，或空气，或流水，而能量是不灭的。这种种说法当然普通人是理解不了的，所以因材施教、权变机宜，预设了一个有生有死的世界、一个轮转不休的世界。如果不能行善去恶，则一定会陷入生死的轮回中，永受痛苦的折磨。这是"教化"，不是哲学，也不是科学。对于"上根器人”说的，是无生无死，也就是要超越生死。

我们生生死死于世界，却永恒存在于宇宙。那个宇宙、那多重宇宙之间，是不可通约的、不通信息的，是相互隔绝的存在。如果我们有时光机，能够穿越于多重宇宙之间，也许我们就做到了永恒不死，当然也不再有生。这也是“灵魂”存在的依据、长生不老的可能。这种思考位于哲学与宗教的边缘地带，魅力无限，它们让人思索，尽管这个问题没有答案，可能只是一种臆想或创设，但仍然没有失去其文化的魅力。

看来，生死问题真的是个大问题，大到人人关心，大到怎么探索都难以有结论的地步：到底什么是生死？不知道！这是否是一种象征呢？对于不可知的东西，最好保持沉默。别说，别想，别愁，只要“生活”——生下来，活下去，就行了。忽视这个问题，放下关于这个问题的焦虑，就是没有答案的答案，就是没有方法的方法。

但是，我们不能游戏生死，必须对生死抱有敬畏之心，尊重生命。不能轻易言生言死。因为我们是“人”，只是个具体而微的“人”；我们生存于这个世界而不是宇宙上，我们自我定位为这个世界的尊者，所以我们可以通透，可是涅槃，但是我们不能无视、贱视生命。我们应该积极努力地生活于此，自我尊敬，对世界、自然怀有合乎理性的敬畏。我们发展出文化与文明，就应当积极地在这个世界上像鲜花一样怒放，而不能有任何消极与退缩，不能无视生命。我们在这个世界上生活，同时，在精神上到宇宙里去超越，就获得了精神的无上的自由自在。中国文化从春秋战国时期，就诞生了丰富的“贵生”思想，儒家的仁爱学说、道家的自然学说、墨子的兼爱非攻、道教的内外炼丹长生久视、禅宗的自然而然，都是对生命的大爱、尊重与敬仰。若能深切体会中国古典智慧中的阴阳变化、“不二一体”的“圆融和合”思想，认识到无生无死、即生即死，则生死问题就会豁然开朗，悠然放下生的向往或死的恐惧，活成自然的轻风流水、柳绿花红。

姓　名

姓名，是人生很重要的一部分，它具有好几种功能。一是姓名相当于一个人的社会识别码、一个代称，用于呼叫和社会定位。二是姓名寄寓着某种美好的期望，表达了对人生美好愿景的一种向往，是中国人“贵生”、善良而美好地生活的主观意愿的表达。任何人都想取一个好名字，寓意美好的希望和前程。所以，姓名是社会性的、实用的、符号化的，也是美学的、情感的和主观的。人们注重取一个好名，并乐于对姓名进行点评，原因就在这里。在古代中国，姓名学是一门很大的学问。现在网络上有很多取名、姓名测试的内容，包括笔画算命、阴阳周易八卦取名、八字测试等，大多牵强附会。今天，我们就从汉字学的角度谈谈姓名。

在中国古代，“姓”下有“氏”，“氏”下有“辈”，在“辈”分下边，才是具体的名字，自古以来，华夏子孙以姓氏为家族的标志。姓是一种族号，氏是姓的分支。秦汉以来，姓氏合为一体。“姓者，统其祖考之所自出；氏者，别其子孙之所自分。”“姓氏者，标示家族血缘之符号也。”《通志·氏族略》曰：“三代（夏商周）以前，姓氏分而为二，男子称氏，妇人（女子）称姓。氏所以别贵贱，贵者有氏，贱者有名无氏。姓所以别婚姻，故有同姓异姓庶姓之别。氏同姓不同者，婚姻可通；姓同氏不同者，婚姻不可通（天下同姓是一家，故而同姓不婚）。三代之后，姓氏合而为一，皆所以别婚姻而明贵贱。”姓氏最早起源于部落的名称或部落首领的名字，它的作用主要是便于辨别部落中不同氏族的后代，便于不同氏族之间的通婚。因此姓氏的产生，标志着从群婚制到以血缘关系的婚姻制的转变，是人类文明进步的一个重要里程碑。姓产生后，世代相传，一般不会更改，比较稳定，而氏则随着封邑、官职的改变而改变，因此会有一个人的后代有几个氏或父子两代不同氏。人也可以有几个氏，如晋卿士会，以士为氏，是承其祖氏，士氏初当是以官为氏，但士会由于食采于随、范，在《左传·文公》曰“随会”，《左传·昭公》曰“范会”。《国语·晋语九》所记晋智氏之族人智果，别族于太史为辅氏，即是智果，又称辅果。秦汉以来，姓氏合而为一。姓即氏，氏即姓，姓氏或氏姓成了姓或氏的一种书面用语。中国姓氏文化源远流长，特别是汉族姓氏，每一种姓都包含其独特的、丰富的文化内涵。无论是从遗传学还是从社会学上看，姓、氏、名都很重要，其主要作用就是用于区别、指称。

我们现在的姓名由“姓”“辈”和“名”三部分构成。其中，“辈”分已经不是那么重要，所以起名时根据个人意愿，可以有辈字，也可以没有。常规来讲，“姓”是家庭血缘传承的标志，“辈”是该姓同代群体的标志，而“名”则是个人的区别性符码。那么，“姓”就是先天的，“辈”既有先天属性，也有主观衍义，而“名”，则纯粹是个人的。“名”，具有丰富的哲学和思想内涵。孔子说：“必也正名乎?”当然，这个“名”的意义主要是哲学意义上的，但也包含着姓名的“名”的含义。“名不正则言不顺，言不顺则事不成，事不成则礼乐不兴，礼乐不兴则刑罚不中刑罚不中则民无所措手足。故君子名之必可言也，言之必可行也。君子于其言，无所苟而已矣。”“正名”的必要源于“名”作为符号的指称、暗示、隐喻作用，它象征着事实世界本身，“名”的整饬有序就是事实世界的整饬有序，“名”的崩溃就意味着世界秩序的崩溃。所以，“名”是中国礼乐文明的标志性概念，它意味着社会等级秩序、家族谱系、生物遗传谱系。魏晋时期，在佛教和道家思想的影响下，儒家观念和思想受到挑战，被批判的儒家思想，就被称为“名教”，“越名教而任自然”，实际上就是要超越或扬弃儒家思想对等级秩序的固化和持守，要求人的个性解放和自由。于是，人们就常常希望通过“名”这个“符号”清理和确认“事实”，希望通过“正名”来“正实”，通过借助对名义的规定来确认一种秩序的合理性。具体到姓名，名字是一个人的血统渊源、种族归属、个体特征属性的综合表达，是一个人之所以是自己而不是别人的一个区别性标志符号。在古人看来，姓名就是一个人的家族渊源、血亲关系、社会等级和社会秩序的标识物。

那么，怎样起名才美？怎样判断姓名的好坏呢？

汉字本质上是象形文字，或是象形文字的叠加（指事、会意、形声），如“人”字就是一个人的形象，“象”字就是大象的形象，“木”字就是一棵树的形象，“止”字就是脚丫子，等等。那么，从字形就可以看出这个字所表达的世界现象，字与世界现象是一一对应的。这点与西文不同。相比较而言，汉字的表象是比较具体的，西文是没有形象性的。汉字对应着具体的对象世界或多个对象物的叠加，西文则是纯粹的文字符号，与对象世界没有直接对应关系。

汉字有意义抽象性和审美性两个层次，也是汉字发展的两个明确的方向。首先，汉字在发展过程中，有一个不断抽象的过程。汉字的抽象有两种形式，一是笔画在日益减少，从象形图画向文字发展，这是一个字形的抽象；二是把独体的象形字叠加，产生更多的并不具体指示某个具体现象的字，也就是从最低层次向上一个层次跃进。这是意义的丰富与抽象。但总体上比较来说，汉字是象形的，抽象性较差，含义具有多义性、含混性，同时也更具有蕴藉性和审美性，所以更适合于写诗、书法、构造意象、营造意境，而不主适合于作明确的指称、理论的思考、哲学的沉思。汉字的这种特性，使字与物象的对应性很强，从字形、字义、字的构造和音调，可以看到与之对应的对象世界，所谓“一字一世界”就是这个意思。其次，汉字也具有更强的审美特征，例如，汉字往往在人们的视觉想象中呈现为一幅优美的图画；汉字具有音调，读起来抑扬顿挫、高下相倾，读起来缓急有致、长短相形，可以有平有仄，可以对仗对偶，可以押韵，利于歌唱。种种特点，使之表现出独特的美感。所以，以汉字标识的中国人的姓名，就具有更多的情感判断和审美意味。那么，根据构成人的姓名的一个或多个汉字来透视或判断一个人的某些内容，例如意义或美感，就具有理论的依据。

“汉字姓名学”有以上几个观察角度。姓名学是以繁体字为准，参考字体、字形、字义的历史变化，并把这几种因素综合起来观察。

一是姓、辈、名的时间归属。姓源于家族、有历史渊源；辈分既有生物意义上的和时间上的家族遗传，又是空间平面上的标志，是一个群体的代际标识；而名是后天的，其个体性、独特性最强。

二是构成姓名的两个或三个字的意义。分两步，第一步是看其整体意义，第二步是把字拆解成不能再拆解的独体字，再看这个独体字的意义。如“书”（書）字是上笔下砚，表示写字；下边的那个部分也可以看成“日”或“曰”，“日”表示时间、阳刚、智慧，“曰”表示语言表达。那么，有“书”这个字的人名就可以这么解读：以写作或教书为业，有智慧、善表达、时间观念强，重视工作效率，等等。再如“堂”，表示高大的宫殿、房屋，有包容、稳定、家园、场所的含义；上“尚”下“土”，则表示高尚、高远、高大、不从俗、有根基、有资源等。

三是每个字的颜色。每个汉字都有自己的颜色，正如每个具体事物都有其颜色一样。当然，汉字的颜色可能与它所指代的那个具体的东西的颜色相同，也可能不同。如，“白”字就是白色的，“黑”字就是黑色的，“天”字是浅蓝色的，这是相同的。再如，“电”字是棕褐色的，“韩”字是灰白色的，“走”字是青黑色的，“饭”字是棕色的，“英”字是麦色的，“人”字是黄色的……然后，我们就可以根据这个字的颜色，以及三个字颜色的变化规律，展开讨论。当然，对于字的颜色的判断，具有一定的主观性，更多的是属于心理学的范畴。

四是每个字的重量。所谓重量，即指汉字笔画数给人的质感。笔画越多，感觉越重；笔画越少，则感觉越轻。当然，这具有一定的主观性。

五是每个字的声调。汉字美丽如画如乐，其音乐性非常强，所以，汉字的音调呈现为极强的抑扬顿挫的乐感。同时，我们还可以根据四声标识的声音的起伏趋势（平——阴平，一声；阳平，二声；上声，三声；去声，四声；入——现代汉语普通话中没有入声），来感受姓名的美感。

六是每个字的结构，如上下结构、左右结构、全包围结构、半包围结构等。有些是封闭的，如国、囚、四等；大多数是开放的；有些字是半开放的，如走、远、近、道、差等等。据此可以判断姓名是开放的还是封闭的？稳定的还是摇摆的？等等。

七是根据笔画的阴阳五行判断非常具体的东西。这个非常复杂，且离汉字学较远，不易理解和学习，但在姓名学上经常使用。五行可分为“音韵五行”“笔画五行”“数理五行”与“字义五行”等。在字义五行学理论中，一般认为：凡具慈善性、生发性者五行为木；凡具文明礼仪和发热发光者五行为火；凡具敦实性和包容性者五行为土；凡具智慧和流动性者五行为水；凡具仗义性和质地坚硬者五行为金……

姓名判断还有其他需要注意的地方，比如心理暗示，通过心理疏导的方式，重塑对方的心理模式，使之再造自己的人格属性、改变不合理的意愿和修正自己的愿望图景。再如从禅宗借鉴来的静观术，在安静、干净的心理状态下，对对象的观察获得“视像化”的既视感，往往能够把捉到最真实的东西。这些都超出了“汉字姓名学”的范畴，大家了解一下即可。

在中国传统文化中，姓名学非常发达，但是，大家不要迷信它，作为一种文化修养，了解一下就可以。例如，过去的“姓名学”有一个基本设定，即“名就是命，命就是名”，以汉字学翻译一下就是“字就是命，命就是字”。但是，有些疑问就产生了：“如果我改名了呢？”“我们两个人同名同姓是不是命运性格也相同？”命名本来是随意的，没有任何理由相信姓名就是命运，就是宿命。针对第二个疑问，大家要明白，相同姓名的人，他们的家庭环境、家族文化以及后天的教育和个人努力都大不相同，那么他们的姓名所指示的内容也就有所不同。请不要忘记中国人的辩证法智慧，任何事物都是互根互依、互相转化的，没有绝对的东西，不要把汉字姓名学教条化、固定化。我们谈的是文化，而文化的东西是约定俗成的，其中有合理的，也有迷信的，甚至有游戏的成分在内。工作要认真，人生要谨慎，生活要自然，姓名学呢，要辩证对待。

诚　信

大胆往往出于无知，失败总是源于不敬。无知则无畏，不敬则不成。中国文化缺乏宗教精神，但是不乏类似于宗教情怀的德性要求。须知“至诚如神”，“诚”之一字，基本上就是中国人的宗教了。诚信，是一种世界观，也是道德学，既是红线，也是内在的自我修养，一言以蔽之，那就是：不二思维与整体圆融——言行不二，天人不二，上下不二，内外不二，心物不二，人我不二，个人与社会不二。我们确实信而行之方可：以诚为大道，不虚言，不违言。遵从大道，不违天命，诚则信，信必成。

“诚”字，本字为“成”，表示实现、达到。诚，金文由（成，实现、达到）和（言，诺言）组合而成，表示实现诺言而成功。造字本义：形容词，信守诺言的，真心实意的。篆文将金文字形中的写成，将金文字形中的写成。隶书誠将篆文字形中的写成，将篆文字形中的写成。简体楷书诚依据类推简化规则，将正体楷书字形中的訁写成讠。

诚有“一”和“真”两个意思。首先，“诚者一也”，“诚”就是“一”，不能把两个方面分离开来，二者是一体的。所谓言出必行，就是言与行二者相符合，言而不虚，行而有信，言必信，信必行，行必果，就是诚。所以诚就是言行一致、行动与诺言相符合、一体、不二、不违背。在这个意义基础之上，《中庸》把“诚”引申开去，进行了哲学的抽象和思考。《中庸》说：“天地之道，可一言而尽也。”这有两种理解方法。其一，宇宙之大，一句话即可概括，一言而尽。其二，大道归一，其本质可以以“一”

而言尽，宇宙大道不过是个“一”——宇宙的本质和本相，一个字就可以说清楚，那就是“一”。“一”在儒家这里，就是“诚”。这个“诚”，从言行如一，到个人与社会的一体，到自然与人的和谐，到组织上下关系、左右关系、系统内诸种关系的协同一致，到心与物的合和。总之，这个通常被我们看作分体、分离、散乱的世界，其构成的诸元，不是分裂的、分立的、各自独立存在的，而是一体不二、圆融混成的。《老子》言：“有物混成，先天地生。寂兮寥兮，独立而不改，周行而不殆，可以为天地母。吾不知其名，字之曰道，强为之名曰大。”说的是“道”，此“道”即“一”，即“诚”。早期儒家之“仁”，理学之“理”，心学之“心”，道家之“齐”，就是“一”之“道”，就是无极的太极，就是哲学的“本质”。如是而已。只不过，“一”“道”是名词，是实体；而“诚”是形容词，或动词，表达“道”“一”的状态与生成过程。

其次，“诚”是“真”，通常理解为“真实无伪、不起妄心，正心诚意”。孔颖达说：“诚谓诚实也。”说“诚”是“不虚”“实在”；《增韵·清韵》说：“诚，无伪也。真也，实也。”说“诚”是“不假”“真品”；朱熹说：“诚者，真实无妄之谓。”说“诚”是“正心”“良心”。“真实不虚”“正心”“良心”，意思是，只有不假的、无妄的、正直的，才是真的、实在的。世界的本质是真，是实体，做人的原则是正直不虚假，做人的心理状态应该是不妄想、不空想，立于现实、立于实际。这里有“真”的世界观，有“真”的方法论，有“真”的德性要求，要之，用“诚”这个字就可以“一言而尽”。“真”就是“真相”“本质”，而世界的真相与本质就是“诚一”，所以“诚”就是“真”，我们经常将“真诚”二字连用，就是这个意思。

《论语》开篇《学而》中就体现了这个“诚”之道。孔子反对做人“巧言令色”，要求内外一致。主张做事要“谋事而忠”：明确而坚定地忠于目标，善始善终、坚定不移。主张交友要交而有信、言行如一。而“学而时习之”——“学”者学习世界本质、人生大道，“习”者于实践中实证、亲证、锻炼、成长，这是“知行合一”。“内外一致”“善始善终”“言行如一”“知行合一”，总是不外乎一个“一”字。

《中庸》更强调社会性、群体性的“一”，即社会关系的和谐一体。“在下位不获乎上，民不可得而治矣。获乎上有道：不信乎朋友，不获乎上矣。信乎朋友有道：不顺乎亲，不信乎朋友矣。顺乎亲有道：反者身不诚，不顺乎亲矣。诚身有道：不明乎善，不诚乎身矣。”要达到治民的目的，在下者要获得上峰信任；为此，就要被朋友信任；为此，就要孝顺双亲；为此，要正心诚意修身；为此，要明白大学之道，止于至善。那么，它的逻辑就是，学习大学之道，做到“明明德”而亲民，做到凡事做人要止于最佳境界，那么他就能正心诚意修身；心正意诚身修，那么他就能够孝顺双亲；能孝顺双亲，他就能取信于朋友；能够取信于朋友，就能取得上司的首肯与任用（信任，即“相信”和“任用”）。所以，做人做事的根本、出发点，不在别处，而在于“道”。其道，根据《大学》的说法，一是“明明德”，即“正心诚意修身”，习得、体验、证悟“诚一”的德性素养；二是“亲民”，即搞好各种社会关系、遵守伦理规范和道德规定，于实践中做到可以齐家、治国、平天下；三是所有这些方面都要追求最佳效果、最好结果、最高价值。其关键，还是一个上下、亲子、朋友等社会关系在“道”的层次上的“合一”：社会中的个人个体必以全局、整体、集体为前提，社会与世界，本质上都是一体不二的存在。所以，“诚”字堪称中国文化的关键词、核心词，智者们把“诚”字思想化、伦理化、人格化了。

从儒家那里看，“诚”已经成为思想体系。它以“道”（大学之道）为本体出发点，指明了“止于至善”的价值目标和实践理性要求，系统性地对“个人”和“群体”进行分析、构建，探索其“不二一体，共在共荣”的关系。“诚”下边有几个具体要求。自个体言之，一是“明明德”——学习、习得并内在化某种德性；二是“诚意正心修身”——以不二一体的世界观，以仁义礼信等原则，以中正不阿的道义之心，以修行成正果的内在涵养，一心一意做人做事，建构和谐中正、万民同乐、和而不同的天下生态；三是“中”——“喜怒哀乐之未发谓之中”，是内在的修养，是内敛的博大，是不偏不倚的正直，是保证自我存在的自我主体性、自我体认感的自我意识；四是做人做事的“素”——“绘事后素”，做人做事一定是以素淡、干净、平静的心态为基础，做一个事，一心一意地做事，做内外如一的人，做简单纯粹的人，人格不分裂，目的简单纯粹，行为不复杂，老实本分，不越位不越权，尽职尽责；五是“忠”——“忠”者“中”于心，在心地上，不偏不倚，公正无私，不党不邪，等等。此皆是君子之德，是理想人格，是做人规范、行为准则、人生理想。自群体言之，一是“亲民”——“亲”者，造字本义是探视监狱中被监禁的亲人，意思是具有血缘关系的人；进而从中心向外荡漾，扩展出呈现为不同层次的一切社会关系，要求人们要按照对待血缘系统同样的标准和原则，对待整个社会其他外圈层次的大众，包括君、官、民、奴等。二是“齐家治国平天下”——若能“心正意诚身修”，则为君子，则在家可为家长，在国可为君王，在天下可以统领天下，可以在家、国、天下各个层面上做到“仁至”与“义尽”，做到“止于至善”。三是“和”——喜怒哀乐“发而皆中节为之和”，人有七情六欲，内敛而为君子，外发而有乐感之美，喜怒不形于色，不影响别人的情绪，发出来的情绪情感，要像音乐一样让别人愉悦、接受并受自己的正能量的影响，自己与别人相应相和、同频振动，而不能矛盾抵牾、龃龉不休，如此，于整个社会，可以说是琴瑟和谐，其乐融融。四是“仁”——仁者爱人，以对待父母兄弟血缘之亲对待别人，在“人与人之间”（二人）以爱心、同情、共在建立“人”，建设“社会”的和谐共生的生态，建设互帮互助、慈悲友善的人际关系，建设分工明确、尽职尽责的团队。五是“恕”——善于处理人我关系。若有我，则有人，人同此心，心同此理，我不欲者，别人亦不欲，以平等、通同、一体、同心、同德的态度看待、对待别人。“恕”者“如心”，如我心，也如你心，以柔顺、大度，宽恕原谅他人的错误或对自己的冒犯。人我如一，人我无别，人心无有不同，凡事反求诸己，何必强责于人！以上种种，言个体之“明明德”“诚意正心修身”“中”“素”“忠”，与言群体之“亲民”“齐家治国平天下”“和”“仁”“恕”，两两相对，却又圆融统一，从个体出发，以群体为目的，此即诚身有道，以“诚”，以一心、一意、一体的“道”，达成世界各元素在平等互动基础上的和合化生。

以上是“诚”的意蕴。若言“诚”的实践伦理价值，则是非对立、无二元、慈悲心、仁爱行。在社会层面、实践层面，“诚”之意在于礼乐文明、和谐社会、大同世界。故于这个实践伦理上，“诚”有“礼”“乐”“仁”“义”“和”“信”等义项。“礼”——重点在政体，是规范，是伦理，是道德，是制度，是法律，是人作为社会性的人解决、措置与他人关系必需的教条，以保证整体群体的组织化、系统化、集成化、协调化。“乐”——重点在“艺术”，是反“礼”的，是为了轻轻地消解“礼”之制度、治理、规范、约束给人带来的压力、异化、无自我属性、无自我的生存空间的负面结果的影响，是对人群关系的固化、人心的恐惧和焦虑、人无处可去、无自由不能自在的心态等提供一个疏解与缓冲空间，以和乐、平和、愉悦、乐感、同在、共命运为特征和实现手段，世界大同，其乐融融。“仁”——重点在政治，是行政规范、行政手段、行政目的和行政结果，起于血缘关系，延荡到人际关系，扩大到君民关系，以爱心、慈悲心、责任心、怜悯心对待臣子、百姓，在具体的政治、经济活动中，贡献价值，谋以福祉，既让社会物质富足，也让民众心灵满足。“义”——重点在德性，即“宜”也，就是应该。为人行事，必须有个价值标准、评判标准。“义”是“道”之“义”，若能即道、明道、知道、体道、行道、宏道，无我无他无区别平等无二，就是行为做人之道，即是“义”。“和”——重点在社会，是关系，是状态，是结果。人无私心，勿过度自我，坚守平等，于此基础之上，人与人形成的社会关系是积极的、能动的、和乐的、融洽的，人人都是有德性的君子，以奉献为乐，以私心为耻。人人都要首先考虑与他人的融洽与协调，社会就像音乐一样美好和乐。“信”——重点在言行方面的具体行为准则，要求内外如一、言行一致、真实不虚、群私不二、家国一体。“诚”于实践层面，意义甚深甚广、至大至要。

所以，从理论意义和实践意义两个层面，我们看到，“诚”，是真，是明，是和，是善，是不二，即是“一”这个“道”的具体化、社会化、实践化。“诚”，必有天人合一、人我合一、内外合一、心物合一、知行合一、上下合一、言行合一等诸多意义，总而言之，即道、即一、即心、即性、即太极。人之作为个体，不过如大海之一滴水，融于、在于、动于、言于、行于这个大海之中，与其他水滴无别无二、无我无他、无对立矛盾，绝对完全的平等如一，共同存在于自由自在共在共荣的人道生态与理想、优美的净土之中。以此，人人实现自我、人性自由伸展而饱满，人心即我心、即他心、即道心，社会与世界圆融一体、共存共荣。人人自在神通，大成悠久。

既然“诚”即是“道”，也是“行”，那么“诚”之作用，就很大了。

一者，“诚则能明，参赞天地”。日月上下写为易，日月左右写为明。“易”为简、为便，“明”为通、为同，所以，“日”“月”为智慧、为大道的根基。古人正是从对于日月的观察开始认识世界的。欲“明”，必先“诚”：懂得“一”这个大道，就能获得“明”的智慧；知世界，知人生，知本质，知规律，即可拨云见日，人生通透而顺畅。“诚则明矣，明则诚矣。唯天下至诚为能尽其性。能尽其性，则能尽人之性。能尽人之性，则能尽物之性。能尽物之性，则可以赞天地之化育。可以赞天地之化育，则可以与天地参矣。此圣人君子之诚也。”很简单的道理：诚就是一，知道这个一体不二之理，就可以知道天地万物人事的本性（本质与规律）。若能尽天性、尽地性、尽人性、尽物性，当然可以参与天地化育万物的过程，与天共老，与地共在。圣人之所以为圣人，其要在于诚一之素养。道生一，一生二，二生三，三生万物，道是万物之母。此道为一，为诚，故能诚，则能生万物，知万物，控制万物，与万物和。神、仙、圣并非遥不可及、秘不可期，实在是在于你我之间、在于人之本有之性、在于现实世界人生。

二者，“诚则能化”。“化”，是革新，是创新，日新月异，是从一境界至另一境界的提升，是从一种状态至另一状态的转化，不同物件人事之间的化合混元。“其次致曲”，世界人生处于多变的进程中，“曲能友诚。诚则形。形则著。著则明。明则动。动则变。变则化。唯天下至诚为能化。”进程与变化必然离不开“诚”之一、“诚”之道。因为诚，所以道生万物，赋予万物以形态、本质与美感；万物生成，则形成世界，我们才能看得清晰，行得明白，才能生成我们的智慧。这样，我们才能尊重规律劳作、实践、生活。所有的动作、行为、实践都是变化中的，有了“变”，就能够“化”，即能够进化、革新、日新月异，才能“大道归一”，才能保持或回归到道体一性的本来状态。所以，因为“诚”，我们才能回归大道，见出大道，实践大道，与天地一体，与人物不二，无人格分裂，无焦虑悬想，无执着不放，无痛苦不解，实现超越的、解放的、解脱的、自由自在的人生理想、人生本相。

三者，“诚则可知”，“至诚如神”。如果一个人能“诚”，那么他可以成为预言家，可以预知世界的走向，预知人的命运，看清楚人的状态。这也不是玄妙之旨，实为人人可做到的最简单的事实。“诚”，意味着有道、知道，意味着与世界合体、本一不二，意味着你就是世界，世界就是你。你说世界，就如同说你自己。你看世界，就是看你自己。在“道”的世界，没有时间和空间，没有过去和未来、此处与彼处。一切都平面地铺展在你面前。所谓预言，不过是把你看到的事实、善于你自身的真相，描述出来而已。所以，“至诚之道可以前知。国家将兴，必有祯祥；国家将亡，必有妖孽。见乎蓍龟，动乎四体。祸福将至，善，必先知之；不善，必先知之。故至诚如神。”“至诚”就是“神”，就是无所不知，就是对于世界的通透性把握和“看见”，就是具有无限的认识和把握能力。人们把预言看得那么神秘和遥不可及，是因为人们离大道太远，离本源太远，离自己太远了。远离了道，不再诚一，把世界分割成无数个对立与矛盾的东西，成为世界的一个极小的分子，就失去了整体观照的可能，失去了见一知万的可能，就不可能预言、把握、控制。

四者，诚则“成物成己”。合终始、合物我、合内外，既仁且智。“诚者自成也，而道自道也。诚者，物之终始。不诚无物。是故君子诚之为贵。诚者，非自成己而已也。所以成物也。成己仁也，成物知也。性之德也，合外内之道也。故时措之宜也。”诚即是道，即是一，即是合。没有始终，没有时空距离，没有内外人我，没有心物善恶。如一之意，是无差无别、无二无杂、元始混沌、澄明洁净。这是世界本相。能诚，即处于世界本相之中。处于世界本相，则不唯自己成就自己，也能成就世界，成己成物。这是和合之道，是最合乎时宜的措施之法。

五者，诚则能“博大”“久远”。“故至诚无息。不息则久，久则征。征则悠远。悠远，则博厚。博厚，则高明。博厚，所以载物也。高明，所以覆物也。悠久，所以成物也。博厚，配地。高明，配天。悠久，无疆。如此者，不见而章，不动而变，无为而成。天地之道，可一言而尽也。其为物不二，则其生物不测。天地之道，博也、厚也、高也、明也、悠也、久也。”

诚之为道，不生不死，无始无终。悠久化合，博厚高明。诚之为道，可以包容、承载万物，可以高明照亮、引领世界，有天之高，有地之厚，悠久而没有尽头和边界。所以，能“诚”的人，可以不动而变、无为而成。因为他体验、实践着大道，他本身就是大道，甚至不必行为实践努力就可以致道。此道要义在于没有区别，没有二心二事二物二人，所以他之创造世界，真是神鬼莫测。一个懂得道、能够“诚”的人，行事高效、易于成功，因为他本身就是道，即使无为也可以轻易成功。所以，诚的人，就能博大，就能久远，就能轻易成就，事业长青，岁月不老。其博厚高明，如天如地，如佛如道，如仙如神。其如道而行、如道而在，则悠久不息，不增不减、不垢不净、不生不灭、不空不有、不是不非、无时间空间。所以诚则大成，可以包容、能够成就、持守纯正，以多元的一元、有限的无穷、包容的覆载、兴盛与富足为特征。

六者，诚须“敬畏”。大道不可违，逆天不可为。诚是道，道是体，道是本质，道是自己，道是世界，道无所不在，无物不是，道即是神，所以，道须敬畏，不可儿戏，不可懈怠，不可轻佻，不可忽视。应该以宗教情怀，以敬畏之心，谨小慎微，学习体验大道，思考实践大道，以诚之态度、心智，至于大道之境，回归大道之本，做一个纯正、本色、与道合一，我即道体，道体即我的智者，做一个百姓中的圣人、现实中的神仙。

总而言之，道是一，道是诚。能诚则能知、能化、能动、能成、能博大、能悠久。因为，一个能“诚”的人，他就是道本身，其言是道之言，其行是道之行，则其无所不能、无所不成、无远弗届、无始无终。读到此处，你会觉得做人那么简单，成神了道也是如此简单，成功成就也是那么简单。只要做到一个字：“诚”。诚了，你就是自己，就是一切，就是神仙，就是自由自在的、没有束缚的、为所欲为的、如己所愿的、逍遥游弋的。极难，也极易，关键是能否体会“诚”与“道”之本质本相。知“道”，能“一”，于人生事物上能“诚”，万事皆可皆能。这不过是一个回归的动作或过程罢了，或者连这个动作或过程都不需要、都不存在。

以上说“诚”。知诚，则“信”就简单了。“人而无信，不知其可也。”“民无信不立。”“信”是“诚”的内含一部分：诚是道，信是德；诚是知，信是行；诚是体，信是用。信是合一不二：言行一致、上下同心、内外合一、他我合一、共享共荣。《论语》："敬事而信""上不敬则下慢，不信则下疑"。信是行之有常，始终如一："谨而信"。信是不欺诈、不作伪，言之有实，行之有效。信是谨（行之有常）慎（真心）做人，真心做事，从心所欲不逾矩。信是忠于契约、忠于职守、忠于目标、忠于诺言、忠于天地人生大道。信是实现个人价值的载体：信人则用人不疑，被信则为人所重。总之，信是成人之本、为人之原则、成就之根本。信，从人从言，说人话、办人事。

所以我们尤其重视信用。从人的自我修养出发，"信"是一种责任，"信"是立身之本。没有诚信是不能立身处世，不能成己成人、成事成物。从社会关系角度来看，"信"是一种信任，"信"是成人之本。"信"也是一种为所有人伦关系所需要的道德规范，这种"信"更多的是一种信任。"父子为亲矣，不诚则疏"，夫妻之间"信也者，妇德也"，"朋友信之""不信乎朋友，不获乎上矣"。也要学会信任他人，更应该努力获取他人的信任。诚信是安身立命的根本、是人际交往的原则、是经济活动的基础。从现实情况来看，"信"是一种践行行为。"信"是成事之本，如商鞅立木为信。诚信是一个组织获得成功的基本保证。不论是企业、公司、事业单位、人民团体、各级学校都要讲信用。只有公民、各社会组织以及政府都讲诚信，社会才能和谐。履行诺言、言行如一、有始有终、内外一致、他我合一、个人与社会的同一。不欺诈、不作伪。诚一则大成，不诚则败；信义则大成，不信则失。最后，我们每日要反省自己：我个人、我的企业、我的组织，"诚信如一"了吗？

总结一下："诚"即是"道"，即是"一"，也是"易"。大道至简，大道为一。简则简易，一则为易，极简极易，反身可得。然而易者至难，非任何人可以轻易反身而得。言其易，是因为大道非他，大道即我，大道没有远离我们，我们即是大道本身，我们就是自己，那么自己找自己，难在何处？道不在我身外，就在我身边，所以知道体道行道是最简单的事，只要换个方向和观照方式，"易"、"道"、"一"就在那儿，就是我们自己。可是，大道至难，难在我们不能认识自己。古人言，认识自己是难的，今人言，不知道自己是谁、身在何处、在做什么、为何而做。人，不可能认识自己、人最大的困难就在于认识自己，把握自己，所以说是最难的。所以，“道”极“易”，“道”即“一”；道也是极难之事，需要圣人神仙给我们引导，生度我们于如此昏昧的苦海之中。对此，我们不应该说，也不应该做，无为而为，为而不为，不言而言，言而不言。我是非佛之佛，不是之是，不非之非，无德之德，无道之道，无心之心，不行之行，无为之为。我就是我，我就是世界；我什么也不是，我是一切。各是其是，各安其理，各就其位，各得其所，各随其缘：是其所是，然其所然；非其所非，行其所行。我不说，也罢；你不读，也罢。

只是一句话：诚，认也得认，不认也得认。认了，就明智，就大成；不认，就永处错昧苦海，不得超拔。

你能不诚吗？敢不诚吗？还是有点敬畏之心的好。

观　照

观照，是一种美学的态度。中国文化是诗性文化，中国人特别重视对事物、对人和社会、对心情和心态进行美学的观照，营造出一个审美化生存的氛围来。观照，使我们在与对象保持一定的距离基础上，远离具体事物的纠缠纠结，使主体的人获得摆脱压抑和控制的解放、解脱感。最典型的就是“观自在菩萨，行深般若波罗蜜多时，照见五蕴皆空，度一切苦厄”这句话中的“观自在”。“观”是主体对客体的观察与思考，“自”是个体自我的生成与调整，“在”是对存在样态、存在本质的探索与寻问。然而，一方面，“观而不观”，否定了主体对客体的观照；“自而不自”，否定了自我；“在而不在”，否定了存在。另一方面，“不观而观”，肯定了真正的观照是没有观照的；“不自而自”，肯定了不以自我为中心而向成就自我的方法；“不在而在”，肯定了强调心性修养而不是执着于具体的存在样态的、非物质实践的审美存在。在这种肯定与否定、肯定的否定和否定的肯定之中，在逻辑的“二律背反”之中，中国文化为中国人获得了真正的自在与超越的方式。通过“观而不观”“不观而观”，中国人找到了自我的成就方式和生活审美化的途径。如果真正掌握了观照的方法，人生就没有任何痛苦了。

以下从几个角度介绍观照。

从哲学的角度看观照，有点抽象，但这是深刻理解“观照”的前提。

法国近代大哲学家笛卡尔有一个著名的哲学论见“我思故我在”：“当我怀疑一切事物的存在时，我却不用怀疑我本身的思想，因为此时我唯一可以确定的事就是我自己思想的存在。”任何事物都可怀疑，但是，“我在怀疑”却是不可怀疑的。一切都是可疑的，但是，“我在怀疑”却是不可怀疑的，因为我在思考、在怀疑的时候，肯定有一个执行“思考”的“思考者”。首先，一切都是必须怀疑的，例如，一向当作真实可靠的感性知识是不可靠的。尽管感觉给予我们关于事物的许多信息，但是有时感官是会骗人的。正如相对论所示，也正如庄子的“大小之辨”所示，一切存在中的具体事物、我们感觉和认识到的对象，都是相对而存在的：任何事物都依赖于其他事物的存在而存在，没有其他事物，该事物也不能存在，所有的事物存在于一个相依互在的生态系统中——事物本身并无自性，不能自我独立存在、不能圆满自足，即佛教所谓一切无“自性”，一切因于缘起，故而性空假有。例如，同一个物体由于远近不同、视角不同，在我们的认识中就变成了不同的东西。“我坐在火炉旁，穿着冬袍，我怎么能够否定这双手、这身体是我的呢?”这个问题同样是可疑的。因为我是“通过感觉认识世界和自己”的人，我在感觉的时候，有可能是睡梦中的感觉，我究竟是否坐在这里，是清醒的还是在梦幻之中是不确定的，所以也是可以怀疑的。到底是“庄周梦蝶”，还是“蝶梦庄周”？与此类似，“生死”也是相对的，无所谓生，亦无所谓死。我们生活的宇宙是一个多维的宇宙，我们只是存在于其中的三维中，而宇宙中可能有多个维度，我们对于我们不能存在于其中的维度是无法感知和认识的，那么我们就不能否定它的存在。也许，我们认为的“死”的状态，恰恰也是一种“生”的世界，我们认为的“死者”们在别的维度里认为我们是“死者”的存在，是鬼魂或幽灵。生与死的界限也是我们自己的主观想象与划分。再如数学，尽管被认为是最客观和科学的，但是，焉知没有一个“邪恶的精灵”，恶作剧般地把一个对象置于我们的心灵之中，使之成为我们思想的对象，并在我们的大脑中置入了一个认识的结构——先验的能力，当我们以此先验的能力去套用到现在数学所表达的真理时，我们就自然而然地认为：先验的就是实在的，我们的大脑中早已被预先置入了关于世界的一切知识和真理，对象与我们的认识是绝对同一的，所以它是真理！这都是值得怀疑的。其次，“我思”是不能怀疑的，因为即使当我怀疑时，我也是以“我之思”在怀疑。能够肯定地判断我在的最切实、最有力的证据就是“我思”。只有“我思”是不可怀疑的：我可以怀疑一切，但是我不能怀疑“我在怀疑”。因为我对“我在怀疑”的怀疑恰恰证实了“我在怀疑”的真实性。显然，我在怀疑，我在思考，必然有一个在怀疑、在思考的“我”的存在。“我思”不关乎我所思的对象，“我思”是空性，是“能思”，是一种性，是真实的，它不是“所思”，不是对象，不是内容。“所思”是虚空的、假有的，而“能思”是绝对的、不可怀疑的，是最本质之真实。对“所思”之思，必须依靠一个“能思”者，“所思”是依附于“能思”而存在的。这就是佛教所说的“自性”，不依他起，无关缘起，是自足的、自在的、真实不虚、无变化、无生死的。对于“自性”的把握，使我们否定了本性为空之相（客观对象）、之我（主体自我）、之关系、之结构，而肯定地找到了那个世界的本源、那个人之为人世界之为世界的本质属性，即“自性”或“自心”。这样，我们就摆脱了外相和假相的束缚，以观照并回归自我自性的自足圆满状态，进入涅槃了的净土世界。

禅宗正是以怀疑一切的态度和方法，撕裂了我们的固有成见，给我们呈现出一个透明澄洁的真相世界。各种公案、各个机锋，目的就在于让我们怀疑一切可怀疑的对象，进而层层剥落所有的虚假之物，找到并回归那个本来的、本自俱足的、自由而自在的“自性”。此时，我们不能依靠语言或言语，不能依靠逻辑推理，不能指望教育或教导；契机在于一个偶然的激发，于绝望之际，突然洞察天地，现出澄明之光辉：一切都不存在，只有“我思”即“自性”存在，而且是无可怀疑的存在。抓住它，涵养、保持它，就是修养，就是充满智慧的现有存在状态。

这就是“直观”，就是“观自在”之观。这个“观照”的状态是这样的：客观事物是依赖于整体的环境和系统的，它自己不能自在自足，处于生灭循环之中，所以其真实性是值得怀疑的。只有像“我思”这个绝对的“我”才是真实存在的。这样，“我”与客观对象就被割裂开来。当我们的注意力只是关注于主观之“我”，世界就等同于自我；然后，把自我向外扩展，覆盖了世界，把“心性”等同于世界，世界就成为一个无区别的、浑然一体的、圆融统一的“一”。此时，专注于这个状态，不要动，不要摇摆，不要移思，不要因外物的干扰而乱，此即“定”，即寂灭，即

“止”——这就是观照的状态。观照即直观，即照亮，即止定，即保任（保持那种状态），即止观合一，也就是自由自在的解脱、解放的境界。由此，哲学变成了智慧。

下边我们看看“观”的词源学意义。

“观”，可以是观世相、观人心，可以是观主客观世界之关系。因为“观”，世界人心而变得了了分明。因“观”，人们能知世相的本然、时空的属性，并能知晓，人生不幸的根源在于主客体的关系纠缠；人心本自俱足，解脱的途径在于无相无别，在于浑然一体境界中的当下放下；解脱的关键在于，于“观照”状态的了了分明中，回到自己，回光返照，发现人的应有、应是、应在的本来面目（“佛祖西来意”“哪个是上座本来面目”“自心自性”“佛性”），从而放弃一切外境之执，以到达自在自由、自足自有、无限无待而于大同世界入于逍遥的境界。

设想观世音菩萨在大海边入定，定当作如是“观”：一、菩萨坐在大海边的山顶上，与水面、世界保持“一定距离”，置身于喧嚣的世界之外。二、菩萨“集中精力”，低眉垂目以观察。三、菩萨洞察作为对象的世界，表相纷然，生灭不已，人世熙熙攘攘而永无宁日，人心动荡昏昧而痛苦不堪，如海潮般，不静不定。四、这个生灭不已的世界在其眼中是客观存在，历历如画，明确精准。五、菩萨思考：人们所看到、所存在其中的现象世界，无非缘起性空、真空妙有、即有即无、一体皆空的不二世界；而人们对世界的认识，以为有二元、有分别、有差异、有对立，此是妄想虚相，非本性实相。六、菩萨思考：唯有自心自性，才是本原、本体，才是不生不灭、不垢不净、不增不减之道。所以要自外而内，自物而心，自相而性，自他而自，回归本体自心，回照自性。七、此时的菩萨，处于无外无内、无人无我、无相无性、无物无心的绝对均质、一体、澄明的状态中，只有光明如镜，虽历历照见诸相，却无分别之意。八、菩萨的心，由是而净，由是而静，由是而定止，不杂染余念，不动荡外驰，安于心本身，从而止于彻底洁净的、无时空、无分别的境界。“观世音”之“观”，可以帮助我们理解“观照”的深刻意义。

按“观”（觀）字，“雚”是“觀”的本字。雚，甲骨文画的是一只

大鸟，表示夸张醒目的“眉毛”，下面睁着两只大眼睛，整个字形类似猫头鹰的大眼睛猛禽。金文基本承续甲骨文字形。造字本义：猫头鹰瞪大锐利的眼睛警觉察看。“雚”的大眼睛猛禽瞪大眼睛察看的本义消失后，有的金文加“见”另造“觀”（观）代替。見，甲骨文=（目）+（人），表示人眼的动作。造字本义：睁着眼睛看。金文、篆文基本承续甲骨文字形。向前看为“见”，回头看为“艮”。所以，“观”是强调猛禽夸张的大眼“无所不见”的洞察力。篆文承续金文字形。《说文解字》曰：“观，谛视也。”

所以，“观”字的本义是“在一定的距离之外，精力集中而警觉地向前看自己的目标物即对象，必定以清楚地看到其形状与动态为目的”，结合前边我们对观世音之“观”的描述，我们知道“观”的特点是：一、有一定距离；二、必精神集中；三、必向前；四、必明确。本义消失之后，引申出：一、名词：看法、认识、结论；二、名词：景象、情景、外形；三、动词：洞察、察看、浏览。所以，观者以某独立身份，观自然天地、人心人事，明自然之道、人伦德性，观天人关系、分分合合，观人事民风、定政策制礼仪，以体天地之道、明自然之理、合人世之情、明个体之德、测可否之几、施仁义之政、成和谐之世，以推动社会文明以向前发展。认识要“观察”，佛教有“观音”，禅宗有“内观”，政治有“观风”，道家有“观道”，美学有“观照”，诗学有“兴观群怨”……“观”的重要性不言而喻。

换言之，“观”，就是集中精力关注对象事物以达某种目的，如观世界、观事物、观人及人心，如观天与人、人与人、人与事之关系，如观人心之善恶向背。“观”的目的，或在于探索宇宙的本质、规律，或探究世界的本相，或明了社会的关系，或洞察人心的本然，或措置心物的关系。所以，“观”，就是以自我为中心向外投射的目光、意思、思维、理性，把握各种现象、关系，以对人自身进行合情合理的定位，达到定人心、知道理、见规律，自心而物，自外而内，自我而他，自凡俗而唯美，自愚昧不明而光明解脱的目的。

“观”的要素，一在于有“观”的主体，即自我。二在于有“观”的对象，或事或物或人或心。三在于有距离，距离是认识产生的前提，无距离便无以为观。四在于有角度，所谓有“观点”，即有观察的角度、角度不同、所观不同。观有角度，有方向，有不同的切入点。如“观心”，指内观自己的心性；“观法”，指探究真理于一心；“观照”，用智慧来照明真理。要之，内观自心使之明白、明确，即“明心见性”。所以，佛家之观是内向的，是不二而一、一体不二的。道家讲仙境一般的超越感，以为神仙离人远而距天近。古代天文学家观察星象、祈神祷福之地，往往在高山之上或筑以高台，此即“天文观察台”。道者以其近天故，以自己修行、施法之地为“观”，是所谓“道观”。道士于观中，自近天之高处，修身养性，求道成仙；自此高处，俯视人间大地，自觉其仙界高远，飘渺逍遥矣所以道家之观是外向的，是展开距离的。五在于以“观”而形成是非、肯否、善恶、有无、美丑的判断，用以指导人生、心性向度。六在于进而诉诸功能行动，如正心诚意的心性建设，如“齐家治国平天下”的实践行为，如自然科学的发现，如协调人与自然的关系，如文化文明的化物、化人以造就人生的福祉，如哲学的以主观客观结构形成探究世界的逻辑模型。

“观”，是《周易》中的一卦。“观”，始于观天察地，终于人事百姓。《周易·系辞下》：“仰则观象于天，俯则观法于地。”先人坐在山石之上，抬头看天，天有文有象；低头看地，地有法有理。当人一旦有了自觉、有了自我意识，把自我与对象、他者区别开来，就对物我、天人之关系产生了对立、区别意识，有了距离感。探索其间的关系，就成为文化的重要内容和努力目标。世界是何表象？人心如何善恶？天人、我他、心物关系若何？如此，则人必“观”——以自我为出发点、视角，把自然物和他人当作对象，历历分明地知晓其样貌、动态与发展趋向，并把握此现象界在心性领域里的反映、反应及其结果，如感觉、感观、认识、观念、结论、意见、思想等，以“主观”观“客观”，由外视而内省，由现象而意识，由具体而抽象，以此为自己的存在提供定位的坐标，形成自己的世界观、价值观、人生观，设定自己的行为处世方式，或无为或有为，或以诗意表达或以哲学探索，或出世或入世，或积极或消极，或唯物或唯心，或分别二元或不二一体，或善或恶——人以是而存在，文化以是而生成，文明以是而发生发展。“观”卦说：祭祀时灌酒敬神，不能奉献人牲，因为作祭牲的俘虏鼻青脸肿，不宜敬神。《象辞》说：本卦上卦为巽为风，下卦为坤为地，风行大地吹拂万物，这是观的卦象。先王观此卦象取法于周流八方之风，从而巡视邦国，观察民情，推行教化。这一卦劝诫从政者要善于体察各个方面的情况，匡扶社稷、劝诫国君，从而维护社会之和乐，国家之长治久安。所以，观之目的在于：观天观地以探索世界，也采诗观风以定教化人心，既观物也观心以知行为之当否。北宋易学家邵雍解曰："以下观上，周游观览；平心静气，坚守岗位。得此卦者，处身于变化之中，心神不宁，宜多观察入微，伺机行事，切勿妄进。"诚然，"观"，必于上下、远近、高低、去往的时空距离这个前提下"观"；"观"，必须平心静气、心无旁骛、收心入内、回光返照。"观"人之存在，必如儒者所推崇的"素其位"，即做一个纯粹的人，安分守己的人，尽职尽责的人，欲成人先成己正人先正己的人，不可朝三暮四、三心二意、职分不明、杂乱无章，亦不可推诿扯皮、敷衍塞责、"当一天和尚撞一天钟"，更不能非分越权、非礼不伦、欺上瞒下。所以善于"观"的人，基于人心的杂乱纷繁、动荡不安、污染不净，而观察世界世相人心、精确入微，达到知几明道、伺机行事的目的，心态因而平静、洁净下来，从而能理性行动，不妄想冒进，这是人心与行为的理性法则和要求。邵雍之解，以把握天地变化之几，明人心动荡之实，诫人必须平心静气、伺机行事，而不可急躁盲动。又有解释者以为，此卦是异卦（下坤上巽）相叠，风行地上，喻德教遍施。观卦与临卦互为综卦，交相使用。在上者以道义观天下；在下者以敬仰瞻上，人心顺服归从。其大象是：风运行于坤地之上，喻有周游观览之意。阴长阳消，正道衰微，万物难行。所以，"观"，是从观自然之变化而至于思人心社会之变革。治者周览遍游，以观政事民风，知其阴阳正邪，探索大道体用，提供施政之决策。所以，德性是为政的要途。还有人以"观"为动词，意为"尚在观察中"，认为"观"表示观察、观看，是个最标准的状况卦，吉凶未定。凡事不可轻下决定，需要再观察一下局势再做打算。要之，自然社会人心，均是动荡之源，人之于世，危机重重。必须处理好天人关系、我他关系、君民关系、心物关系，加强学习以知天地自然人心之大道，本此大道而能"明明德"强化个人修养，并推己及人、仁义爱人以行仁政德治，以礼制民，以乐乐人，以爱聚民，而能得人心。而自己与诸外部之关系，亦当顺应自然天道，趋吉避凶，心得以安，行得以安，身心俱安，行为有则，进退有度，止于至善。这是“观卦”之“观”的宏旨。

的确，观者有其独立身份，所观必有明确目的。“观”之所观，即天道自然、人心德性与行为准则，既有自然阴阳时令变化、天人合一之道、顺天而行人道之理，亦有顺天之道而行仁政德教之法则。其结论就是顺天应人之大道。故从“观”者观之，明大道，知性理，定人心，施行动，以和合之义，成至善之境，是自然人事的核心准则。

儒家思想很重视“观”。儒家文化是极其重视关系协调的文化。它从自我这个中心出发而观社会、从自我心性出发而观人心，是以己度人、从己推人的一种“同心圆式”思维和行为模式。圣人君子，居于社会最高层次和中心，冷静而关切地探索、发现、总结人人关系、天人关系，及至于国际关系、心物关系，提出调和之方、和谐之道。这正是中国圣人君子的自然与社会使命。所以，圣人上观于天，下俯于地，知天文而推察人世，观诗、观风，并以知人心的善恶向背。他们以古朴的异质同构思维，认为天、人、心、物皆属同一结构，可以一而知百、见几而知会、见微而知著、推己以及人、知己可知人。所以，能观天地以知人心，观自我而知社会，观自心而知外象，观风以知政，观诗以知心。圣人以观，无所不知。这样，就可以本之于自然规律，制定社会规范，协调社会关系，调整自身自心。所以儒家思想，立足于天地自然的道理，首先以正心诚意立论，由心而意再修身，而后能由己而社会，始可齐家，渐次扩展而为治国，而为平天下。《大学》有言：“大学之道，在明明德，在亲民，在止于至善。”先说明言个体之德（正心诚意修身），认为“明明德”之后即可协调社会关系，施以仁爱之情、仁义之政，即所谓仁义礼智信忠孝节悌友等，如此，个体之德既明，则社会关系和合，人与社会，必至于至善。这就是个体与社会的关系的价值关键。所以为“恕”者，“己所不欲，勿施于人”；所以凡出现失误、失败的情况，不得怨天尤人，而必三省吾身、反思正己，所谓“射有似乎君子，失诸正鹄，反求诸其身”。《中庸》是《大学》的实践论，规定人的行止规范。其核心是“中庸”。“中庸”作为行为标准，必然是执（观察与考量）其两端，用于其中，不偏不倚，行于中道，谦谦君子，文质彬彬；行事过犹不及，不可极端从事；中庸一定要“素位”，就是必先定其位、明其职，而能守其位、尽其职，而必不可逾越界限，此所谓人之根本，不可或缺。其他如“诚”，就是“一”；“信”，是做人之本，社会之基；“仁”就是爱；“义”就是适宜；“礼”就是秩序和规范；“乐”就是使和乐畅美。于己，必正以诚；于人，必仁以信；礼以定规范，乐以快人心。这样，由内而外，由己及人，制之以理性规范，谐之以感性享乐，所谓刚柔兼济、阴阳和合。既有若水之上善，又有始终之坚持，“学而时习之”，“温故而知新”，知行合一，切磋琢磨，如是，形成中国文化之君子人格和圣人道理，下行而影响众生心性与行为，此固中国文化之精要，亦即中国政统之维系、中华版图之保全、中华文化源源不灭，而能兴废继绝、而能不断发扬光大之因由也。此皆以“观”之由观自我而观社会而致之。

道学之“观”，更具有美学色彩。对比来看，儒家的“观”，是以“圣人”来观察自然、社会、众生这些对象，提出应该以心性之正、社会规范、积极行动而致积极人生与社会的系统理论，是社会性的、行动性的“观”。这个“观”者位于社会人群的内部，是社会的一分子，所以他的“观”是平面的自内向外的观，是内观、近观。而道家的“观”与此大异其趣。道家之观，是自高而下的、哲学的看视，故若“远”若“玄”。说其“远”，如道教，自人自身而放远目光、入于天际，自地而天，自人而仙，入于理想幻相，乃至于不老无尽，发展为道教之诸种修行方式，如丹学、养生术、道术；说其“玄”，尤为老庄之道家所重。老子之玄，言道、方术。其所“观”之“道”，是道体，是本体，是本源。这个道无所不在，无所不用其极，而不可见、不可知、不可把握，恍惚混沌。其术，以其“道”在，故有此“术”。“术”者，方法方式。其法，“为道日损”。道生一而二而三，三生万物。万物与人文，是道的产物，同时也是远离道的具体现象或物性，而不再是道本身。它们以欲以奢、逾矩无道、过分过度，以致离乱无形、痛苦不堪、轮回不休。所以最好的方法与归宿，在于“损之又损”，如剥笋一般，把万物与人文、人心的污染，层层剥离，使之终于回归于道，回到“曰静曰命”的真实本身。人从动复于静；从污染复于洁净；世界从复杂归于纯一；社会从繁复发展复归于原始。回归即“复”，即回归本然、本原之性的状态。民不可多智，社会不可繁复，人心不可以道德仁义的名义远离大道本身，所谓无道而德、无德而仁、无仁而义，向着道的方向“每况愈下”，才是正道。回归的方法，包括虚静、处下、阴柔、后退、无为，如水如海如坑如穴。所以老子之学，为阴柔之学；老子之道，为哲学之道；老子之柔，亦为世界最强之柔。那么，道本无为，以为而为，必不能为；无为而为，必能大为。不为而为，无有而有，生而不有，为而不恃，功成而弗居，谦虚退让，损而无为，是道之本。这是老子的“玄”，深极神妙，不可甚解。而庄子的“玄”，不如老子道体的深不可测。庄子的“玄”，是美学，是人事，是明哲保身的精明世故智慧。《庄子》三十余篇，要之其大义有二，一曰“齐物”，二曰“逍遥”。“齐物”是世界观，“逍遥”是人生观，二者皆表达一个美学之旨。庄子以为，无论鲲鹏雀蜩，无论寿龟朝菌，皆是相对而言。人于相对性之中，从自己小我的角度判断世界，产生相对性的分别心、分别相，实在是无知无智的“有待”。因为有待而有束缚，而有痛苦，而有不明，而有虚妄。这个虚妄的相对性，使人以为有有用者、有无用者、有不知其所以用者。庄子说，无用即用，用而无用，小者小用，大者大用。或善于用，如葫芦如不皲手之药；或不用，如樗树，可以保身，可以长久。据庄子看来，世界本无区别，万物皆生于道而为一。在这个“齐物”平等的世界，人与人，人与物，物与心，不必区别而待之，亦不必依赖外物而有待。“若夫乘天地之正，而御六气之辨，以游无穷者”；若夫“将磅礴万物以为一”而不“弊弊焉以天下为事”，“物莫之伤，大浸稽天而不溺，大旱金石流，土山焦而不热”者，安所困苦哉？无待而无事，与道为一，游乎天地之间，这就是无己之至人、无功之神人、无名之圣人。如颜回坐忘时“堕肢体，黜聪明，离形去知，同于大通”，摆脱了形体和智能的束缚，与大道融通为一，即郭象所谓“既忘其迹，又忘其所以迹者，内不觉其一身，外不识有天地，然后旷然与变化为体而无不通也”。如“南郭子綦隐机而坐，仰天而嘘，荅焉似丧其耦”，“今者吾丧我”者，游于天籁而与大道通。此情此境，何待？何所待？无我无物，无小无大，无是无非，无可无不可，无类无不类，无分无不分，有辨有无辨，无知无不知，“圣人不从事于务，不就利，不违害，不喜求，不缘道，无谓有谓，有谓无谓，而游乎尘垢之外。夫子以为孟浪之言，而我以为妙道之行也。”依于天籁，行于天府，和之以天倪，此之谓物化。物化者，本于道而无区别，行于事而无对待依赖，大体同道，圆融混一。这是庄子之“玄”。庄子之“玄”，具体而微，是实用的道理。总之，无论老子之“玄”，还是庄子之“玄”，都以退让、规避、无用而用为宗。有人认为老庄是避世之学。这样说也未必错误，但是他们的真义不在于此。老子讲治术，庄子讲适用善用，无为是有为，以无为而有为。故老庄之学，以退为进，以无而有，合于大道，而崇尚自然之理之法。当然，与儒者相对而看，儒者进而道者退。然而儒者之进亦进，道者之退亦进，这是中国文化之实质。所以，道家之观，以观天地大道，以定人事之合于大道，行道复命，以损以虚，归静归柔，以天人合一、无二无别之世界观，行动于齐物之境，而实现绝对解放自由自在之人生美学也。

“观照”更主要是美学的。所谓“观照”，是于一定的距离之外，清醒地照亮、认识对象与自我，是主体对于对象之“审美”；这是分别。同时，也必须入于对象本身，体验作为感觉和感受的美感；这是合一。这似乎是两个过程、两种审美状态和审美形式。但由审美而带来的美感，并无对象与主体之分，作为美本身，出离与进入是同时发生的。美感不是判断，不是理性的分析，分不出主体与客体来；真正的美是完美地融合一体状态。“观照”，是通过有距离的“看”而最终达成“和合”“同步振动”“感应”“同声相应”“同气相求”的圆融一体状态。“观”是以距离为前提的，没有距离就不能“观”，不能想。自己是不能看见自己的；但是“观”也是要取消距离的，“观”的智慧是于心之自性上，以零距离照亮自我本身。距离与无距离的辩证措置，正是“观”的美学的精义。

“观照”的美感是超越性的。一切对于美的体验，必须首先把自我拉出一定的距离之外。距离产生美，距离也是“观”得以成立的前提。美学的态度是一种超越的态度，是以超出存在的客观与客体的方式达成的，以此而捕获美。客观存在的东西本身无所谓美，美产生于主客体关系的融合当中。“我”也不是审美的，只有当作为主体的我，立于“我在”之外，观照，或“意识到”这个物理之体的我是外在于意识的我之外的，并与其间产生观察、欣赏的态度，才有可能产生美。所以，美的观照是距离的观照。审美，是以距离为前提的。

观照的美感也是内在性的。一切对于美的观照，也不能离开客观存在本身。实际上，它正是以客观存在的客体形式而奠定了发生的基础。没有客观的存在，便不可能有观照的主体，也不可能有观照的对象。对人与物、主体与客体的客观存在的绝对否定，都是失去美学态度的原因。当我们以主体性"意识到"自己的存在或观照的对象，意思是既有一个主体，也同时必然存在一个客体。这里并不是说，哲学思考必须依赖主体与客体的二元对立框架。事实是，只有当我们取消了这个所谓主体与客体的距离，才能进入体验，把自我融化于、内置于事实与现象里面，才有美感。美感则不能有距离的隔阂。

例如，读书就是一种审美活动。阅读《红楼梦》，或任何一部文学作品，我们都是在通过审美而获得美感。首先是必须沉浸而进入作品内部的。其时，没有作品，没有读者，没有"我在阅读"这种自我意识，只是在"读"，只是处在当下的动作当中。不知不觉、完全不自觉地进入场景与情境当中：那个焚稿的林黛玉就是我，我的心在死去，我的手在颤抖，我感受到了世间的凄凉，此刻，紫鹃递过来的火炉，也就是我自己将自己的青春埋葬的墓园。她哭了，是我在哭，那远处别人新婚燕尔的乐声，是吹进了我的耳鼓的。此所谓"入于其内"，是以自身全部的细胞，感知所有的感受，获得真正的美学体验。但是，如果读书只是如此读去，那是没有意义的。失去了自我，谁来体验？如何考量文学作品对于我的灵魂和精神的升华与净化？如何评论？如何产生思想？如何知道我的美感是如何而生的？当我合上书本，作品成为书籍，我立于作品之外的现实中：我是个读者；我作为一个读者与作者对话；他如是写，如是展开他的故事，如是体验、诉知他的思想和情感……这是"出乎其外"。这是审美的辩证过程。

同样，我们是生命，是宇宙中的一个生命体的存在。我们必须维持生理行为和精神意识活动的能量基础。我们在世间以物理的方式，吃穿住行并思考。没有神仙，那不过是人绝对出离的一种想象。任何尊重生命的人，都不会怀疑生命的意义，而且一定是积极地行动、行为、实践于世间。如果有超越的意识和欲望，那也必须在世间，在精神领域的高处去谋划和实施这个理想。离开了世界和世间，我们就是尸体，就没有任何意义。这是儒家思想的基点。儒者是入世的、积极的，在天人关系、天地之间，儒者展示的是对于生命的最崇高、最忠诚的尊重。无论是对于个体修养的重视，还是外推于社会的礼治与伦理秩序，儒家的基调是积极的、乐观的、入世的，在世间寻找、建设理想国。然而，伦理也好，法律也罢，或是道德，以及在此规范之内的所有的入世的行为，往往是处于天人矛盾、人际矛盾之中，所有的矛盾令人心力交瘁。任何行动都是社会性的，而人本质是孤独的，所以绝对完全的在世是痛苦的。且当我们一味前行而不做任何一丁点的后退，精神的链条就会过于紧张而容易断裂。人是需要精神后花园的。越是积极入世的人，越是对“退却”（“退隐”）二字有最迫切的欲望。所以，结论是辩证的：入乎其中，出于其外；进退有度，进退可据；可入可出，出入自由。用六祖惠能的话说就是——“于相离相”“无念而念”“执而不执”，这是“即空即有”的“般若”智慧；以道家语言表达，就是即有即无、非有非无、无为而为、为而无为。这是人生智慧，更是美学态度。

王国维分别“有我之境”与“无我之境”。“有有我之境，有无我之境。‘泪眼问花花不语，乱红飞过秋千去’，‘可堪孤馆闭春寒，杜鹃声里斜阳暮’，有我之境也；‘采菊东篱下，悠然见南山’，‘寒波澹澹起，白鸟悠悠下’，无我之境也。有我之境以我观物，故物皆著我之色彩；无我之境，以物观物，故不知何者为我，何者为物。”于此，有种种解释和误解。“泪眼问花花不语，乱红飞过秋千去”，我之泪眼看花花不语，当然是有我，有主体之我，有主体之花。二者相对，心灵感应，花我为一也。“可堪孤馆闭春寒，杜鹃声里斜阳暮”，谁处孤馆？春寒为谁而闭？杜鹃声声，其音凄凉；斜阳已暮，其色何衰！彼此双方，物我一体，主客同一，不二而一，大块澄明，无我无物，物我即一也。此有我，亦有物；有物，亦有我。“采菊东篱下，悠然见南山”，“寒波澹澹起，白鸟悠悠下”，客观的？无我者？非也。这是采菊者之东篱，是悠然之人之南山，看似无我，实则我已“化入”物中，物我一体而成“境”。这也是无我无物、即我即物。在文学上看，意境、诗意，若分物、我，若说有、无，皆不可能。所说物，就是我，我即物。所说我，即是物，物即我。何者为我？我处物中，我即是物。何者为物？无物焉能有我？所谓“有我之境”即强调一个“我”，是意识到距离之“观”；所谓“无我之境”，即强调不二一体、无距离、融合一体、平面化、均质化的境界。“观”需要距离，“观”和结果却是无距离，这就是所谓“观而无观、不观而观”。所以，“有我之境”“无我之境”之“境”，皆物我不二之境，即大同之境，即无分别之境。“有我”与“无我”的区别，只有认识论意义，而没有任何美学意义。

“观”的美学、“观”的宗教、“观”的现实性，从生命的本质上看，即是于中而离、近之而远、入之而出。认真地不认真，实实在在地虚虚实实，于生活中精炼生命，于现象中成就本质，以无我而成就自我，以缘起而寻找自性，以入世而出世，以成己成人而乐天知命，超越于现实，为乎无为，实际事功地存在于乌托邦，无己而己，无功而功，无名而名——人生之美，斯而已矣！这样，中国文化的“观”，真可谓深玄奥妙、不可穷尽。儒家以“观”天地人事、心物人我、伦理心性、礼乐刚柔，曰正心，曰反省，于正反之间、人我之际，成其心物之旨，即诚信忠恕诚一仁义，都是合一和谐之道。道家亦“观”天地而知道体，以道之生而发现万物，而万物人事既生，就开始离道背道，故应体道之阴虚柔弱，返璞归真，复命而静；道生之世界，本诸道，故一体平等，无差无别，等一不二。若能齐物，则无差别无相待，即可适用，或无用以用，或大小由之合用而用，必能不夭生命，不损天性，而能与自然合体，与道合一，逍遥于天地正气之间，无形而有形于神人至人之境。而佛教“观”缘起性空，真空假有，行于中道之旨，以不二法门，绝对否定任何物象心念，使人无物可抓，无物可依，无物亦无道，无理亦无佛，这是真实的法门。我们只是要不执着于我、不执着于相、不执着于关系、不执着于心、不执着于物、不执着于他人，也不执着于佛、不执着于智慧，不执着于肯定、不执着于否定，不执着于是、不执着于非，不执着于有、不执着于无，也不执着于一、不执着于二，不执着于相对、不执着于绝对——总之，儒、道与佛，虽然各有视角，但其主张与道合一，“自然而然”之旨是共同的。此又与《易》道相合。太极而无极，就是道。天地阴阳，相抱相依，轮转不息，阴阳和合，冲虚相偕；不以物论，不以心论；不以我论，不以人论；不以分别不分别论，而唯论之以“性”，即阴阳之和合，于变、于简、于易，洞达世界人生之道之极。

所以，“观”就是看，看宇宙本相，看人心本性，看世界关系，看功能与方法。自自然而人文，自我及人，自物而心，自本质而现象，自规范规律而至美感诗意，体之用之，其妙无穷。如是，“观”之为“观”就妙趣横生。观者，于逻辑言之，应有观之主体、客体及其距离，有观之内容、方法与结论。然而，诚如上述，无我，观者是谁？无物，所观者何？能所何在？既为一，则不二；既为中，则无两；万法平等，皆为道、为性、无区别、无距离。既然儒者始于以己观人、以仁义礼乐而建构和谐社会，终则融己于社会伦理之广域内部，以致个体消融，那么也就“观无观者，无观而观”了。道家高视阔步，浩然养气，以阴柔、以退居、以齐物而逍遥，适可而用，小大由之，畅然自适，达到无人无我、无心无物、无相对、无对待的逍遥生态，则也是“观而不观，不观而观”了。佛者以缘起性空理论，达明心见性之旨，无我、无相、无念、无住，既已无我，亦且无相，则能所皆无。无人，故无观者；无物，故无所观。所以，中国文化里的“观”，是“观而无观，不观而观”。

自　在

“我是谁?”“什么是自己?”这是一个永远没有答案的问题。“认识你自己!”——这句刻写在希腊德尔斐神殿上的著名箴言，经常被希腊和后来的哲学家们引用来规劝世人，认识自己真正的价值。《楞严经》里说，有一个叫演若达多的人，从来没有见过自己长得什么样儿。有一天，他偶然得到一面镜子，看到镜子里面映出自己的形象，演若达多吓坏了，他认为那一定是魔鬼。从此以后，演若达多就疯了。

对于“自我”的认识和定位，我们应该有一种清醒的认识。“我”在认识，“我”在判断，“我”在言说，“我”此刻在此写作、劳动、思考，或痛苦或快乐，或实在或虚无，这个“我”是不能否定的。我们所有的物质与精神活动，都是以“我”为前提。这个前提构成了认识、行动的主体性，这是个不可绕开的问题。所以，对于“自我”的关注，似乎就是个不可避免的宿命式命题。那么，有物、有我、有对立、有判断、有语言，似乎也就是必然。那么，到底“我自己”是什么呢?我如何存在?

“自”是“鼻”的本字。自，甲骨文象人的鼻子，有鼻梁、鼻翼。造字本义：鼻子，位于脸部中央的呼吸器官。有的甲骨文突出鼻骨与鼻弯。金文略有变形，突出了两侧鼻翼。有的金文将两侧鼻翼连写成。篆文承续金文字形。隶书进一步失去鼻形。在向他人表达“我”的时候，人们习惯于用手指本人脸部（即头部正面）的中央位置，即鼻部位置，于是“自”（即鼻子）渐渐成了第一人称。当“自”的“鼻子”本义消失后，甲骨文再加（象蛇信，感觉器官），表示“鼻”的嗅觉功能。古汉字中的人称来源，体现了古人的自我中心意识：脸部的正中央为“自”（鼻子，第一人称），脸部的下边为“而”（颔须，第二人称），身体的最下端为“之”（脚板，第三人称）；同样，威猛的武器为“我”（大戌，第一人称），而只用于短程集发的弓弩为“尔”（排箭，第二人称）。“自”，我们现在往往“自”“己”连用。“己”，为“纪”的本字，意思是在绳子上打结、系圈，用以记数和记事，或标明物品的所有者，也就是说，“己”是“自”的标记，“自己”就是“归属于我的”“记号”或“记录”。

所以，“自”是世界的中心，是在这个位置存在、对这个位置以外的所有现象与存在进行观察、与之相处、使用与改造他们的“中心点”。当人初步有了自我意识，就用“自”表示他。“自”，生成于与外界进行物质、情感、信息交流与交换的场景中，并在这个场景中处于中心位置，由此向外看视、动作和思考，形成居于中心的内外放射性结构关系。

那么，如何处理“自”和“他”的关系？如何“成人成己”？

儒家是绝对的现世主义者，是实用的、人文与人本主义的，强调世间性，反对虚无的、理想的、幻想的超越，反对神仙鬼怪，反对任何不务实的行为方式。它强调“自我”是一切关系的开始、一切关系的中心、一切行为的责任者、实施者。而“自我”的理想形式，是君子人格。君子人格的育成，从“正心诚意修身”开始。“我”之为“我”，必须正其心、诚其意、修其身，此外无路可走。所以人要“慎独”——谨慎地对待独自时的自己；要“反省”——凡事一定要从自我出发进行反省、反思，而不能向外“怨天尤人”；要“素位”——干干净净地做人、尽职尽责地做事。概括地说，就是要“明明德”。没有一个君子那样的自我，就没有和谐仁爱的社会；一个健康的自我，是健康社会的前提，也是人之自我存在于世界的前提。然而，儒家绝对不是唯我主义者，也不是个人主义者，应该说，儒家思考的终点，还是社会，儒家是以社会性为最终价值依归的。“正心诚意修身”并不是目的，而是为了“齐家治国平天下”，是为“仁、义、智、信、诚、忠、恕、孝、悌”做前提性准备的。于“仁”（爱人）的社会关系中，所行必须有“义”（合宜），人与人的关系必须遵从严格的“礼”（等级秩序），必须“恕”（审己度人）。这种先成己后成人、从自身出发思考社会与世界、从自我品格的修养到社会政治治理的实践，从对自我的关注出发，以集体主义和向外观照的视角向外行动，位移到社会、集体与世界，把个体的德性修养与社会化的有机和谐统一起来，既保证了个体的纯洁与存在的各种属性，也保证了个人存在于其中的世界性与组织性、集体性，也正是为自己而无自己、于无己而成己、于个体而社会、因社会而有自我的理论与实践追求，《中庸》所谓“诚者非自成己而已也，所以成物也”。在“天人合一”中达到人与自然的和谐共处，在“人我合一”中达到仁政爱民和谐共生的社会融合，人自己在“身心合一”中达到人自身的圆融统一而无人格分裂，与佛家以心统一世界而做到“于相离相”的方法是一致的。儒家以“正心诚意修身”“反思”“反省”而成就“自我”，以仁、义、礼、信、忠、孝、节、悌而消解了自我，同时这种消解自我也就是成就自我。这就是“离即于”（在……内部分离出去）、“于即离”（通过分离达到合体），不即不离（既不分开也不接近）、即离即即（离开就是接近，接近就是离开），于进入中超越、于超越中进入，离而不离，入而不入的至深之理——“即入即出”“即人即我”“成人成己”。“我”是“我”，别人是别人，然而“我”就是别人，别人就是“我”；我与他者界限明确，各自为己，然而又不可分离，彼此互成互就。

道家的“自我”是以“保任”（保持某种属性并运用于实践）与“超越”为宏旨的。明哲保身、自在自由、世外逍遥、无用保全、超越于烦庸世相之上、之外，全身而退、长生久视，可以说，道家对“自我”的追求，是其他思想所不可比拟的。老子对于外物、人欲、智能、故意作为（“有为”）的批判，告诉人们一个关于世界的道理：世界本源于道，其为道也唯惚唯恍、不可名状、不可分裂与分析，所以，世界上无人与我、人与对象、人与外物的对立。而物质与意识文明的发展，却使世界离此本相日益遥远，老子说的“为学日益”，是对文明化、物化的一种严厉批判。因而他主张“为道日损”，对人生、世界做减法、断舍离，损之又损，把外加于人的任何约束均剥离开去，回归到明白如一、无欲无为、道体通透的冲虚、婴孩状态。同时要求人们“处下集虚”，不居善退，不有不恃，把多余的占有之物排除、丢弃干净，以绝对空虚和处下包容的态度，回到自我本身。“为道日损”和“处下集虚”，是老子的两大重要命题。老子之以道始，以无为、以“损”为方法的处世哲学，其最终目的，还是为了保全自己，是以人生应有的尊严，即不异化为外物的、真正的自我的存在为价值导向的。生而不有，为而不恃，功成而弗居，无为而为，最终才能真正地保全自己。这就是“自而不自”“不自而自”——要想成就自己，先要放弃自己；只有不执着自己，才能拥有自己。庄子亦然。庄子以“齐物”立论，以道体为基，否定了各种分别、论辩，否定了有用与无用，也是以无为而至于有为、以无用而成就人之大用，以去除相对性的人与外物的对待与依赖，于齐物的大道一体纯净状态，至于逍遥的最高境界。人之逍遥，因人“齐物”于“一”而能逍遥，以无用而致大用、适用，以无己而成就了自我。这与佛家之“于相离相”、无我而我，自而无自，没有任何区别！可谓百虑而一致、殊途而同归。

要之，无论是儒还是道，都是完全的人文主义者、人本主义者，都是慈悲渡世的智慧大成。对于自我的尊重与达成，必须经过各种智慧的选择，找到最理性的道路，或立人以成己，或于相而离相、无我而有我，或齐物而逍遥、损而又损以回归道体，最终都在不同的道路上，向着圆融一体、不二无别、天人合一、心物合一的状态从而幸福美满地超越于入世之中，行动于美学的当下现实之中——这就是“自而无自，无自而自”的大义；“自我之存在”，是以“无我而我，无自而自”为方法与途径的。

“自在”，就是“符合自性地存在”，就是“自己能够自主自足地存在”，不必受他者外物的干扰或控制，自己能够决定自己的命运、状态与行为。

“在”或“不在”意味着一种判断。这是一种关于“自我”所在的场所（时空）的描述、肯定或否定。所以，“在”隐含着“是”。当我问你在何处、如何而在，你的回答一定是交代你的时空属性：何时在何处，以一个什么样的符号系统规定了你的存在，所以，“在”的问题与“是”的问题，实际上是同一个问题。比如你问我“你是谁”？我的回答是：“我是某大学某学院教师。”这是一个由时间和空间描述形成的一个答案。从英文来看，

be是判断系词，表示对一个对象事物性状、属性、所处时空位置的描述，作为主观判断，当它加上-ing后缀而变成动名词，就成为人、生物或生命存在。那么，生命是什么？存在是什么？存在就是一个判断，“在”即“是”，“是”即“在”，我“是”故我“在”。我们因“在”而“是”，因“是”而“在”。从常识上看，我们的“在”就是以“是”来定义和定位的。

那么，“我是谁?”就是“我在哪里”。我们如何“在”？就需要回答：在哪个区位？在哪个高度？在里面还是外面？深入还是超越？是优美的存在还是邪恶的存在？是快乐的存在还是痛苦的存在？在社会中入世还是在深山里出世？在家还是出家？爱人还是恨人？在哪个职业岗位上就业？在家庭、社会、阶级、阶层中的角色是什么？一个人的理想、价值追求、精神导向是什么？他所存在的各种数字符号系统比如身份证、电话号码、银行账号是什么？所以，“在”就是定位。

自我定位，依《中庸》所言就是“素位”。定位是对于一个人的基本判断，是一个人作为个体存在的基本条件，是对一个人状态与属性的描述。没有这个定位，人就会不安，就会彷徨，就会不知所措。不知何去何从，就会精神分裂，从而，找不到自己存在的意义和功能，失去自己的精神家园，成为无根的游魂。所以，“在”或“是”的问题，是人存在的哲学本体论问题、社会学问题、人类学问题。

儒家对于“在”的分析，往往具有极强的社会性，认为个体性是以社会性为保证的。儒家之于自我，强调“素其位”：首先，他必须“明明德”，即必须先之以“正心诚意修身”，于实践中必须躬于反思反省，所有的思考都必须回到自我这个原始点。所以儒家讲“慎独”的个体完善主义，讲“内圣外王”的圣人君子人格，讲个体的德性、君王的德性、臣民的德性。其次，儒家讲“恕”，即推己及人。自己的个体人格一旦完善，就可以向外延伸、从自体外向化复制，以自我这个小宇宙推而及于大宇宙，以有德之自我而亲民、齐家治国平天下。最后，在社会政治层面上，儒家追求“仁”的社会关系、“义”的价值理性、“诚信”的专一真实的精神透明状态、“上忠下孝兄弟友悌”的伦理关系。这个社会构架是金字塔形的，具有一定的有机性、整体性、专制性、稳定性，其保证就是作为强制手段的“礼”与作为怀柔补充的“乐”的合力运作。从个体之自我的成立（成己）到成人再到社会的构建与合理运作，儒家思想于“在”的规定上，给出了最有效的理论系统：“在”，在自身、自我，即“明明德”、即修身、即反省、即慎独；而“在”，同时也是以自我的“不在”、退场、弱化而达成，即齐家治国平天下、即忠孝仁义、即礼乐和合。以“不在”而“在”，欲“在”而必先“不在”。这个系统在中国漫长的封建社会的存续中，被证明是有效的，从而儒家“此在”的理论，成为中华文明精神文化的基因之一。

而道家同样对“在”表达了最高层面的关注。道家认为，所有的宇宙万有，其来源都是“道”，道为万物之母。在这个初始阶段，所有的宇宙构成物都是平等的、单纯而宁静的。但是，随着物质与精神的发展，各种存在尤其是人的存在样式发生了异转或异化：物占据人的心灵，使人变得复杂、动荡不安、找不到真正的自己、因污染而不堪重负。人们追求外在之物，并被这外在之物所控制、约束，使人异化为它们的附属，而远离了道体所应该具有的祥和、谦让、洁净、纯粹与安定。故老子提倡阴柔的处世哲学，处下集虚，退让谦避，无名无功无己，深藏于表层现象之深处，神妙莫测，如此而能长生久视，明哲保身。一切现象与有生命的、一切可见可视可把握的，都是暂时的存在者，只有道，才是没有时空、没有形态和形象、没有生命轮回的。道才是真正的长生不老者、明哲保身者。人们要退去机巧，放下功利之心，本诸大道之空有冲虚之德，生而不有，为而不恃，无为而为，完全以自然的态度和随顺自然的方法，本诸道性而完成德性的建构。这就是“道德经”之所言之精义。一言之，本诸大道之本性，以无为之实践，冲虚归静，无己无名无功。这样的人，如此而“在”者，是“道德”所规定的至人、神人、圣人。无主体之我，无故意之行为，无功利结果之求，这是老子所谓绝对无我而在之“在”。庄子接受老子的基本哲学理念，以道齐物，否定任何相对性，呼吁人们放下任何对外物的依赖与对待，提倡无用之用、有用之无用、知可而用、善用而用。当人们放下了本不存在的相对性的错误意识，在行为上放下对外物的依赖与盲从，人就能逍遥而游于万物之外，做到绝对的无依赖、无依托，从而达到绝对的自由自在。无所谓大与小、成功与失败、有用与无用、高尚与卑劣，也无所谓儒与盗，无所谓仁与不仁、义与不义，一切只在人的一念之间，一切只是纯粹主观的个人视角的判断。当一个人以“有明”智慧了解这种认识的虚妄与局限，他还会去站在一个地方追求另外一个地方吗？人还会无端地烦恼吗？还会为了比自己现有更多的名与利而燃油自焚吗？庄子之“在”，在于道体齐物，在于对认识相对性的克服，在于游于物外的逍遥之心神。

那么，道家的“不在而在”，就是曲径通幽式的“在”，就是避其锋芒就其虚空（真实）的“在”，就是从现象世界回到本体自身的“在”，就是以超越性而实现的实在的“在”，就是无为而为、无功而功、无名而名的“在”。“在”的成立，是以“不在”而达成的：只有放下强大的“在场”的意志，并以无为打消在场的努力意图，以退为进，才能做到真正的“在”。这是强大的、刚强的、积极入世的儒家思想所不具备的，具有更强的世故性，也具有更多的智慧色彩。

佛教对于“在”的关注是最强的。作为宗教与哲学，佛教对人自己的状态，有更强烈的探索欲望和更深刻的理论体系。这就是为什么“观自在”成为佛理要义核心的原因。佛家之对于“在”的探究，其结果是“自在”。如前已述，此“在”是“自而无自，无自而自”的“在”。所谓“自在”，是自我自觉的状态；是不受外界的约束，无待外界的条件的状态；是自我圆满，自给自足，不受外物掣肘的状态。“自在”意味着自由、没有拘束，也就是无碍、纵任，随心所欲，做任何事均无障碍，完全符合自己的心性。故亦称“佛自在人”，称观世音为“大自在”。

“在”之为“在”，其义如次。一方面，从本体看，“在”是道之生成物、境。其境道体通透，一体一如，圆融大通。此境，无分别、无对立、无是非、无无无有，是所谓万法唯心而平等。故勿“在”自我即无我，勿“在”外物即无相，勿“在”念想即无念。所以，“在”者，以无“我”无“相”无“念”而方能为“在”——以“不在”而“在”。另一方面，万物皆系缘起，“在”也是缘起，主体与环境构成了一个场所，“无”的主体与缘起而空的客体环境所组成的这个场所，也必然是变化的、不实在的、非固定永续的。这是“在而无在，不在而在”之义。二者，从作用上看，既无我则无主体，既无物、无相、无客体，也就没有主观意志与行动，没有结果与价值，只有随遇而安、随缘而行，机缘所至，现身示法。无主观行动与追求，无佛法、心性、道理之挂碍，无度人度己之忧虑，即所谓无心而为、无为而为，以成有为之心。三者，从方法上看，则善巧方便，亦是随缘应机，腾挪转圜。既以心转物，又心不住境，保持心的自由与独立、完整。要之，无外物之牵挂阻碍，无自我之妄想，无执着之物，也无可执着之念，既起作用又不执住于作用。无可掌握者，无可依附者，无任何可住于心之念想。于彻底无的世界观，放弃任何本来无可挂碍的物与理，执无可执，住无可住，灵活转圜，这就是佛之所谓“在”。既无我，亦无相，也无念，也不执着，更没有对于无执着之执着，无我、无相、无行、无果、无执、无住，岂非“无在而在，而在不在”?!

综上，儒家以社会性之“在”而成就自我之在，是我在社会，无社会即无我，是“在于不在，不在而在”。道家以无为无我，大道集虚而“不在而在，在而不在”。佛家以无我、无相、无念、无住、无执、无不执而完全彻底地“在而不在，不在而在”，此三者，亦百虑而一致，殊途而同归也！善哉中华文化，其道至精，其用至神也矣！

中国文人的文化人格是最为完善的。中国文化一向具有强烈的实用主义、生活主义色彩，所有的思考都面向生活美学本身，即使如外来之佛教这种哲学意味极强的宗教，也必然在儒道的规范、影响或约束之下走向实用性、生活化的禅宗，使得中国文人知识分子获得了强大的心性资源，在具体的、积极的人生导向和生活形态中，实现美学式的升华。他们往往身处世界与现实之中，观察与思考自我与自然外物，既能深入其中又能超越其外；他们把握自我时能做到以无我而成就自我，知晓意欲成就自我必须先之以无我；在给自我进行定位时，也明白一个基本原则，即意欲成就我的“在”，则必须先消解自我之在，以“不在”而能显示自我的真“在”。因为自我与他人统一于一个“世界”，这个“世界”其实是并没有对立的、分离的一个“自我”和一个“他者”。我们“人为”地、主观地约定有一个“自我”，有一个“他人”，实际上从这个整一的世界中，强行分割出一个局部，正如我们从一整块蛋糕上切下一块，命名为“自我”是一样的。实质上这一小块（“自我”）与其他部分并无区别，也并不分离，更无矛盾。然而，事实上，人们确实这样主观、故意、任性地造就了这么一个“我”，既然如此，“我如何存在”的问题的正确答案也就很明白：以服务、奉献的方式，以与他人和谐共处的方式，以仁爱慈悲、体谅忠恕的方式，从他人身上照见自己，从成就他人那里成就自己，以付出的方式获取。所以，中国文化强调以社会性成就个人性，以他人成就自我，成己先成人，这样，中国人的生活形态能够获得一种现实与理想的、丰满而充满弹性的平衡：在儒道佛合一的文化构成基础之上，本诸天人合一、他我合一、心物合一的心理原则，能入能出，即入即出；有大是大非，且能即是即非；能儒能道能佛，而能外儒内道且内心持有佛性。于人生实践中能屈能伸、能大能小、能苦能乐，上可帝王将相、下可平民百姓；即此非此，即彼非彼，不落两边，行于中道；不执于一端，不住于一境，如此，于任何际遇皆可逢凶化吉，随顺自然，无阻无碍，心胸阔达，随遇而安。哲理地超越于现实之外，审美地享受着生活本身，亦真亦善而美，哲理与诗意并在，在生命展开的世界中获得最大的舒展空间。这就是中国文人知识分子的人生美学、生活美学。

心　性

“心性”修养是中国文化的重要议题，无论是儒、道还是佛，这个问题都是核心问题。“心”是认识或感知的器官、主体，“性”是认识对象的属性、认识的结论或思维方式。而“心性之学”，是关注主观与客观、主体与客体的关系的学问，重点在于肯定主观的、能动性的一面，心性之学，试图认识如何调动人的心的能力，以一种独特的、个体的、意识或精神的方式，离开客观事物的角度看世界。中国文化的“心学”，不是西方的关于“人脑”及其“意识”的学问，而是包含伦理的、道德的或审美的、心理学的内容，所以，“心学”更多的是诗性、伦理道德属性和强烈的美学色彩。“心性”的问题，是一个人的修养的问题、心态的问题、心理学的问题，如何调心，以适应社会、成就社会价值，实现整个社会的和谐发展，是中国文化尤其是儒道文化非常关注的一个问题。对此，我们应该在批判的基础上吸取其精义，创造传统文化的新样态。

“心性”之学是修行的学问。中国人非常重视“心性”之学和心性的修行。儒家追求的“诚意正心修身”这个“明明德”的核心，就是“正心”。“正”，意思是不偏不倚、不逆不邪、知白守黑、止于至善。包括礼制规定下的所有伦理与道德规范，包括忠孝仁义悌友礼智信、慎独、恕、素位、中庸、和合、反求诸己、不怨天不尤人，等等，都是“正”的内在要义。做人要做“正人君子”就是此意。“正心”是从个体出发，为了适应社会，或者更好地引导社会的良性存在和发展的要求，“正心”的目的是指向社会性的，“由己及人”的君子人格就明显指出了这个道路。早期以孔子为代表的儒家，关注的是“名”“仁”“礼”的问题，主要还是社会层次上的，较少关注个人的心性问题。但是发展到战国时期的“思孟”学派，渐渐偏向于心学，把个人的心性修养当作核心，由此而形成儒家思想的心学道统，唐代李翱继承这一“道统”，宋代，儒学与佛禅相资相生，儒学发展演变成北宋道学、理学和南宋与明代心学。

道家主张“尊道贵德”“道法自然”“清静无为”“处下集虚”“顺应天道”“逍遥齐物”等思想。在“道”的基础上，认识到大道相通，万物平等，在处理人与物的关系时，要做到物我两忘。以天人合一的世界观与人生观，强调人性的复归，主张退隐尚柔、返璞归真。反对任何绝对的视角和判断标准，以否定相对性否定压抑性力量，追求绝对的自由，崇尚心斋、坐忘、逍遥无待的天人合一境界，具有现实的超越性与审美特点。从而，道家思想与佛教思想殊途同归。

中国文化的“明心见性”之学，以真空妙有的世界观，反对对任何对象、意念与精神的执着，同时也肯定现实世界的世俗性；以“戒定慧”三学对治“贪嗔痴”三毒，以无相无念无住对治执着心，以绝对的否定来否定一切实有之物，甚至连否定本身也要否定，从而釜底抽薪地断绝了任何可能执着的对象，把原本出入于轮回、因污染而痛苦不安的心，安置到不动、不变、干净、安静的净土中。以非有非无、即有即无，非是非非、即是即非，非入非出、即入即出的实践态度，于现实中超越，以超越的态度生存，从而使人生获得一种审美的态度和方法。最终，人生存的最高境界，就是回归自我本来面目、过自然而然的日子、没有任何拂逆与反复轮回的生活，获得那种如风如雨、来去自由、无牵无挂、两脚踏空、桶底脱落的完全的精神自由。所以，“明心”就是回到自己的心，“见性”就是回归本我之性。这个“心性”就是不灭不变的如来藏心，就是佛心、佛性，就是自然大道。

所以，儒家修心，修的是在社会中的“行动之心”；道家修心，修的是超越于社会的“审美之心”；佛家修心，修的是于自然和社会融洽相处、不受羁绊的“自由之心”。三者不断的对立与融合，逐渐形成了中国人的文化、人格与心理结构，那就是儒、道、佛三种思想作为三种态度、三种方法，造就了圆融、圆通、审美的精神格局和生活方式。这一点，无论现实如何变化，制度如何变革，作为固化下来的文化因子，却从来没有变化过。

修心有“定心”“转心”与“放心”三种方式。

心既可修，那么心就是可变的。“心性”之学的修心，实际上包含三个方向，或说三个方面。一是“定心”。使动荡、浮躁之心止住、纯化，心系一处，系于本源、本相、自我之本来的真实，而不再随物流转，被外相所系缚，从而使心归静、归于单纯、归于一处，去掉人们的躁动不安、污染不洁之心。或者以天人合一之世界观，认为没有物和心的区别，心物一体，世界即是心性，世界源于我心，我心即是世界。世间万物没有区别，其区别只是由于我们主观认识能力和认识手段如六识五蕴作用的结果，这个万相纷呈的世界，其实是虚相，是空无。不论是心系一处，还是心相合一，都是讲心之“定法”。儒家讲诚心正心，“诚”就是“一”，“正”就是“止于至善”，讲的是“心”“定”于某处（至善的那个“点”，一种伦理即“礼”所规定的“点”）；或“一言而尽也”——以“一”即可概括尽：心物合一，天人合一，物我合一，世界与人心和合一体，心相无二，无相无我无念，世界不二一体。我们认为的心物对立、世界万法的区别，都是因为我们“迷”，是“有漏”，是蒙昧，从而让我们远离了自心自性，失去本有之心性。而一旦悟道，则悟了一体不二之道，则可回归心性自身，即那个本来面目。“明心”很简单，只要放下外物系缚，回到自我的本有之性即可。道家讲清心静心。其有《清心咒》（或《静心诀》）云：“心若冰清，天塌不惊。万变犹定，神怡气静。尘垢不沾，俗相不染，虚空宁宓，混然无物。无有相生，难易相成，份与物忘，同乎浑涅。天地无涯，万物齐一，飞花落叶，虚怀若谷。千般烦忧，才下心头，即展眉头，灵台清悠。心无罣碍，意无所执，解心释神，莫然无魂。水流心不惊，云在意俱迟，一心不赘物，古今自逍遥。清心如水，清水即心，微风无起，波澜不惊。幽篁独坐，长啸鸣琴，禅寂入定，毒龙遁形。我心无窍，天道酬勤，我义凛然，鬼魅皆惊。我情豪溢，天地归心，我志扬迈，水起风生！天高地阔，流水行云，清新治本，直道谋身。至性至善，大道天成！”也是此意。总之，当我们止心一处，或心物不二，即是“圣”，是“仙”，是“佛”。这就是“止”与“定”的学问与修行实践。

二是“转心”。“转心”，是从不如意、不真实的主客体关系体验中，调整自己的心态和视角，从一个最好的、最如意、最快乐的角度看世界，收获符合大道至理本质本相的乐感（美感）。“转心”，不是心随时在变化不已。心是不动的，即“止”即“定”。而物是变化的，生死轮回。面对变化的世界，如何“看待”它？即，我们从什么角度把握世界，从而在自己心性中收获真实，为自己寻找一个安静纯洁的净土世界？“转心”，是解缚，让我们从外物的系缚中解脱出来。一个事物，从此处看，是如此；而换个角度，却不再如此。当我们以迷昧之心看待世界，我们即处于繁杂与躁动之中；当我们以自心自性之“定心”看待世界，则世界本一，无变化、无烦恼、无尘障。“以心转物，即同如来。”对此世界不作任何判断，定心止心，那么，面对世界，我们就不会把握不住自己的心性，就不会丧失自我。传说，苏东坡与僧人佛印是好朋友，一天，苏东坡对佛印说：“以大师慧眼看来，吾乃何物？”佛印说：“贫僧眼中，施主乃我佛如来金身。”苏东坡听朋友说自己是佛，自然很高兴。可他见佛印体形胖，却想打趣他一下，笑曰：“然以吾观之，大师乃牛屎一堆。”佛印听苏东坡说自己是“牛屎一堆”，并未感到不快，只是说：“佛由心生，心中有佛，所见万物皆是佛；心中是牛屎，所见皆化为牛屎。”吃亏的倒是大才子苏东坡。现实生活中，我们面临很多的问题和麻烦，若我们能换个角度看问题，则事情可能会是另外的样子。人心不定不静不洁，以此心看世界，则没有自心自性，没有自我，就找不到自我的本来面目，生命就是烦恼和躁动不安、轮回不休的。而若我们换个角度，转换一下世界观，认识到心物不二，无相、无我、无念并能不住于相，放下所有执念，则我们即远离了所有的烦恼痛苦和迷障，就从生死轮回、痛苦烦恼中解脱了。所以，所谓“转心”，就是获得佛心，以此心改变我们凡俗的愚昧的世界观，让自己解脱出来，获得解放。“转心”不是让自己的心转动不休，“心随物转”。如果“心随物转”，也就是让自己的“心”与外物完全一致，随波逐流，外界变了，心就变了，恰如变色龙一般，自己的心与外界就没有矛盾、没有对立、没有距离、没有陌生的感觉，这样当然不会有什么烦恼痛苦；但是，人们不会甘心于这样，因为这样是没有“自我”的，而没有“自我”的东西，人类是不会赞同和行动的。恰恰相反，是“以心转物”，我们的心经过修行得以“止定”，以此止定之心对待世界。无论世界如何变化、如何轮转、如何污染、如何分裂，我心岿然如如不动，正如“宠辱不惊，闲看庭前花开花落；去留无意，漫随天外云卷云舒”所描述的一样。“以心转物”，不是大家在武侠小说中看到的那种大侠运气让巨石翻转、飞沙走石的内功；“物”并没有因为“心”而发生任何变化，它只遵从自然界的变化而变化，“心”并没有改变它；但是，“心”是灵活的、机巧的、智慧的，“心”在寻找合理、合情、合性而且是无损、有益、方便的角度、方法和技巧，“看出”外界世界的“好处”来，把整个世界染成自己的色彩，或浪漫或沉稳，或逍遥或随意。这样，世界外物同样也不会与人相拂逆、相违背，“心”与“物”是合一的、同一的、统一的。比如，将心缩于暗昧之处；将心无限放大包容一切；把贪心痴心妄想之心从自己心中剥离出去；把心与物之间的价值与利益关系割断，不判断不执着，等等，如此种种方法，就能从系缚与痛苦中解脱出来，进入自由自在、解脱解放的境界。

三是“放心”。“放心”就是将心放下，是具体的解决烦恼的方法。这还需要从“虚空”二字谈起。一般人对于“虚空”二字，极难理解。我们可以打一个比方，即拿“宇宙”来比喻“虚空”。古人曾经说过“宇宙即是吾心，吾心即是宇宙”，当然也是比喻的说法。这个比喻之所以成立，就在于本体和喻体之间的相似性。宇宙之大，无所不有，无所不包；但我们仰观宇宙，却看不到多少东西，空空如也，是“虚空”的。所以，宇宙的“虚空”，是最实在、最饱满、最充实的“虚空”，所以空即是有，有就是空，真空妙有。人是一种具体的生物，生活于物质世界，并在外物、他人和自我之间建立起利益、价值关系、链条，在这个链条中受尽纠缠、折磨，产生无穷无尽、无边无岸的痛苦。这时，怎样既生活于这个物性环境和人际社会中，又没有烦恼呢？这就需要我们把“心”变成“宇宙”，“心量广大，遍周法界，犹如虚空”，这样，我们既不必逃避，也可以包容它，斩断了“心”与“物”之间的价值判断。比如，一个人今天失恋了，因为失去了最爱的女人而痛苦不堪。这个痛苦的根源在于，他认为“她是我的爱人，不能失去。失去就是缺失，就会痛苦”。那么他可以这样做：第一种方法是推远。就像我们用望远镜看一个星体，近的时候它很大，然后我们推动镜头，让它渐行渐远、越远越小，直到“消失”。它当然没有消失，不过是消失在我们的视野中。这是空间的处理方法。第二种方法是遗忘。这是时间的处理方法，时间是最好的消毒剂、过滤器。时间既久，大脑就会将有关内容从“内存”转移到“硬盘存储器”，直至遗忘。第三种方法是静置。心静下来，不要总是判断自己的得失，把它放在那里，不管它，渐渐地就产生了陌生感、疏离感，失去了也不再觉得可惜、痛心。第四种方法是认可。承认现实、现状，以为这不可避免，而不可避免的事，任你如何努力、痛苦都不能予以丝毫改变。这四种方法，总的意思就是“把它放在那里”，慢慢的就放下它了。放下了就不再痛苦了。这就是“放心”。“放心”，不是真的把客观之物放下，而是在心里把“心”与“物”的价值关系判断悬置起来。这与孟子的“求其放心”不同。孟子的“求其放心而已矣”，说的是为学之道，在于把丢失的善心再找回来，使之复归于善。所以教育的全部作用就在于引导人进行自我修养，保存、找回和扩充固有的“善端”，最终形成善的品质。

无论是“定心”“转心”，还是“放心”，其目的都是让我们从世相、外相中解脱出来。或“定”其心、或“一”其心，回归到自心自性；或“转”其心，以此“定心”“止心”观照世界和人生；或“放”其心，在心中通过种种方式把外缘放下。如此，则我们即知如如之意，获得无上智慧。“如如”，“好像如是”，但当然也“好像不是”，懵懵懂懂，恍恍惚惚，唯惚唯恍，不能判断。“如来”，即“好像来了，好像没来”，说它来了，它又不在；说它不在，它确实来了。这就是“般若”智慧，就是不肯定也不否定、不离不即、不入不出的态度和方法。在“如如”的状态中，我们适意如心，如风行水上，云游空中，去留无意，来去自由；诚如庄子所谓“御风而行，泠泠然善也”，“乘天地之正，而御六气之辩，以游无穷”，“旁礴万物以为一”，“肌肤若冰雪，淖约若处子，不食五谷，吸风饮露，乘云气，御飞龙，而游乎四海之外”，“物莫之伤：大浸稽天而不溺，大旱金石流，土山焦而不热”的神人。这就是充满生存的美感的人生美学。

从哲学上看，我们有唯物与唯心之说。唯物与唯心是哲学问题，就是关于“物”与“心”哪个是最根本的源泉与决定力量的问题。大体来看，东方偏向于唯心，西方偏向于唯物，所以东方更发达的是心学，西方更发达的是哲学和自然科学。唯物主义把人和世界看作客观存在，与人的意识存在无关；人在于否，并不能改变世界的自在性。而唯心主义有主观唯心和客观唯心。前者认为，“世界”为心造，“世界”是源于人、由人来创造的，尤其是由人的意识或精神创造的，没有人，或没有人的意识或精神，“世界”是不存在的。客观唯心认为，有一个神，是神创造了世界。中国的“道”，西方的“上帝”，其实都是客观唯心的。当然，中国的“道”在后世的各种解说和发展中，渐渐变成了“道心”“心性”，那就是主观与客观合一的了。中国古语所谓“相由心生，境由心造”，“宇宙即是吾心，吾心即是宇宙”，正与此合（这个论断有两种理解方式。其一，这里的“宇宙”其实指的是“世界”，“世界”是由我的主观意识创造的；其二，这个“宇宙”就是宇宙，说明我们对“心”是从宇宙论、“天道”论的高度定义的）。哲学、自然科学、心性之学，似乎都在渐渐地发现一个事实，即世界的存在与人的主体性紧密相关。由此，我们才可能获得人作为人的主体性的最大价值。何况，这不仅是获得最大的主体性价值的主观价值追求，看起来，这应该是“事实本身”。胡塞尔呼吁“回到事实本身”，在“意识”上进行“加括号”，进行“悬置”，与佛禅“回到自己的本来面目”，有异曲同工之妙。

这里介绍一下“心学”发展的历史形态。

儒家思想由“思孟学派”开始偏向心学角度。东汉以来，佛学影响之下，至魏晋，形成玄学。唐代禅宗大盛，在儒道佛进一步的对立、选择和融合中，至宋代，中国思想出现理学运动。在与佛的即离即合过程中，儒家知识分子对佛与道表现出复杂的态度，有反对，也有吸收。宋代思想者们对佛禅的反对首先是通过“知彼知己”的方式进行的。他们大多“出入于佛老者数十载”，精研佛理。它汲取了佛道很多精髓和思想内核，包括思考方式、修行方式，如静坐。

理学发展至南宋前期，其人物与思想大概包括三大流派。一、朱熹理学，持“客观之理”，认为“理在客观世界”，讲究“格物致知”。其思想源于二程。“理”是其最高范畴。“理”有一本之理和分殊之理。圣人之本质在于对一本之理有终极体验。其方法就是格物致知，是由主体向外、向着“那里”的追寻与瞻望。二、陆九渊的心学，也把“理”作为最高范畴。但是，他持“主观之理”，理“不在那里”，而在自己的“心中”。“心”即“理”即最高的存在，主张向内、反观内省。三、浙东学派，持“理”在现象与生活之中。吕祖谦追求历史哲学，认为“道”在生活之中，强调通过历史的学习和对历史人物的研究追求“理”。认为“理”在人类生活、日常生活中，所以研究人的社会史、生活史，重点研究人物。永嘉学派认为理在制度，从制度史上研究。

宋代资本主义发展，经元代中断后，至明代进一步获得发展的机遇。人们对自由的向往、对封建制度的反抗，终于导致中国思想界的“心学革命”。王阳明的“心学”、李贽的“童心说”等，与汤显祖的《牡丹亭》、王实甫的《西厢记》，以及充斥坊间的大量小说，成为当时精神解放的重要标志。王氏在“心即理”的基础上，提出了完整的“良知”——“致良知”工夫论，比陆氏心学完善、细致、系统得多。

朱熹认为天下万物各有其道、各有其理，要格物致知，穷尽一切事物之理，就可以找到“一本之理”，终可豁然贯通。这是中国文化一向重视的“道”，即那个世界本源、存在于一切事物之中而不显现的“道”。但是王阳明“格”竹子“格”出了问题，感叹“做圣人太难了”！天下事物如许众多，人怎么可能“格”得过来！在龙场，面临死亡的威胁，他问道：“圣人至此，更有何道?”一切功名富贵，尽皆化去，只是生死一念横亘心中。在这种死亡的威胁之下，圣人应该怎么做？可以说，此一问，标志着王阳明正在实现着心灵境界向圣人的转变。那么什么是圣人之道呢？“圣人之道，圣性具足!”圣人不是楷模，不是位于我外部的榜样，不是我学习的对象，我们每个人都具备做圣人的品性，问题仅仅在于你是否愿意。这也就是佛教所谓“人人皆有佛性”的意思。在困境中，心灵境界的升华就意味着人的世界的改变。人的行为受观念思想意识的主导，观点的改变必然引起人的感觉、行为方式、生活方式乃至于自己的世界的改变。原来，圣心、道性，不在外而在内。通过对外物“格”的方式达到，不如在心内一“悟”而致，后者来得更仔细、更切实、更全面、更便捷。此即“心即理”。此“心”此

“理”，其实就是佛家所谓“人人皆具有”的“佛心”“佛性”“自心自性”，不必外求，自发于内。

何谓“心”？心是本心，是能左右我们视听言动的意识与精神。本心即心之本体，我们的世界是由我们的本心主宰的。如何使心灵回归到其本然的主宰状态，即恢复其本位，才是问题所在。而我们的人生、生活恰恰处于不能领会它的、心灵失位的状态，因而我们失去了主宰。所以，回归本心，使心灵归位，本心就会按其本来面目呈现出来，我们的生活行动就会按照心灵所呈现的样子去行动。如此，我们的世界自然高尚，原本善的本心是至善的，回归本心，就能使我们的生活转到至善的境界。这也就是禅宗所谓“回归到本来面目”，这种“回归”的结果就是了悟道成佛的过程，也就是由“悟”而“涅槃”的状态。

而“理”即“道”，是宇宙的最高层次。“心”即“理”，那么，“心”亦即宇宙最高之“道”。天理原本就与我们人本身的本质纯然一致。最高的宇宙之道作为本心就在于人的实在状态。这也就是“宇宙即是吾心，吾心即是宇宙”的另外一种说法。人不能把自己视为一个只是会视听言动的身体。正如张载所言，人要“大其心”，只有明白了自身的本质与天道之一致，人的本质原本就是天道在人这个层面的实在状态，这就是本质上的天人合一。这样即可实现人的本质问题的转进。所以，要成为圣人，“开显本心”至为重要。使原本与最高之理相符合的本心以其本质状态显现出来，这不仅是人道，而且也是天道的最高实现。天道也在于人心的实现。

“心”即本心，心之本体。这里的“心”不是生理的心脏，而是指我们的精神、意识，我们的行为是凭借心灵主宰着的；“理”即道，是宇宙的最高原理；心即理，天道和本质是同一个存在，心是天道在人这个层面的存在。王阳明认为，我们的本心会被很多事物蒙蔽，所以我们要驱除杂念，使自己的心回到本来的面目，我们的本心好比一面镜子，可以照出世间的万事万物（佛禅所谓“大圆镜智”），所以我们要“大其心”，这样才能掌握天道，才能追求本质。“心即理”的理论意义在于它在本质上肯定了人的本质和天的本质是一致的。这样，“心”回归到自己原本的状态，就变成一面镜子：它本身没有任何东西，但是可以照纳万物，什么都能映现出来。《庄子·应帝王》中有一句话："至人之用心若镜，不将不迎，应而不藏，故能胜物而不伤。"其意是说，道人之心应该如同一面返照万物的镜子，在面对任何人与事时，都会映射出对方的真实模样。这面镜子不会受到俗世间名利的缠绕，所以它不会违心地去夸赞，也不会将某些缺点刻意隐藏。人来了它只如实呈现所有姿态，人去了它仍旧保持自身的空空如也，不会因为曾映照过万物而让自我身心被外物填满。因为心不着万物，所以修道之人的这面心镜才可以常葆清静自然，虽与万物合一，却又不落半点尘埃。心如实地反映事物，人如实地从事一个事件、日常事务，此即圣人世界的现实开拓。这样，肯定了人的本质与天道是同一的，从而为人道、人的现实生活通过学习圣人之道而转进于圣人之境界造就了理论前提。"大圆镜智"以及那种"回光返照""不将不迎、应而不藏"式的智慧之光，就是成佛涅槃、成仙逍遥之道。

因此，"心即理"，就是阳明心学的逻辑起点。而"知行合一"是阳明心学的实践品格。"知行合一"是理学和心学的核心问题，是成为圣人的必经之途。那么如何做才能成为圣人？在朱熹那里，知与行是相互触发、齐头并进、缺一不可的。知行长相需，且知先于行，行重于知。"知之愈明则行之愈笃，行之愈笃则知之益明。"强调知和行是并列关系，认为知行相互促进。吕祖谦认为，致知与力行不是两截，力行亦所以致其知，磨镜所以镜明，而这些观点都成为王学的思想渊源。他们认为，真知未必能行，知与行是二的关系，不论"先后"与"互相"。而王阳明所讲的"知行合一"与以上这些观点不同，认为真正知道一件事情是一定能够行的，真"知"即是"行"，"知""行"是一。

王阳明所讲的"知"有两个方面。第一方面讲知识。认为人在知道的同时要去做，做的同时不仅仅是获得知识的过程，同时也是表达知识的过程，知和行是一个完整的过程，知就是行的起点，行就是知的完成，知识的最后形态是生活实践，现实生活是知识的有效性，是知识本身价值最后获得还原的基本境域。知而不行非知也。王阳明坚信，知和行作为一个过程本身的统一性就叫"知行合一"，知和行原本就是同一个过程所显现出来的两个层面。王阳明的"知行合一"论有补偏救弊之功。受朱熹的影响，大家大多先研究“理”，按“理”之要求去做。王阳明认为这不可能，因为人生也有涯而知也无涯。这种耽于究理的方式，成为很多人不去实践的借口，使圣人之道停留于口头上而不付诸实践，从而使圣人之道变得越来越隐晦无用。

王阳明还认为，知行本体原本合一，一念发动处便即是行了，故“行”并非只是主观见之于客观的行动，“行”在王阳明那里还包括思想意识的流动。

第二方面讲良知。认为良知具有自知性，是对自己的领悟；同时，良知还要显现自己、表达自己。这样，“知行合一”就变成显现和表达、实现良知的途径。“知行合一”说也源于龙场悟道。圣人之道，灵性具足，那么，我们为什么不能成为圣人？我们一般人很难意识到这一点：圣人之道原本就在我心里；即使意识到了也没有去表现和实践。“行”是知识的可靠表现。王阳明强调，“知之真切笃实处即是行，行之明觉精察处即是知”，知行功夫本不可离。无论是知识还是良知，当我们了解到其真切明白分毫不差时，一定就是行。当我们做到明晰一丝不乱时，则一定是真知识的直接表达。知识的过程必须是通过实践过程来体现的，最后的实践也才是知识价值获得实现的最后境界。

“性”，大体有两个意义：一是用于区别的属性，万物皆有“自性”，以与他者相区别；二是用于认识论的人的主体性及其能力，如心性、理性、悟性等。从“人”的角度看，“性”既是“生”，是生物的生存行为；又是“心”，是人类的精神活动；既是物质的规定，也离不开精神的修养。

言“性”，可能人们第一时间想到的是男女肉体之爱。其实“性”字本身，不是那么狭隘，其文化意义甚深甚广。然而虽既深且广，亦有其词源本意。表示天然萌发的“生”字，在古文中常被假借为“性”。性，篆文由（心，欲求）和（生，天然萌发）组成，表示人类天然萌发的欲求。所以“性”字的造字本义是：人类萌生于心的本能欲望，如食、色。孔子说：“饮食男女，人之大欲存焉！”《孟子·告子》说：“食、色，性也！”“食”是生命的维持，“色”是生命的延续，这是人所以为人的基本条件。

所以，我们把“某物之所以成为某物”的某种规定，称为“性”（属性）。一物和另一物的区别在哪里？其本质规定不同，即“性”不同。男与女不同，分别有男性和女性；人和兽不同，所以有人性和兽性；众生与佛不同，所以有众生性和佛性；等等。“性”有两个特性，一是族类性，性是决定本类别存在的规定；二是区别性，此性和彼性必须不同，无任何交叉而处于隔断状态。我们称之为“属性”。此二性决定客观存在的纷繁复杂、多姿多样。我们说寻找某某的本质，其实就是要把此类事物的属性找出来，以便与其他事物相区别。如哲学之于世界的本质、自然科学之于某个现象和规律、人文科学之于人与社会的探讨。我们下定义、形成概念，其实质就是把事物的属性区分、表达出来。这一属性被表达出来，就有助于我们区分对象的族类与性质，便于我们认识的发生与演进。

对“性”的把握是对人的本质规定的把握，也是对对象世界之属性的认识和把握。人的认识有感性、知性、理性和悟性四种形式。感性是凭借感官等认知的、基本由个人的感情决定的、并未深入思考而基本以第一印象来做判断的认识方式和途径。它是物性的、具体的、混沌的、散乱的、没有主客体分立的，是我们对生活于其中的世界的感官感受，没有也不会进行主观的、逻辑的分析与把握。这是认识的初级阶段，甚至可以说，这还不是认识。康德这样说“感性”：“思维运动的第一个形式是感性，也就是纯粹感性。它的对象是事物和世界的现象，是事物纯粹表现出来的东西——表象。”

认识的第二个阶段，也是认识真正发生的阶段是“知性”。“知性”是一种通过思维对世界的“结构的赋予”，或说“建构”，是人通过思维对事先存放在世界中的结构的一种寻找、吻合、发现。康德把“知性”理解为主体对感性对象进行思维，把特殊的、没有联系的感性对象加以综合处理，并且联结成为有规律的、自然科学知识的一种先天认识能力。所以，知性是结构过程思维，是人以其主观逻辑给予或发现世界、对象某种逻辑结构，思维得到的这个逻辑结构，源于人自身，它先天地、已经存在于所谓的客观对象和人的主体精神构成中，思维的过程不过是主体的、先天就存在的结构与客观世界的结构的一种对接、一种吻合和发现，好像世界的内在结构与人的思维结构是完全一致的，好像世界的结构在人们出生之时，是由人把自己的某种心理或精神结构预置于其中了。正如我们造物时，依照一个模具去造物一样。境由心造，相由心生，我们对世界的认识，其实不过是人的“自我发现”。人就是世界，世界就是人。世界由人创造，没有非人的世界。人认识世界就是认识自己。所以，我们能够认识世界。但是，那些“神仙”、那些不依赖人的思维与精神而存在的东西，比如物自体——与人无关，它们是自我圆满的、自我生成的、自足自在的——因为它们不是人的产物，所以人的知性不能触及，那就只能交给信仰了——我不可能认识它，但是我能、也只能信仰它。

认识的第三个阶段是理性。人们通常所谓理性，是指人为了获得预期结果，有自信与勇气冷静地面对现状，并快速全面了解现实，分析出多种可行性方案，再判断出最佳方案且对其有效执行的能力。哲学意义上的理性一般指我们在知性基础上，以定义形成概念，进行判断、分析、综合、比较，进行推理、计算以获得某种关于世界的结构或结论，当我们处理问题、进行实践时，就能够按照事物发展的规律、本质和原则来合理应对。理性认识包括概念、判断、推理三种形式，其特点是它的概括性和间接性。在感性认识和知性认识的基础上，把所获得的感觉材料、发现的结构与真相，经过思考、分析，加以去粗取精、去伪存真、由此及彼、由表及里，形成表之于语言文字或可把握的精神之体，呈现为结构体，或思维流，也呈现为形而上学、理论体系。它是认识的深化，是抽象思维，是对事物本质的、整体的和内部联系的概括和反映。所以，感性是自发的，无理性的经验；知性是向外的，偏重于对世界的发现性把握；理性则是在知性之后，于主观意识领域，对知性所把握的本质、结构或规律属性，以逻辑思维、理论构建、形而上学等方式进行的深化、整合、抽象与提升。它发生于主观意识领域，这个过程本身与客观对象无关，所以易于发展为形而上学。这个“理性”是哲学领域的，对应于康德的“纯粹理性批判”。“理性”还有“伦理学、道德论和价值观的规定”的意思，就是生活、生命、一切实践活动都必须遵守某种规范。它是外在的规定，尽管可能与自我的意志相左，但却是我们必须遵守的东西。它排除浪漫、随意、自我、无规律、无规则，代表一种“不得不遵从”的外在规范。这个“理性”是实践领域的，对应于康德的“实践理性批判”。

认识的最高形式是悟性，或者，也可以不把它当作一种认识。可以说，认识的最高形式、能够直接并最真实地达到本质的、真理的认识，只有悟性。知性是片面的、机械的、狭隘的，理性是抽象的、以一知多的、象征的或外在的。只有悟性，它不依赖任何知性或理性的逻辑、不依赖语言，“它就是”那样、“它就在”那儿，这种来自于灵魂深处的直觉判断，往往直抵真实的核心和本身。“悟性”不必感性、不要知性、更不要理性，它不要语言和表达，也不能表达，它只是于会心通灵的刹那间的真切把握。“悟性”属于宗教和艺术，属于情感和玄学，属于灵性通透的人。“悟性”是一种超常的直觉。它不立文字，不依理性，只可意会，无法言传，书不能尽言，言不能尽义，它是与规律的一种自然妙合，发问题之宗旨，感现象之根源。“悟性”是一种智慧的体现。聪明人一拨三转，糊涂人棒打不回，这就是有无“悟性”的区别。智慧有大小，“悟性”同样也有大小之分，悟性高，知天晓地，明古道今，运筹帷幄，决胜千里之外。“悟性”是一种境界的体验。有“悟性”的人，其层次不断攀升，每有所悟，便有喜悦。“悟”有“顿悟”和“渐悟”之别。“顿悟”，当下了然，直指人心。“渐悟”是要经过许多过程，才见真如的。无论是“顿悟”还是“渐悟”，都是一种超越自我，一次身心的洗礼，妙在其中，难以尽言。

心学重视人的“心”的能力，理学重视外在之物对人的控制。“心”是认识能力和工具主体，“性”是本质属性，即认识对象的本质规定，而能力之于对象，是完全吻合的、一体的，不是两个东西。“心”创造世界，人性、心性即是世界之性。心物一体，心性一体。这是认识的可能性规定，是认识的属性。佛禅如是，道学如是，康德哲学如是。

于人性的角度考量，人有“人性”和“佛性”之分。这是社会学的、现象界的区分。一般而言，人的存在有两个层次，一是现实的层次，二是理想的层次。人在现实中存在，或苦或乐，属于物性、现实性、生活性、人作为物的属性层次，往往疲于应对、劳心劳力、痛苦不堪。同时，人有属于精神层次的、理想的乃至幻想的、审美的、文学艺术的心性层次，往往主观自由、身心愉悦、审美地生存。所以我们有“人性”和“佛性”的区别，有现实和理想的区别，有生活和美学的区别，有佛教和佛法的区别。以后者言之，佛教讲轮回、因果，以说教之法、布施之举、读经与宗教礼仪，劝喻人行善避恶，免于轮回之苦，也就是我们斥以为迷信的方面。住于相、执于念，不得解脱，确是迷信，不关佛法。佛教是迷信，佛法是智慧。佛法者，无人相无我相无众生相无寿者相，世界本由心生，世界与我不一不异，即有即无，真空妙有。佛法不讲分别，不计主体与客体、主观与客观，而是把二者融汇于一，“不二法门”即为关键之门。说教即是错误，布施即是执着，礼仪即是有相，念佛即是执念，如此即受束缚于外界非我之物，即难解脱。佛法不是消极之法。佛法以为，应于相离相，于念无念，执着于不执着，也不执着于不执着，一无所有，即有一切，于现实中超越，超越于现实之中。不做区别性判断，不行或出或入的选择，一体混融，大道归一。而其最典型的境界，就是“禅”，即以通透之灵气、悟性把握到的那种内外一体、主客合一、心物不二、人与宇宙处于和谐的能量交流与往来的状态，其状态不可思议、不可言说，世俗地远离世俗，解脱于现实世界，审美地生活生存，无一可思、无一可言、无一可得，而复无不可思、无不可言、无不可得。迷信的人自去迷信，悟法的人悟其佛法，智者自智，仁者即仁，儒、道、佛、哲、易、玄，各取其需，各得其所，各获其得。“得智的得智，化缘的化缘，烧香的烧香，坐禅的坐禅。”各尽所能，各取所需，就好。

然而人人皆有自性。只是若迷于世界、迷于相、迷于物、迷于念，即执着，其佛性即被障隐。若能修行，或能顿悟，回到本心，即回到世界的本来面目，刹那之间，即已成佛。然而这个刹那之事，其实甚难。所以人有文化属性之分别。文化属性是决定人的层次的本质规定，强势文化造就自主、自由、创造、增殖、主动、施予、超越的人生，弱势文化决定奴性、异化、守旧、消费、被动、贡献、世俗的人生。一个人的文化属性，决定了他的存在状态、层次和质量。若其文化属性不能进阶，则外力绝对不可能救助、挽救、提升他。“文化”，一是美学，即“文”，二是革新，即“化”。人生最重要的就是“审美”与“创新”。能否革新，能否有审美能力和态度，就决定了一个人的人生质量和层次。

感　悟

"咸"是无心之"感"，"感"是有心之"咸"，故说"感"必说"咸"，二字须连说。

我们的老祖宗，在文明初开的时候，就开始思考人存在的系统性、有机性环境，以及人自身的应对方式。天地和人什么关系？我和他什么关系？上和下什么关系？心和物什么关系？男和女什么关系？他们认为，所有这些关系之间是行动上的"接应"和精神上的"感应"的关系，是和合一体的整体圆融关系，是个体融于整体的关系，是理性贞正、和顺通畅的关系。其核心就是各种关系的和谐共生。所有的关系因"感"而"和"；"感而遂通"，这是中国文化精神的根本。所以"感"，"咸"+"心"——所有的个体的心，全部相互应和、交流，达到"交""通""同""和""一"的状态，即"道通为一"的本体性相，感而遂通，中而庸之，如此而天地就位，各正性命，各安其理，各得其所，各安其心，万物化生。

按，"感"，金文是由（咸，全、都）和（心）构成的。造字本义：心完全被触动；所有的个体之心全部处于相互交流、彼此滋润的有机关系当中。篆文承续金文字形。隶书将篆文的"心"写成。其要义有三：一是强调全部、所有参与者主体；二是强调其应和交流的主客体关系；三是所有个体的交流发生在心性这个场域。所以，中国文化重群体全局，而不重分解、分析、个体、个性；重有机、灵活、柔性、融合的交流，而不重固化、分体、强力、机械性；向内重心性重感性，总体上属于心性诗性审美文化，

而是不外向重视理性哲学宗教自然科学等。

抽绎之，“感”有以下几义。自本义言之，即是所有的心都被触动，彼此发生着、向着和合统一的状态行进的能量交流关系，如《说文解字》说“感，动人心也”，如《周易·系辞》说“感而遂通，天下之故”。“感”则心动，心动必通。不同个体之间在心灵上感应，达到通同的状态。自动作行为言之，是知觉、反应、交流、融合。《周易·咸》之“天地感而万物化生”，即此。自内容言之，用为灵感、美感、口感、手感、质感、读后感、责任感等。我们常说“感悟”“感情”。“感悟”，就是通过心与心的交流互动与同一融合，而使自己回到我心的本来状态，达到自外物压抑下的解脱与超越。“感情”，就是两个人可以达到心息相通、心心相印，乃至于在不同的时间、地点，具有共同的感觉、感受。面对面时，一个眼神即可传情达意，不言不语即可心领神会，所谓心有灵犀、会心一笑。所以感情就是“同情”，具有同一的心性状态并能达到有效、充分的交流和共在。

人之出生成长，渐渐发现自己与外界的对立与相互依赖关系；文明的发展，渐渐让人意识到了与外界对立与相互依赖的关系。个人的成长与文明的进步，使人产生了“自我意识”，这样，自我与非自我——与自然、与他人、与宗教之神的关系，心与物的关系，形与神的关系，多和一的关系，现象和本质的关系……统统成为“主体之我”的思考与观照对象。在诸种关系中，中国人认为，我与各种非我的关系，“应该”是一种和谐共生的关系，而“不应该”是对立、斗争的关系：

——我即是大自然的一个组成部分，我不能与自然对立，以至于人即自然，自然即人，所以，天地人三才一体，天人合一。

——我与别人也是共生共存的关系，所以我要仁义诚信，以爱组织社会，以伦理约定规则，以道德指导行为，虽然是“礼”教文化，但是我们讲究的是界限性、秩序性、管制性下的自由自在，讲的是礼制的乐感和乐感的礼性，礼乐互交，宽严相济。我应该言行一致——信，应该内外如一、始终如一、慎独——诚。在这个社会组织中，有我，而我以社会为先在前提，个体以整体为存在家园，分裂应以整合为目的，社会的和谐是个人存在与幸福的保证。此即和谐社会。所谓人间一团和气，和气生财，和平中正，即此等义。

——自心物方面观察，心为我心，物为外物。心物不同。物为我所用，或心为物所奴役。似乎心物二元，势不两立。然而中国人认为这是异常的、异化的，这正是我们痛苦的根源，也是寻求解脱、超越与解放的原因和出发点。心与物不是对立的。所谓境由心造，相由心生，我们把“人”这个东西放在了世界本原的位置，“我”成了世界的本体。本来，本体是“道”，是那个“无极”的“太极”。然而“我”就是“道”，因为“道”，不就是由“首”——头脑、思考、主体、知和“走”（走之旁）——实践、行为构成的吗？（注意，“道”字本身只有人的思考与行动，却没有出现“客观”的任何因素，所以在中国人的眼里，根本没有外于我的物、没有对立于“主观”与“主体”的“客观”和“客体”，所以，中国人不大注重哲学与宗教的研究与探索。）人的主体的思考与行动——这个“人以其心而操作的”“知行合一”，就是“道”，所以这个作为世界本体的“道”，就是没有二元对立的、整体的人自身。道生世界，就是我生世界，世界生于我，世界因我而生、为我而生，无人即无世界，无我即无他，无心即无物。那么，心物就不可能是对立的。所以，中国人发展出了极其发达的诗学传统，为人类贡献了丰富、优美的诗篇。诗歌中的“意象”，就是心物一元的东西。在诗中，人物一体，心物一元。中国人不善于做人与物的对立方面的自然科学的探索，不善于把人高高放在现象、对象的统治者的位置上作哲学的思考，也不善于在人的上边、外边设置一个神，所以没有宗教（道教本质上是算不上宗教的）。中国思想发展的历程也表明，儒道佛三教合流，经历了宋儒的理学，终止于明儒的心学，正是一个中国文化的象征性事件。中国人重视心物一元，所以，一切思考与工作的重心和中心，就是“人心”。即使来自印度的即宗教即哲学的佛教，到了中国，也与儒、道合流，本土化为生活化、诗性化、无我无心无对立、以“彻底无”为世界观的“禅宗”。

其他，如形与神的关系，讲究形神兼备，而尤重“神似”“传神”而忽略“形似”；多和一的关系，讲究理一分殊、殊途同归、大道相通、道通为一、一而二、二而一；现象和本质的关系，讲究道即体，体即用，体用合一，现象即本质，本质即现象。佛理禅意虽超越高蹈而其最终要回到生活的当下状态、当下的每一个动作和每一个念头，“抓住它”，你的人生就是美好的人生，就是逍遥和涅槃的人生，就是干净的、平静的、永恒的、审美的人生。印度的沉思和冥想，变成了我们的洒扫庭院、耕作喝茶；印度的逻辑思辨，以“拈花微笑”或“大道无言”“不可思议”“不立文字”“言语道断”的姿态，变成了话头、机锋、悟、直觉、纯粹经验的哑口无言。

所以中国文化的智慧，不在思而在悟，不在物而在心，不在多而在一，不在部分而在整体，不在对立而在和合，不在理而在行，不在叙事而在抒情，不在现象而在意象，不在小说而在诗，要之，不在分析而在综合，不在区别而在同一，不在多元而在一体，不在思辨而在感受，不在超越而在现实，不在天上而在地下，不在哲学而在生活。即使超越，也是于现实中的超越，所谓有于无而无于有，是于非而非于是，出于入而入于出，于相离相，念念无念，执着于现实生活而不执着于现世生活，以放下的姿态和智慧，收获的是切切实实的幸福人生、圆满人生、解脱人生、审美人生。没有对立，没有矛盾，没有抵牾，即使是封建社会的专制，我们也以“仁”“和”之；即使是礼教的压抑，我们也“礼乐”并举；即使有自然界的恐惧，我们也可以后羿射日、夸父追日、愚公移山，把它化为崇高的美感！

我们把重心、本体和方法，都放在了“心”上。所有的心只是“一心”，通过心心相印，达到完全的、彻底的“大同”和“中和”。“感”，是中国文化的灵魂，是中国人的灵魂，也是我们的世界观和方法论。感天动地，感人以心，“刚柔相摩，八卦相荡，鼓之以雷霆，润之以风雨”，“保合大和”，世界大同。

感者“咸”也，“心”也。说“感”焉能不说“咸”！本字“咸”，甲骨文是由（戌，大戈）和（囗，聚邑）构成的，表示全民皆兵。造字本义：动词，全民皆兵，武装御敌。金文承续甲骨文字形。篆文将金文字形中的“戌”写成。古人称军队守城为“或”，称全民皆兵为“咸”。合并字“鹹”既是声旁也是形旁，表示全、都。“鹹”，金文由（咸，全）和（卤，盐）构成，表示全是盐。造字本义：形容词，菜里尽是盐，形容盐味重。篆文调整结构。无论是全民皆兵，还是菜里全是盐，都是《周易》所谓“广大周备”之意，都是全员参与之意，都是把部分整合融合成不二一体之意。

《周易》有“咸”卦。细细品味这一卦，可知“咸”，更可知“感”。“咸：亨，利贞。取女吉。”《象》曰：“山上有泽，咸。君子以虚受人。”《彖》曰：“咸，感也。柔上而刚下，二气感应以相与，止而说。男下女，是以‘亨，利贞，取女吉’也。天地感而万物化生。圣人感人心，而天下和平。观其所感，而天地万物之情可见矣。”意思很明显：“咸”之为卦，表达的是凡事通达吉利顺畅。本卦上兑为少女，为水为泽为阴，下艮为少男，为山为阳。从卦象上看，山中有泽，山气水息，互相感应；上阴下阳，阴阳交会，万物亨通。下为山，坚固稳重，期待滋润。山上有水泽，水往山体流，滋润万物。阳气上升，阴气下流，阴阳和合，万物滋生。水向下渗，柔上而刚下，交相感应。感则成。水流入山，温度与湿度交相融合，共筑生命体。从人事上看，描述男女情爱的心理与行动过程，从春心萌动开始，到娶女为妇结束。易之为象，往往指月言道，一个场景、一个事件，象征大体同类别的所有场景与事件，可以知一即知万，由此而及彼。西方人这样做的方式是哲学，抽象化为逻辑的理性形而上学；中国人这样做的方法是描述，以一具体说众具体。推而广之，“咸”卦，用以喻男女感悦，则家兴；君臣感悦，则国兴；君子感悦，则业成。君子观此卦象，取法于深邃的山谷、深广的大泽，从而虚怀若谷，以谦虚的态度，接受他人的教益，成就自己的人生。形象地说，则是你动我应，你唱我随，你予我取，你来我往，或以身，或以心，交相融合、流动，达到一体、完全的和合状态。《断易天机》解卦：“咸卦兑上艮下，为兑宫三世卦。咸为感应，万物皆有感应，男女感应，夫妇康宁，感应之事，无有不亨。”北宋易学家邵雍解卦：“两性交感，正道感应；物击则鸣，识时知机。得此卦者，宜谦虚待人，则会吉祥如意，谋事可成。但勿为不正当感情而意乱情迷。”所以和为贵，和则万事兴，务以诚感人，以诚待人。广泛交往朋友，谦虚礼让。树立大志向，坚持主见，不可盲目随大流。不利时应安居待机，不可妄动强求。台湾张铭仁解卦：“咸：表示感动也。主吉象。感，有如青春男女，清纯无瑕的感情，心心相印有感而发的情感，得此卦，与感情有非常大的关系，也可引申为对一种理念的认同和欣赏。咸，并无利欲的情色纠葛，是属于比较‘感性的’一种感觉。对男女之间的感情，是最大的吉象。”所以，咸卦之义，即是“和合”也。阴阳交感，二元互通，以感而咸，因咸而和、而合、而顺、而大成。感者有心，感而以心，而结果是“咸”，无心之感，通过“感”于“心”，万物同一为心，心即万物之心，物即心之万物，物即是心，心即是物，无心无物，无物无心。

“感”“咸”讲的是关系，那种交合、一体的灵魂合一的状态。而“悟”是实现“咸”和“感”的状态的过程、方法和途径。明了“悟”之大义，则可知佛道儒易之根本义。“悟”与“觉”连用，表示“悟”是一种“发现”、“自觉”、实现自性自心的手段和桥梁，意为由迷惑而明白，由模糊而认清，并次第进入到一种清醒的或有知觉的新的状态。

“悟”是“吾”“心”，“悟”即明白自己的心相心性，也即佛禅所谓“明心见性”，发现自我，明白自己的心，使其不受尘土秽浊覆盖污染，此即“净”，使自己的本性即本来面目呈现出来，此即“慧”。按，“悟”字，籀文是由（两个五，即“吾”，我）和（心，本性）三字上中下叠加而成。造字本义：明心见性、发现自我。篆文是写成左右结构。隶书将篆文的“心”写成。，既是声旁也是形旁，表示获得经验、知识。“觉”，金文是由（学，获得经验、知识）和（见，发现）构成的。造字本义：因获得内在经验而发现某种真相。篆文承续金文字形。

“明心见性”是佛禅的最终价值追求。“明心见性”就是体认自性，超越生死。生死不只是指生命的出生与死亡，而是指由混浊杂乱走向清纯，由污垢走向洁净，由痛苦变为喜乐，由躁动走向平静，由复杂走向单纯，由现实走向理想，从内在走向超越。这是一个从一种状态到另一种状态的质变过程，从一个空间走向另一个空间的时间历程。前者，是人作为人的相，人生活于纷乱、复杂、不净、无息的世界，而本自具足的那个混元一体、洁净澄明、无区别无二体无二相、作为本体、本性、自心自性存在的道、心、性、佛，作为人之为人的属性的东西，却被外相、欲念掩盖，使人远离了本我、自我和超我的“我”的性相，呈现为非我、异化之我、外相之我、无自性不能自主自由自在的他我。若能返璞归真，以思惟修即静虑、禅那等方式，把覆盖在自我之本心本性即自性上的外物层层剥离，还原自我的性相本身，即回到自己的本来面目，回到“爷娘未生前本来面目”，回到“婴儿状态”，则即进入了“冲和为一”的道体本原。这是个“回归”的过程，其方法，道家称之为“损”，儒者称之为“止”，佛家称之为“禅”“定”“静”。损者损之又损，反复修行，去泰去奢，去掉过度、去掉非我、去掉奢侈；止者“止于至善”，停止，静止，使不再躁动不安、变化多端、劳心挂肺，止于佳处，安住不动；定者消除多、杂、乱，定于一，定于无，定于当下。以上各种方法，目的都是去除污垢、繁杂、外部牵挂，回到自我，回到自心，回到自性，回到真正的自己。认识自己是难的，能够摆脱外物执念的束缚更难，以理性智慧的生存态度活成自己，做自己的主人，活得自由自在自足，活得本性自然本自具足，而不是被决定，被压迫，被指使，是人之为人的生存理想。所以，“悟”者“悟”“自心自性”，“觉”者发现自己的本来性相，并进而回归自我。笔者有著作取名为《自我的发现与安置》，即取此义。

“悟”的结果就是进入一个纯净休止的安定境界。安者心安，定者不动。此一境界就是涅槃，就是解脱，就是自由，就是逍遥，就是反异化，就是人的自我解放。

“悟”的境界是什么样的呢？要而言之，使万物与我归心归一。以道家语言言之，即是“齐物”于“道”：不二一体，世界、事物不一不异，虽呈现为纷繁万象，但其实质本相却是心，是道，是性，是一。所以，应该意识到，世界本无，本是虚空，不可以知见，不可以理解。此即“无相”。既无相，则没有一个与相对立的“我”，有我即意味着有相，反之亦然，此即“无我”。既无我无相，则无主客观对立的思考与情感反应，故无念。无相无我无念，则无执着，也没有不执着，桶底脱落，绝无抓手和依赖。那么，一切外来压迫我、控制我、决定我、污染我的东西，都不存在了。最后什么也不剩下，天地一体，皆一片虚空，纯洁宁静，澄明通透。

我们这样做也并非消极。它肯定人性，肯定人作为生物存在的生物性、物理性，肯定人与自然、与物的关系，肯定人的知性、理性，肯定人的知情意，肯定人的社会性和存在的时间空间属性和现实性。那么，所谓的虚空和无，也只能是“真空妙有”，是包含着世界万物、时空结构、实践思维的实实在在的“中道”，有者有于无，无者无于有，因有而无，以无而有。于生存态度上，也就主张出世即入世，入世即出世，出于入而入于出。那么，最后的逻辑结论与生存准则也只能是：止于当下。这就是“悟”的意义、过程、方法和结果，也是上乘的人生智慧。

“悟”就是“禅”，“悟”的结果就是禅境。“禅”，金文是由（示，祭祀，祈求）和（单，“戰”的省略，战争）会意而成的，表示祈求息战。造字本义：祭天求神，免于争端与战乱，赐予和平安宁。

所以，“禅”是一次战争，一个又一个战役。在“禅”中，我们与外物战斗，与自我的念头战斗，与执着战斗，与所有的污染不净战斗。战争与战斗的结果，是和平与安宁，是自我的权利得到保障，是自我可以安身立命。“禅”，说起来可能很复杂，其实简洁易行。我们生于欲界色界。于此世界，思惟静修，达到弃绝外相、回归自我、寂静定止、有而无有的妙乐状态。这是一种定心之法：使心定于一，止于无，既静且净，自然而然，存在于那个本然的自我心性本身。所谓禅、定、三昧、正受、三摩提、奢摩他、解脱、背舍，都是一个意思，一个东西。“禅”是心定一境而审为思虑者，是为色界所属之心德，不具欲界之心，离欲界之烦恼。

当我们去除所有的杂念，漫步于丛林草地，或田间小径，或砖瓦甬道，用心感受脚下的大地，感受脚板踏在地上的动作，感受身体与大地的接触带来的稳定感和能量流。或者，当我们结跏趺坐，闭目静心，关掉眼耳鼻舌身意等诸种感觉器官这些与外界沟通的信息之门，沉入到内心深处。在一种绝对虚无的、虚空的、圆融的、混一的、洁净的、明亮的境界里，天人一体，物我合一，心身不二，我他无别，甚至于一、无也没有意识到，“我在禅修打坐”这种意识也不知晓和感觉，就进入了禅的境界。这是最好最高的存在态，是最充沛的能量态，是人生活最上乘的美学态。

六祖慧能大师所说最为简洁明要。《六祖坛经》说：“外离相为禅，内不乱为定。”在外离一切相，叫作禅；在内心性不乱，叫作定。向内转，并定止于心性自身，就是禅定，就是“悟”。悟了也就“解”了，解脱了，把自己身上心里的非必要、非自我的东西放下丢弃了。我只有我，我就是我，那么我就单纯、宁静、快乐、幸福了。

这种方法和状态类似于“直觉”。直觉具有迅捷性、直接性、本能意识等特征。直觉有时可等同于第六感觉。直觉是一种迅速识别、敏锐而深入的洞察，是直接达成的本质理解和综合的整体判断。直觉，是把我们身体感官无意识地接收到的信息，储存于无意识之中，在某个契机来临时，跳过逻辑层次，直接将这些信息中和加工，反射到思维之中，其结果准确，其过程迅速。直觉的本质，是取消了主体与客体对立的认知结构，没有分析、综合、演绎等各种逻辑过程，也不依赖于语言、思维、情感的好恶。

笔者的博士后研究对象是日本哲学家西田几多郎。他研究的核心问题是“纯粹经验”。这是对东西方哲学成果和智慧的一次“中和”。他所认为的“纯粹经验”，就是照事实原样而感知的经验，也就是完全去掉自己的加工，按照事实来感知，也就是佛教所谓以“观照”而不是思维的方式，把握到事实的本相。一般所说的经验，实际上总夹杂着某种思想，因此所谓“纯粹的”，实指丝毫未加思虑辨别的、真正经验的本来状态而言。例如，人在看到一种颜色或听到一种声音的瞬息之间，不仅没有考虑这是外物的作用还是自己在感觉它，而且还没有判断这个颜色或声音之前是什么状态。因此，纯粹经验与直接经验是同一的。当人们“直接经验”到自己的意识状态时，还没有主客之分，知识和它的对象是完全合一的。这是最纯粹的经验。此时，没有主体与客体的对立，没有知情意，没有知性、理性与判断力，没有自由，必然也没有美感。也就是说，没有区别观念，没有判断意识，没有理论与实践，没有文字与语言，只是一种纯粹的、原本的、初始的本相——别思考，别感受，它只是“在那里”——“自在地呈现”，与人的主体无关。

无论是悟，还是直觉、纯粹经验，它处于一个什么地方？《西藏生死书》中说：“把心带回家，就是把心‘安住’、放松。……当过去的思想停止，未来的思想还未生起时，当中不是有间隙吗？对，我们就是把这个间隙延长，这就是禅定！”我们的心总是在动，在乱，在受外物外相和我欲我念的滋扰中，我们远离了、失去了自我而丢弃了自我和灵魂，找不到心灵的家园，所以我们痛苦不堪。这就需要“安心”。当我们试图以此种方式安心时，我们经历了一个过程：我们看到动荡的心、杂乱的心、痛苦着的心；我们“念念相续”：一个念头过去了，它让我们痛苦，可是紧接着下一个念头又来了，它也让我们痛苦。一个又一个念头，伴随着一个又一个痛苦，无休无止，构成了生死苦海，永不超脱。我们要做的就是：在两个念头之间，或多或少、或大或小，总是会有一个空隙。这个空隙是虚无的、空的、明亮的，更无别的任何物、相、念头。它很快就会过去，快得我们几乎不能察觉。我们的修行、修炼，就是要抓住这个间隙，持守于这个间隙，渐渐地把这个间隙无限延长，把这个间隙以外的任何可能有而且一定有的念头排除在外。我们只有这个间隙本身——这就是最纯粹的经验，是悟，是逍遥，是自由自在，是真正的解脱。

让我们坐下来，把双手放在腿上，调息、拒止外物和念头，开始……或者，泡上一壶茶，品味其中的禅味……或者，放下手头和心头的一切，单纯地走向户外的自然中，感受那种纯粹与大有的空无……

我们由是而“悟”，由是而“觉”，由是而“感”，如是而纯粹地、融洽地、干净地、安静地、自在地、自由地活着——幸福地存在着。

止

《大学》："知止而后有定，定而后能静，静而后能安，安而后能虑，虑而后能得。物有本末，事有终始。知所先后，则近道矣。"能够"知"其不知、"知"其莫为而能"止"，是中国文化最深层之要求。知者，知其不知、不可、不能而止。

"止"，甲骨文是一幅脚掌剪影，像脚趾头张开的脚掌形状，以三趾代五趾。造字本义：脚趾。金文变形较大，淡化脚掌形象，突出三趾叉开的形状。篆文承续金文字形。当"止"的"脚趾"本义消失后，篆文再加"足"另造"趾"代替。

所以，"止"着眼于对自己身体言行的关注和制约，并进而延伸发展为一种广大而深刻、高明而精微的世界观和人生哲学。

"止"是行动，对于自己的未知领域要积极地行动、探索、实践；"止"又是停止，对于我们不能说的就沉默、不能知的要敬畏、不能行的要止住；"止"还是要到达的终点，对于价值的实现要有一个恰当、理性的目标。

无论是儒、道还是佛，都对"止"有很系统深刻的理论见解。儒者止于至善，即中正仁和诚意正心修身，亦止于"中庸"，过犹不及，执两用中；道家老子止于"道"，止于常保道性道心；而佛家之止，止于自心自性，止于定静，是方法论、心理学，是探讨心物关系、主体态度和应对方法，具有更多哲学色彩。道、止、虚、静、和、善，都是中国文化的关键核心词。无论是儒、道还是佛，都以此为中心。不过是儒偏于修身以行动，道偏于齐道以超越，佛禅偏于心性自明以解脱罢了。

1.《周易》之“止”

《周易》对“止”有深刻的见解。《周易》“贲卦·象”：“文明以止，人文也。”人生之幸福，社会之和谐，需要阴阳和合的大智大慧，需要万物平等的大道之德，这就是“文明”。而文明之标志，就是“止”：不是随意发展、任意而行、漫无目的、没有约束、绝对完全的自然化，而是适可而止、执两用中、正心诚意、致静守虚、上善若水利万物而不争，因为天之道，就是平衡、中正、诚一、公平。这就是所“止”之处，也是文明之所以为文明处，是君子圣人最高的道德修养。“文明以止”，“止”之道之德之性，广大周备！

《周易》“艮卦”以美妙的图画描述了一个人合度而“止”的言行，对于如何抑止自己言行有很好的论述。“艮其背，不获其身”，走到别人背后，突然抑止，还没有靠着别人身体——人与人之间要保持合适的距离。“行其庭，不见其人”：走进别人庭院，突然抑止，还没有看见别人家中之人。“艮其趾”：从脚步上抑止自己。“艮其腓”：从小腿上抑止自己。“艮其限”：快到门槛时抑止自己。“艮其身”：要抑止自己身体。“艮其辅”：咬紧牙关，抑止言语。“言有序”：说话有条有理，滴水不漏。这个图画描述的是一个人在他的每步行动、每个动作、每句言辞中，都在谨小慎微地抑止自己，从而“敦艮”即敦厚诚实地抑止自己。“彖”曰：“艮，止也。时止则止，时行则行，动静不失其时，其道光明。”行止有度，动静有时，保中持己，发而中节，这就是智慧。“艮其止，止其所也。上下敌应，不相与也。是以‘不获其身，行其庭不见其人，无咎’也。”艮之所以为止，因为人们总是有矛盾和对立，而能保持一定的距离，或以某种大家共同认可的规范来约束自己的行动，那么即可平顺和睦。“《象》曰：兼山，艮；君子以思不出其位。”这就是《中庸》之所谓“素其位也”，就是在礼制的约束之下，诚以修身，素守其位而不擅自逾越，定止于某个界限之内。这样，就可以“艮其趾，未失正也”，保持中正；“不拯其随，未退听也”，退而反省，听人善言，就可以拯救自己的行动于不出差错；“其限，危薰心也”，“艮其身，止诸躬也”，自己的行动要保持一定的限度，行动要限于自己的身体，且修身以诚，这是“躬”的含义。同时，“艮其辅，言有序，悔亡”。“《象》曰：艮其辅，以中正也”，说话也要不偏不倚，以中道为准，不可偏激极端。故上九曰：“敦艮，吉。象曰：敦艮之吉，以厚终也。”这样，才能做到有最好的结局。艮卦的意义在于，它以简洁的语言，描绘了一个人恭敬谨慎地处理与别人的社会关系的形象和心态，提出一个人的行动要立足于自我，同时也要止于自己的言语和每一个行动，并且必须要以“中正”为标准，这样才能化解矛盾和敌意，形成和谐的社会和群体。易学思想中对于“止”的理解，在此被言简意赅、既形象又哲理地表达出来。

2. 儒家之“止”

儒者言“止”，是“止于至善”。欲“止于至善”，必先之以“知止”！看起来，《大学》中“知止而后定”这句话中的“知”，意在强调“知”的主体能动性，人必须知道、明确地告诉自己：“要知！”所以“知止”有两个含义：一是主观上一定要“知止”，另一个是要知道“止于何处”：知道要止于所当止、必止之处——

第一，我们要知道自己的界限，意识与行动要有一个不可逾越的界限，要有所为有所不为。面对世界，要谦卑恭敬，敬神事天。修道，其结果也只是“近乎道矣”，而不能成为“君子圣人”。君子圣人是我们的人格理想。在宇宙、在大自然面前，我们必须低调处事，不过分，保持自己的界限。第二，从社会的角度看，要给自己一个明确定位，且必须做到不逾越、不僭越。“君子素其位而行，不愿乎其外”，是说君子一定要有一个自己的定位，顶天立地，万物位焉，而自己一旦获得自己的定位，就要忠实于自己的位置，在这个位置上“素以为绚”，纯洁、专一、执着、尽职尽性、不逾越、不僭礼，“八佾舞于庭，是可忍也，孰不可忍”。这是对于行为规范的强调。第三，要仁以爱人，礼以待人，五伦（君臣、父子、夫妇、兄弟、朋友）合一，三德（知、仁、勇）合一，九经（修身、尊贤、亲亲、敬大臣、体群臣、子庶民、来百工、柔远人、怀诸侯）合一，从善行仁，讲究义礼智信。此“大学”之“后、末”，是结果，是个人修养的社会化表现。第四，要体天之道，率人之性，诚以修身，强化自我。以“大学之道”，知本末、先后，即自修为本为先，自己先做个君子，通过格物致知，达到正其心诚其意，认识到天人合一、人我合一、身心合一、内外合一之大道，不予分别，纯一圆融，造化等一。一言之，止于至善，即止于“诚”——这种整体合一的礼乐世界、人我合一的和谐社会、忠恕而已的先后本末之道。第五，谦虚处柔。我们要知道自己的主体能力之界限。所以我们不能妄为、不能妄想，要实事求是，要适可而止，要有所为有所不为，要知时务，要谦虚而“无声无臭”，不形于色。要低调，要知远近高卑，要敬天地畏鬼神。同时，知其不可而为之，知我有不可者，就要好好“学而时习之”，就要不知者不怪，就要“不耻下问”，就要“知耻而后勇”，就要“博学之，审问之，慎思之，明辨之”。故欲止也必须反过去，要知。知而止，止而知，亦一也。第六，我们要知道“止于何处”，那当然是止于至善。即止于一，止于大道，止于仁义，止于正心诚意，止于中正仁和，执两用中而止于不偏不倚。《大学》所标举之三纲，“止于至善”为最高之纲。明其明德，亲爱其民，成己而成人，达己以达人，中也好、素也好，和也罢、仁也罢，过于“中”“素”则可能偏向自私自利而走向个人主义之极端，过于“仁”“和”则可能偏向于大公无私与极端集体主义而无视个体权利，所以最好是“执两用中”“允执厥中”，不偏不倚，不党不私，这就是作为结果的“中和”“仁义”“礼乐互补”的社会形态。其中，在礼的规约之下，在乐的和乐语境中，个体与群体、个人与社会，均达到一个平衡与均衡，既不过于强制，亦不过于宽松的状态。这就是“至善”。

具体言之，至善，于个人而言即中于内、素于位、正其心、诚其意、修其身；于群体而言即和于外、仁于人、慎其独、齐其家治其国平其天下。这就是“善之善者”。所谓“止”，即“定”，下文谈“七证”之“知止而后能定，定而后能静”即把“止”放在一个最优先的位置。“止”字在儒家思想里面至为关键。“止”即“定”，“定”于何处？曰，止于至善，止于其所当止，止于道。个人止于中正，社会止于仁和。“正”，视其字体结构，就是“止于一”；而“一”即“道”，大道归一，大道百虑而一致，殊途而同归，归于“一”。中正是个人之“一”，和是群体之“一”。“止”于“一”，即止于这个大道，即“大学之道”“天命之谓性，率性之谓道”之道，言“中”“和”“素”“仁”“诚”“正”“三纲八目”，无非“道”，无非"一"。中国古人所追求的，恰恰就是打破那种分裂的多元对立的状态，而走向于一种以礼规范的、结构化的"和""乐""大同"之世界。儒道佛皆本于此、终于此。一言之，"止于至善"，即止于《大学》之"明明德""亲民"，即止于《中庸》之即"中"、即"和"、即"素"、即"仁"，即止于"一"这一大"道"，也就是在《中庸》中占据至高理论地位的"诚"。总而言之，至善就是"诚"，"诚之"就是"一"，即"道"；分而言之，"至善"就是"中""和"，就是"素""仁"，就是"修""正"。"中庸"之"执两用中"，就是化分为合、舍多归一，就是"至诚至善"。

3. 道家之"止"

道家者，主要以老子与庄子思想为主而言。比较起来，老子思想积极入世，以道谋人谋事；庄子思想消极避世，以大道齐物之思，沉浸于远离人事的理想的美学国度。老子之学，有道有术；庄子之学，体道而美。然而一脉相承，皆言道，亦言"止"与"度"。

老子讲"止"，讲得很深刻，很哲理化，很形而上学。其一，老子之"止"，本于道。"道"生世界，"道"具体化而为万物；"道"内存于世界，欲知"道"必须在思维上以抽象的方法、在行动上以化简的方法即减法，才能体道悟道。大道至简；大道弥纶天地，显著广大；大道隐微而深，无从形见。当我们真的知道、体道、见道、行道、宏道，则可知，"道"者，是一种意识、一种精神、一种本体、一种实体，也是一个符号、一个行为指南、行为标准和规范，后世所作太极图，即是"道"的形象化符号式再现。故大道至虚至静，不动而动，虚以容物，"致虚极，守静笃"。其二，"为道日损"，"道者，反之动"。因为"为道日损"，所以人不能不本道而行，学会做减法。"道"，简单而深刻、广大而隐微、势大而谦柔，本诸大道而行，就是行为实践以深刻、隐微、谦柔为佳。此即本道而形成的"止"的"度"。又，万物并列而生，相对而在；物物变化无常，物极必反，大自然不断地在做着自身的平衡，表达着绝对的公平与公正，本着不偏不私的精神，化育万物。所以，如果人的行为超越了某个临界点，则必然为"道"所不容，遭到天谴、惩罚。人当然有思有想有欲有求有言有行，但是所有的方方面面，都不能过，也不能不及，必须把握住"道"即大自然所划定的那个不可逾越的界限。所以，若体道而行、顺天之道的话，必须处于阴柔低下软弱谦卑之位，才能长久不殆，明哲保身。

那么，老子是这样思考问题的：道为世界本体，为万物之母。道生万物，故道存在于万物之中，具有普遍泛在性。本来道即万物，万物即道，这也是圣人君子所要修行的目标。但是万物复杂而多变，人世欲望使人不静不净，如此就离道日远。这也是圣人君子之所以要修行的原因。万物有变化、有反复，这也是道之本性，故一方面，我们要知道万物无常之理，故于变化的两个极端之间，保持中道而不偏不倚；另一方面，也要知道“道”本身也是以“反”“复”为原则，道生万物，亦必返归自身，即回归于道之内在本性，即虚静无为，处下不争，不具体化为某种力量、某个行动，而实则在发挥其造物、运世、事功之功能。所谓道即自然，至善即回归自然，即以守中的策略，以素其静虚的本性，无为而为，不争而争，以柔克刚，以下居上，以静制动，以虚集实。所以，从行动的层面看，至善即是“守中”；从自道的方面看，至善就是“虚静无为”；从定位的方面看，至善就是“处下守柔”。

第一，大“道”必“止”。《老子》第十六章：“万物并作，吾以观复。”自然之理、之道、之德，在“复”在“反”。第七十七章：“天之道，其犹张弓与？高者抑之，下者举之，有余者损之，不足者补之。天之道，损有余而补不足。”天道的运作，就像张开了弦准备射箭。弦太高了就把它压低一些，弦太低了就把它提高一些，弦太长了就弄短一点，弦太短了就加长一点。“损有余而补不足”，这就是天道，是宇宙不变的道理。第五十五章：“物壮则老，是谓不道。不道早已。”天地万物，一到强大盛壮的时候，就开始趋于衰败。这是道的“否定性”原理。物极必反，物盛则衰，这是大自然的法则。因为大道的运行是循环反复的，如第四十章所言“反者，道之动”，“飘风不终朝，骤雨不终日”，凡是存在的都会消逝，所有的存在都会向另外的状态转化。高者必低，强者必弱，富者必穷。万物势相都是相对转化的。循环反复是宇宙不灭的定律。所谓的得失、福祸、有无、利害、上下、长短、难易……都是相对的。所以，当人认识到这一大道原理，就要做到自然无为，不要刻意求取。第二章：“天下皆知美之为美，斯恶已；皆知善之为善，斯不善已。故有无相生，难易相成，长短相较，高下相倾，音声相和，前后相随。是以圣人处无为之事，行不言之教。”美有其丑，善有其恶，相对方相互包容转化。第五十八章：“祸兮福之所倚，福兮祸之所伏。”祸福原是相因相成，人当然要求福辟祸，但是如果不能知止、知足，一味地追求而趋于极端，则“亢龙有悔”，至其极而知其危，殆矣。所以，天道的“反、复、损”这种否定性，给人们的行为与价值观划设了一个界限，即必有所“止”。

第二，“止”于何处？在相对性的两个极端，老子选择了低、柔、弱的一端。老子主张人应该把自己置于低、弱、柔、静的位置，主张俭约、顺应自然、少私寡欲。《老子》第五十九章：“治人事天，莫若啬。夫唯啬，是谓早服。早服谓之重积德，重积德则无不克。”第六十七章：“我有三宝，持而保之。一曰慈，二曰俭，三曰不敢为天下先。慈，故能勇；俭，故能广；不敢为天下先，故能成器长。今舍慈且勇，舍俭且广，舍后且先，死矣。”既慈、既俭、既后，则才能勇敢有力、广大丰富、统领万物，且能长久不殆。这也是无为而为、以退为进的意思。第八十章：“甘其食，美其服，安其居，乐其俗。邻国相望，鸡犬之声相闻，民至老死不相往来。”人若能处于自己的境况并满足于这种状态，即《中庸》所谓“不愿乎其外”，“素富贵，行乎富贵；数贫贱，行乎贫贱；素夷狄，行乎夷狄；素患难，行乎患难。君子无入而不自得焉”，有自己较低的定位并安守自己的此一定位、乐于自己的这种价值观与人生观，并以待人处事，则无往而不能自由自在。因为，虽然天道反复，但是若能处于低位柔位弱位，就能处于变化反复的最底线。这是阵地的最后一条防线，是天道左右下的万物上下波动的极限。处于此，就能避免这种天道反复所带来的各种可能的危险和危机。

当然，老子的选择，与其说是一种退让，不如说是一种策略，是典型的以进为退，以弱胜强，以柔克刚，以不变应万变。“啬无不克”、慈而勇、俭以广、后能长，故不殆。可见老子是追求强力、阳光、高大、事功的，只是，为了达到这一目标，必须有示弱谦退这种慎重的策略选择。

所以，本质上，老子之意，在于洞察、体悟大道之理，在于损、在于反、在于公平公正与自然平衡之后，就自然而然地知道，与其受其反复之苦，不如守中守正。第五章："多言数穷，不如守中。"做人处事，一定要摆正自己的位置，一定要防止走向极端，一定要把握好那个绝对不能逾越的"中正"之点、之界。因为这就是大道，就是自然之理，就是自然本身。这个"中"，就是一个人上进的界限。可以说，老子的意思是，做人要处低、居下、示弱，这是立足点，而其最高的限度就在于"中"，绝对不能越过"中间线"而行动。因为，只有这个"中"，才能取消"反复"机制的运作所能带来的各种不如意的可能的结果，使人处于长久不殆的地位。

第三，"清静守中"。何以"守中"呢？老子的结论是"归根守静、观而守中"。《老子》第十六章："致虚极，守静笃。""守中"是大道即自然之道"虚极静笃"的表现。"中"是什么？就实相表现而言，"中"即"无"，即内含之体，即"虚"，即非物相，即道，即大用；就动态表现而言，"中"即"静"。

先看"虚"。《老子》第十一章："三十辐共一毂，当其无，有车之用。埏埴以为器，当其无，有器之用。凿户牖以为室，当其无，有室之用。故有之以为利，无之以为用。"所以，"中"是看不见摸不着之"虚"，而不是辐毂、埏埴、户牖等具体之物件，但是这种"无"是最大之用，正如我们买房子，对我们有用的是四壁里面的空间之"无"，而不是钢筋混凝土的四壁。因为无就是道。道体虚无，人体道而行，当然也要能守虚静。人的心灵本来是虚明宁静的，因为被情欲所牵、外物所蔽，因而观物不得其正，行事则失其常。我们应该"致虚极，守静笃"，使心灵恢复到虚明宁静的状态，使观物不失其正，行事不失其常。其意思是，我们不要过于关注具体的物相，以之为大用。其实最大之用者是"中"，是"无"，是虚静，它具有无处不在、无往不克、无与伦比的包容性和力量。所以"惟道集虚"，道即虚，即静，也是最真实、能致用者。虚即大，即容，即普遍施用万物。

次言"静"。"静"就是守中，就是归根、复命。《老子》第十六章："夫物芸芸，各复归其根。归根曰静，是谓复命。"世界变化无常，世事熙熙攘攘，人事自然皆无有安宁定处，使人心随之漂泊、上下动荡，而无法把握到自己内在之真，从而失去自己的存在之根。所以，要放弃对于外界的追随，把目光和心识回归到自己心灵本身，并驻留于心灵最深处的"静"，就是“守静”。静，能使人不外向躁动、不上飘浮云，以向内守其位而宁静安详。

道体既虚且静。“致虚”是消除心知对于外物感知的复杂混乱，使内心空虚无知以包容运力，发生作用。“守静”是使人从外界外向的动态噪杂中走出，回归到心灵本有的宁静。虚静使人能去除欲念的烦恼，使内心安宁静默。清静可以克服躁动。一个人能够做到虚静的功夫，对于一切的事理才会有透彻深刻的理解，才不会有邪曲不正的看法。于虚中，敞开胸怀，包容天下；以静克躁慎动，体道行道：在对于大道之理的体验衡量中，真实地看清楚自己是谁，自己需要什么，不需要什么；自己拥有什么、缺少什么。如是给自己恰切的定位，并恪尽职守，诚己仁人，如此即可有美好的人生。这就是“守中”。

人的心灵本来是虚明宁静的，但是往往为私欲所蒙蔽，因而观物不得其正，行事不得其常。我们要努力做到“致虚”“守静”的功夫，以恢复原有的虚明宁静。道的化生万物，使天地万物生长、活动，都是虚、静的作用，都是由内而外发的、以静制动的、以虚含蕴的力量。虚静者，“虚而不屈，动而愈出”。道是虚、是无，又是最大之实、之有，是非有非无，即有即无。道本是静，动而外现为物，静而归本归心为道。故，道本是静，有时也是动，即静即动，非静非动。虚是指由无到有，再由有反无，博大包容。静是由静而动、由动返静，是“道”这个万物的本源的性状。万物虽然繁复众多，但是最后还是恢复它们的本性。虚静是道之本源、本性，从具体和动态回归这个本性，就是“复命”。这是万物变化的常规。“天命之谓性，率性之谓道”，复命就是回归天性、天命，就是本诸天道而行。《荀子·解蔽》说：“虚一而静，谓之大清明。”

第四，道的这种“虚静”本性，必然要求人们“守柔处下”，止于柔而不争。《老子》第四十章：“弱者，道之用。”其实，与庄子不同，面对世界人生，老子一直在追求最有力量的应对之手段和方法，这是他积极努力用世的表现：“用”。道之虚、之静，表现在力度上，表面看是柔弱阴下的，而实际上是最强大阳刚的。其所谓最宏伟之力，为柔以克刚，为不争之争，为不为而为，为处下而争上。这是自然之法则。第四十三章：“天下之至柔，驰骋天下之至坚。无有入无间。”第七十八章：“天下莫柔弱于水，而攻坚强者莫之能胜。”人为之努力，如争强好胜、阴谋使诈、争向高位，都是违反自然之大道的，其运必殆。

《老子》第七十六章：“人之生也柔弱，其死也坚强。万物草木之生也柔脆，其死也枯槁。故坚强者死之徒，柔弱者生之徒。是以兵强则不胜，木强则兵。强大处下，柔弱处上。”老子主张守柔处下，强调柔弱的哲学。第二十八章：“知其雄，守其雌，为天下溪。为天下溪，常德不忒，后归于婴儿。知其白，守其黑，为天下式。为天下式，常德不离，复归于无极。知其荣，守其辱，为天下谷。为天下谷，常德乃足，复归于朴。”雄尊而雌卑，雄刚而雌柔，雄动而雌静。知雄孚雌，即知尊孚卑，知刚守柔，知动守静。“白”者为外在表现，道现象为白；“黑”者道体本身，处于不可捉摸之静底暗处；虽知道“白”之作为现象并关注之，但必须处于暗昧虚静之处；荣辱之道，亦复如是。守道之本体，处道之状态，才是聪明之举。这是天下归之于“溪”，是天下人道自然之“法式”。道不可离，离道非智。守柔处暗的人，处于道、行于道、守于道，内心一片祥和安乐，宁静致远，因柔而刚，因不争而能保其位置，持其作用。因守道，故能白能黑，能雄能雌，能柔能刚，能上能下，是所谓自由自在也。所以，守中，就是静以动，虚以实，下而上，柔而刚。不与人相争，所以没有人与他争。太刚强、太猛烈，则容易被摧毁，被消灭。用刚强和猛烈的手段，也不容易成功。相反，用柔顺、温和的手段，反对的压力最小，最容易成功。至于处下的好处，江河处下，万物归之；人君处下，万民归之。第七十九章：“和大怨必有余怨，安可以为善？”“是以圣人执左契，而不责于人。”第八章：“夫唯不争，故无尤。”第二十四章：“企者不立，跨者不行。自见者不明，自是者不彰。自伐者无功，自矜者不长。”最佳境界是“上善若水”，不争无尤。第八章：“上善若水，水善利万物而不争，处众人之所恶，故几于道。居善地，心善渊，与善仁，言善信，正善治，事善能，动善时。夫唯不争，故无尤。”水能滋养万物，为万物生命存在的重要依据。但是“万物作焉而不辞，生而不有，为而不恃，功成而不居”。水性柔弱，决之东方则东流，决之西方则西流，盂圆则圆，盂方则方。这种不与万物相争的精神，是水的特性之二。

众人恶居水流卑污之地，水则不嫌弃，愿意处卑、处下，处众人之所恶。水有“利万物”“不争”“处众人之所恶”等三个特性，就是道之本性，“譬道之在天下，犹川谷之于江海”。道在天下，无所不在，无所不包，无所不容，江海接纳百川，也是不捐细流。且“天下莫柔弱于水，而改坚强者莫之能胜”。水是天下至柔之物，而能驰骋天下之至坚，柔弱胜刚强。以水为喻，善处不争卑下。第六十六章：“江海所以能为百谷王，以其善下之，故能为百谷王。是以圣人欲上民，必以言下之；欲先民，必以身后之。是以圣人处上而民不重，处前而民不害。是以天下乐推而不厌。以其不争，故天下莫能与之争。”于个人，则功成身退，不居功，不争名。“以其不争，故天下莫能与之争。”

所以，在与自然和人世的关系中，个人应该守柔不争，以此入世干世。刚柔相济，上下谐一，黑白分明，不争而争，是所谓强者之智慧。故，守中，即止于柔下，亦即“止于至善”。至善就是守道，恪守自然之理，予自己一个最好的定位，设计最佳的为人处世策略。

第五，思考的终点，老子主张“止于自然”。自然即道本身。“反”也好，“复”也好；低也好，柔也罢；或“中”或“正”，都是本于大道“虚静”之性，是体天之道、行天之道，是“配天之极”，即顺应“自然”。这是老子的结论，其实也是他的逻辑起点，是人们行为思考的基本依据，也是老子上述一切思想之所以展开的根据。

众所周知，老子的哲学思想，以天道为基础。老子认为天道是宇宙生命的本源，天地万物恃之而生。《老子》第四十二章：“道生一，一生二，二生三，三生万物。”第二十五章：“有物混成，先天地生。寂兮寥兮，独立而不改，周行而不殆，可以为天下母。吾不知其名，字之曰道。”故老子所谓的道，是指天地尚未创生之时就已经存在的一个浑然天成的东西，这个东西并不是一个具体物相，而是一种抽象的实体，即西方哲学所谓的“本体”。它既无声音，也无形体，但却独立于万物之上，而恒久不变，运行于宇宙之中而永不止息。此道“不偏不私、纯任自然”。第五章：“天地不仁，以万物为刍狗。”天地没有任何情感偏向，任何宇宙的构成之物都是平等不二的。此道“无为而无不为”。第五十一章：“道生之，德畜之、长之、育之、亭之、毒之、养之、覆之。生而不有，为而不恃，长而不宰，是谓玄德。”道体顺应自然，不造不设，好像是无所作为，但是万物都是由道而生，恃道而长。此道“无欲不争”。第二章：“万物作焉而不辞，生而不有，为而不恃，功成而不居。”第七章：“天长地久。天地所以能长且久者，以其不自生，故能长生。”此道“守柔处下”。第四十章：“反者，道之动；弱者，道之用。”道化生万物虽然柔弱缓慢，却循环反复，生生不已。天道的这四种特性，要求圣人必法天而行，不争和处下，才能“配天之极”，与天道合一。第二十五章：“人法地，地法天，天法道，道法自然。”人效法地的无私载，地效法天的无私覆，天效法道的颐养万物而不为主。道的伟大，在于能够顺应自然，纯任万物的自化，无为而无不为。佛家所谓“任运自然”是也。这一点与儒家如出一辙。《中庸》言君子之道，德配位，位配天，是说圣人承天之道，即老子所说“法天之道”。无论是传承还是效法，无一例外都是“任运自然”，以自然为法则。“自然”就是“道”，并不是在“道”之上、之外，还别有一个“自然”。本诸自然而生，即是基于大道而行，自然即快乐，自然即圆满，自然即解脱，自然即涅槃。儒道佛皆然。

依上述诸论，老子展开了“止”的人生观与处世智慧。归纳一下，大体有这样几个原则。

一曰“无其身”。亦即去其欲。此系找到根子，釜底抽薪。人生痛苦的根源，是自我，或以佛家语言之，是“我执”，老子名之为“身”。《老子》第四十四章：“身与货孰多？得与亡孰病？”第十三章：“人之大患，为吾有身。”第十二章：“五色令人目盲，五音令人耳聋，五味令人口爽，驰骋畋猎令人心发狂，难得之货令人行妨。是以圣人为腹不为目，故去彼取此。”正如佛教所说，色、受、想、行、识，眼、耳、鼻、舌、身、意，色、声、香味、触、法，如是等等，使人有所欲得，有所挂碍，产生轮回不息之痛苦。所以要“无我”并且无外界之相，不要执着于自我，也不要执着于我之所欲的外在世界对象，要“去执”“无住”，才能解脱。“吾所以有大患者，为吾有身。及吾无身，吾有何患？故贵以身为天下，若可寄天下，爱以身为天下，若可托天下。”如果没有“自我”（无身），那么还有何患？最高境界是去掉那个“小我”，而以身为天下、爱天下，人我合一，仁爱以行，那么天下即是众人的天下，也是我的天下。反之，只有一己之我，那么这个我只能是无处寄托的孤魂野鬼罢了。所以，一者，是要把过于关注小小自我的习性抛弃掉，以齐一平等仁爱之心对待他人。

二曰“安其心”。不见可欲，使民心不乱。安民之心，去民之智巧，弃民之利心。《老子》第十九章：“绝巧弃利，盗贼无有。”巧是机巧，利是货利。人有机巧之心与货利念头，就会想尽方法投机取巧，占人便宜。而为了谋求货利，甚至不择手段，做出伤天害理的事，作奸犯科，沦为盗贼。因此，老子认为，为求天下的太平，社会的安宁，必须断绝机巧的心，舍弃货利的追求，才能止息盗贼的出现。从政者的角度看，必须提倡“不尚”“不贵”的理念，去掉高下贵贱的区位区别。第三章：“不尚贤，使民不争。不贵难得之货，使民不为盗。不见可欲，使民心不乱。是以圣人之治，虚其心，实其腹，弱其志，强其骨。常使民无知无欲，使夫智者不敢为也。为无为，则无不治。”名位可以使人引起争逐的心，财货可以使人引起贪得之念。治国者不崇尚贤名，可以使人民不生争心；不重视难得的财货，可以使人民不为窃盗；不显现名利的可贵，可以使人民的心志不惑乱。老子认为，圣人治政，净化人民的心思，使人民不能多生主张；满足人民的口腹，使人民没有其他贪求；削弱人民的心志，使人民不生机智诡巧；坚强人民的体格，使人民努力工作。常使人民无知无识，无欲无念，处于纯真浑沌的状态。纵使有一些巧诈机变的人，也不能有所作为了。

老子的思想，并非如其字面之意，为愚民政策、为绝欲主义。表面上看，如《老子》第十八章：“智慧出，有大伪。”第十九章：“绝圣弃智，民利百倍；绝仁弃义，民复孝慈；绝巧弃利，盗贼无有。”第六十五章：“古之善为道者，非以明民，将以愚之。民之难治，以其智多。故以智治国，国之贼；不以智治国，国之福。”好像老子是在主张愚民绝欲。其实不然。老子讲的是人生本于自然之道的智慧。与佛陀一样，他见出天下的动乱、人生的痛苦，都是源于欲望太多。而去智、绝欲是不可能的，所以只主张“见素抱朴，少私寡欲”。表现纯真，抱持质朴，减少私心，降低欲望。他主张“安其心”，也是本着“反复”之道、坚持“守中”的原则。第九章：“持而盈之，不如其已；揣而锐之，不可长保；金玉满堂，莫之能守；富贵而骄，自遗其咎。”欲其无已，必不持盈；欲其长保，不可揣锐；欲其能守，不能过富，否则难辞其咎。君子对于富贵，应如《中庸》所说：“素富贵，行乎富贵；素贫贱，行乎贫贱。”“君子素其位而行，不愿乎其外。”居处在什么地位，就过什么样地位的生活，不忮不求，顺其自然。安于自己的位置和程度，适可而止。有欲，可；但是，欲多则不可，把私欲放到一个可以控制的位置，而不是“过于”机巧，利欲熏心，无利而利，不私而私，安心于中位、适当的位置。此亦止于“守中”之意。

三曰“知足而止”。即所谓“知止不殆”，“知足者富，知止不殆”。《老子》第三十二章：“名亦既有，夫亦将知止，知止所以不殆。”第三十三章：“知足者富。”第四十四章：“甚爱必大费，多藏必厚亡。知足不辱，知止不殆。”第四十六章：“祸莫大于不知足，咎莫大于欲得。故知足之足，常足矣。”知止、知足，大道之理也。不知足是痛苦的根源，不知足也是灾祸的根源。第三十二章：“知止，所以不殆。”知道适可而止，就不会有危险。

四曰“行于中道”。即掌握好一个度，无过无不及。《老子》第三十九章：“圣人去甚，去奢，去泰。”所谓甚、奢、泰，都是偏执过量的意思。凡事过犹不及，老子主张顺应自然，依道而行，反对智巧，反对作为，尤其是太甚、太奢、太泰，都是违反自然之道。因为甚、奢、泰，都是“过于”“过者”，遭遇“反复”道理的作用，必然不及，让人在峰顶浪谷之间颠沛流离，痛苦不堪。过则必弃，适中乃安。

所以老子不是消极无为的，而是积极有为的，只是其智慧高深，以退为进，以后而先，以无为而为。《老子》第六十七章：“我有三宝，持而保之。一曰慈，二曰俭，三曰不敢为天下先。慈故能勇，俭故能广，不敢为天下先，故能成器长。今舍慈且勇，舍俭且广，舍后且先，死矣！”于人一定要仁慈，爱人；二用要节俭，不奢；于事要低调，不争先恐后。慈爱则视人民如赤子而尽力保养，所以能产生勇气；俭啬则蓄精积德而应用无穷，所以能致广远；不为天下先，则反而能得到人民的爱戴，而为万物之长。反之，那就只能走向死亡之途了。无为而无不为，以退为进。第三十九章：“贵以贱为本，高以下为基。是以侯王自谓孤、寡、不谷，此非贱为本邪?”侯王以孤、寡、不谷自称，自处卑下，其目的则是要先民、上民，所谓“以其不争，故天下莫能与之争”。

总结以上，老子思想具有很强的哲学思辨特征。其思考始于道，终于自然。而道即自然，始终如一也。于道，老子强调两点：一者“反复”。作为世界的本体，道具有反、复、损、益的特征。所以必须善“止”，“知止不殆”。如此退有据、进无忧，不鸣则已，一飞冲天，于消极之表相，示积极之精神。二者“虚静”。因为道又是一个抽象的本体，具有虚静本性，那么为人体道者，必须在两个极端之间，选择低下、柔弱、虚静，这是所止之处之“善之善者”。若能“归根守静、观而守中”“守柔处下”，慈爱节俭，止于柔而不争，则可勇可大可先，天下事业可以成功了。思考的终点，老子主张“止于自然”。自然，就是去人为以无为而无不为，去除过多的欲望，去其身安其心，知足常乐，行于中道。

4. 佛禅之“止”

“止”，比较抽象，有特定的语言系统与语言习惯，很难用简白话语表达。但是，极其有助于我们的心性修养。若能静下心来，深入体会，定当受益无穷。佛教比较唯心，从哲学和意识形态的角度，我们当然必须批判；但从德性素养的提升上看，却可以协助我们静心炼心成长。

佛家讲解脱、涅槃、获得无上智慧，超越生死轮回，其根本大法，就是“止观”。“止”以治妄制乱，息尘忘念，止动去乱，离境离念，不执着外物，亦不执着意识，能所两忘；“观”以清明了了，止息昏沉，使明明白白，烛照清明。但这只是手段、是方便、是过程，也是功夫和修行，是通往佛法之修行，而不是究竟佛法。大乘佛法，在于顿悟之际、刹那之间，无相无念，不执不住，止观合一，惺寂一体（“惺惺”就是清楚明了，“寂寂”就是寂静、安静、安定），即“遮”即“照”。破法归空，谓之“遮”。存法观义，谓之“照”。破立空有之异名也。《宗镜录》八曰：“破立一际，遮照同时。”（丁福保编：《佛学大辞典》）“即遮即照”就是无法又有法，即空即色，不着空有两端的“中道”，也就是“般若”智慧，能所双泯，无分无别，无判无断，即是即非，非是非非，即有即无，非有非无，如此则明心见性，知其自性自然，本性俱足，如赤子，如婴儿，冲气为和，澄明一片，从而本诸自然，任运自然，安于当下，出入自在。

佛家向内，专注心性功夫，更侧重于心理、意识之方法论，更细密，也更实用。初学不觉者言其玄奥，然若能入其门而知其效果，则受用无穷。“止观双运”，既是修行之功夫实践，又是修行高深之境界，即用即体，止观如一。

佛家之所有出发点，均在于心理与意识。念头持续不断、妄想、散乱，此是“动”；昏沉、晦暗、不明白，此是“昏”。这两种状态，分别是禅宗打坐时出现的和必须解决的两种状态，也是人生性状。制伏妄想，制心一处，使不杂乱；了了分明，清澈透明，使不昏昧，便是禅修目的。前者是“定”是“止”：一般而言，当我们克服了念头生灭，制心一处，不再思三想四、乱七八糟、漫无头绪，念头单一化，思绪被集中于一个地方、一个点上；其结果就是“寂寂”“遮”。后者是明白、照见：“定”“止”之后，接着就很容易进入昏沉状态，不再思考，大脑进入懒惰、昏昧状态，表现为昏昏欲睡、模模糊糊，所以需要提醒、照亮，使之清楚、明白，其结果就是“惺惺”“照”。没有妄想了就有昏沉，没有昏沉了又有妄想。这就是妄想与昏沉两种需要克服的状态。对治妄想就需要“止”，就需要定；对治昏沉就需要“观”，就需要慧。心性就像天上日月，心性本净。妄想就像浮云，如果有浮云，层层叠叠，相续相拥，就看不到日月，就不明本性、回不到本心。我们用“止”来扫除浮云，就是来制止我们的妄想；把妄想扫干净之后，我们要“止于”没有妄想之后的状态，停在这个地方不要动。然后继之以“观”，使其了了分明，保持清明的状态。

“止”，梵语中叫作“奢摩他”。《瑜伽》九十七卷云：“若于念住善安住心，如实了知，此所生起随烦恼已，便从内聚，还收其心，安置在外净妙境相。谓于佛等功德行缘，持心令住。由缘此故，发生欢喜。广说乃至由妙举门，于所缘境，令心得定。从奢摩他之所对治诸随烦恼，而得解脱”，“如是彼于四种念住，善安住心；能正了知前后差别”。“奢摩他”，即止、寂止、寂静。谓精神集中，不为外界扰乱。译曰“止”“寂静”“能灭”等。摄心住于缘，离散乱也。《大乘义章》十三曰：“奢摩他，此翻名止。摄心住缘。目之止。”《慧琳音义》十八曰：“奢摩他，唐云止。”《慧苑音义》上曰："奢摩他，此云止息，亦曰寂静。谓正定离沉掉也。"《圆觉经略疏》三曰："奢摩他，此翻云止，定异名，寂静义也。谓于染净等境心不妄缘故。若准涅槃经释，即名能灭、能调、寂静、远离及能清等。"《了义灯》五本曰："奢摩他，此云心。"所以，奢摩他就是止、止而定、定而寂静。《杂集论》十卷云："奢摩他者：谓于内摄心，令住、等住、安住、近住、调顺、寂静、最极寂静、专注一趣、平等摄持。如是九行、令心安住，是奢摩他。""令住者：摄外攀缘，离内散乱，最初系心故。"就是使心念控制住外来的一切缘、相，使内心不再受制于外缘之物相而趋于安定，把心控制在某处某点，不使散乱。如此步步进益。"等住者：最初系缚粗动心已；即于所缘，相续系念，微细渐略故。"就是在初步止住外境之动、念头之乱后，于那被止住的对象（所缘），只是止住其动，而不能忘记，需要慢慢地放下、遗忘、远离。故等住，有时间上的慢慢等待、慢慢忘记之意。"安住者：或时失念，于外驰散，寻复敛摄故。""安住"就是心意可能反复，念头重复再有往来，而不能安，甚至向外驰散，这时需要再次把它"摄"住、收敛回来。"近住者：从初已来、为令其心、于外不散；亲近念住故。"然后要看住自己的心，使不外散，亲近它，把握它，时时不疏远它。"调顺者：从先已来、于散乱因色等法中，起过患想增上力故；调伏其心令不流散故。"这样，止境止念、摄心敛念、回归本心、内在把握而使之安于寂静的反复过程，也就是一个反复调制心性的过程。心性如野马，需要束缚它、调养它，使之不动归静，离境而止，不再流动散乱，从而达到"寂静"之境界。"寂静者：于扰动心散乱恶觉随烦恼中，深见过患；摄伏其心，令不流散故。"静即不动，寂即止动。让心知晓各种恶行烦恼、痛苦疾患，皆是心不静而散乱造成的，从而摄伏其心。"最极寂静者：或时失念，散乱觉等，率尔现行；即便制伏，令不更起故。"及时准确地把握心的动态，一见其有所消失、散乱，则马上予以止息制伏，使安于寂静，不再复起。"专注一趣者：精勤加行，无间无缺，相续安住胜三摩地故。"说的是精进修行功夫，使不间断缺少，保持寂静状态，使心一起安住不动。"平等摄持者：善修习故；不由加行，远离功用，定心相续，离散乱转故。"前边是精进功夫，平等摄持才是结果、境界。经过刻苦修行、保任寂静，达到体用等一，即体即用，无体无用，既寂静又分明的状态，心就不可能再反复流转、躁动不安了，甚至心念也无，无物无心，无对无住，无主观之能与客观之所，即无主体无对象，甚至连无也没有，没有也没有了。经过“等住、安住、近住、调顺”等几个阶段，达到最后的“寂静、最极寂静、专注一趣、平等摄持”的状态，就是万法平等、万法一如而一体圆融、不动不死、无执着而不掉举的状态，认识到（当然具体的禅行中没有“认识”）或“悟”到心物一体、无分无别、平等一如而构成的一片、一体的澄明状态，而最终解脱。这个艰难的过程，是由止而观、由观而止，止观配合，不能彼此分离，共同发生作用，以对治杂乱、昏沉，达到既安且明、寂照合一（即遮即照，非遮非照）、不即不离、即心即物的“自然”状态。

“止”为佛禅最重要的修行法门之一。那么止于何处？止于物？非也。止于心？非也。止于心物合一？非也。止于外、止于内？皆非也。止于定，止于观；止于静，止于动；止于昏，止于明；止于遮，止于照；止于有，止于无——非也，非也。唯止于中道，止于无分别、不判断之非空非假、妙有真空、心物不二、即非当下之“中道”。佛禅之“止”，是以心“止”，控制我们的心的妄想和混乱；而止于“寂静”或“既惺且寂”或“既遮且照”，亦即圆融一体、无分别、无判断的“自然”状态。

按，此“中道”，与儒家《大学》《中庸》之所谓“中道”不同。儒者之“中”，在于物理性之不偏不倚，执两用中，明其两个极端之存在，在行为思想上做主观的选择，避免极端，过犹不及。素其位，定于中，就是要安定于一个“至善”的位置，就是“中”位。而佛教之“中道”，也言极端之心、物，内、外，有、空，真、假。但是，不能停留于任何一端，实际上是不承认两个极端的存在。所谓极端的存在，不过是我们意识的产物，是起心动念的结果，违背了道之本相自然。而回归自然之道、成佛成道，就要放弃这种意识而为的极端状态，反复回归到其本然的不二状态。知道了无心无物、无内无外、无佛无凡即能够以无分别心、不执着心体会宇宙万法，即已成佛了道了。所以，佛教的“中道”，是真正的圆融不二，不是物理上的一分为二取其中。儒家言一，说大道至简而归一，天人、心物、人我、道德、伦理、德性、经策、仁义，无不是以一体为尚，以一为的。所谓“诚者一也”，道也。但是，儒者是重天地之分、人我之别、心物两在、道德不同的，在强烈肯定这种区别的基础上，儒者才在实践中致力于弥合二者的界限，把“合一”当作一个理想而追求。分别者，即“中”；合一者，即“和”。“素其位”者，即明白区分；仁其政者，即尽可能地取消差异。于差异中求同一，于同一中强调差异，这是儒家思想的关键。此即“礼”之内在重要意义。礼的本质，一是要强化层级差异，二则要强化和乐以同，讲究秩序中的和谐、建制中的美学。而佛家说“一”，是彻底“一”，究竟“一”，绝对不能有“二”，“不二”是最高法则，不分别、不执着，即是“不二”。所谓“圆融”，所谓“澄明”，作为修证或顿悟的状态，就是成佛是了道的标志，而此状态被称为“无上正等正觉”（阿耨多罗三藐三菩提）的大智慧、佛觉，那是佛教的根本、命门。所以其“一”，是“无二”，是纯一：根本没有“二”的存在！

故于佛禅，虽然讲缘起，但是讲缘起是为了讲“性空”。要做到忘尘止念，无物无缘无念无识，无主无客，能所双泯，就是“止”。“止”不是一个纯粹的、单调的、纯粹物理性的动作。“止”是“妙止”，起于缘起外境而无缘起外境，用于心念意识而无心念意识，无境无心恰恰就是其大体大用。体无而用无，所以为“妙”。如此则体现宇宙本来之“冥然寂灭、阒尔无寄”之“妙性天然”。

“止观”的最后状态，是“惺惺寂寂，寂照圆融”。所谓“寂寂”，就是“止”，就是忘缘，就是静，就是定，就是离分别心，就是无能所无体用，一言之，就是寂灭、寂静，无求无欲，无有挂碍；去混乱杂染，以止而使安静，忘缘得止。旋转而盲动的世界，我们让它静下来；杂乱无章的世界，我们让它纯粹起来；躁动不安的心识，我们让它安静了；那个分别有差等的世界，我们让它平等了。如此何欲何求？何挂何碍？如此“无有恐怖，远离颠倒梦想，究竟涅槃”（《心经》）。“止”以“寂寂”，定、安、静、虑。所谓“惺惺”，就是“观”，是生智，是慧，是历历分明而不昏沉暗昧。防止无记昏昧，而以“观”使世界得以被照亮而昭昭历历。世界太昏暗？让它明亮起来。意识太昏昧？让它明白起来。宇宙无真相？让它显露出来。“观”以“惺惺”，分、明、慧、照。在“止观双修”的状态中，“忘缘之后寂寂，灵知之性历历。无记昏昧昭昭，契本真空的的。”息尘忘缘，离分别心，无能无所，没有主体功能也没有功能所作用的对象，离缘绝相，也无心放心，就能止动去躁，至静与净。静则不动，净而纯一。无躁动就没有不安，无相对就没有欲望，如此即寂静无为，无欲无求，无所挂碍，得大智慧。然而，“知止而后定，定而后能静，静而后能安，安而后能虑，虑而后能得”——反过来用儒家这句话，则能得佛教之真理：定止的安静，使人必有思虑，有思虑就考虑得失，有得失则必须回转到有相对、有我相、有执着的轮回痛苦状态；若逼迫压制人的主体活动，必然想思而不能思，想思而无所思，只能有最后一个出路，就是似睡非睡，似醒非醒，不明不白，昏沉暗昧。所以，必须放开主体意识，以“观”使之明白，使之历历分明。“观”就是，“好像”有一个“我”，把这种安静昏沉的状态当作对象，予以审美化、对象化地予以注目、端审，看出其形态、脉络、性质、动向，就如我们拿着手电筒，照亮黑暗之处，使之历历在目、条理分明，而无遮无拦、清清楚楚。当然，这个“我”只是“好像有”，而实际上没有。如果有一个“我”存在，就承认了分别，就有了执着，一切就不能圆融自证了。所以，“观”者，以虚观虚，以无观无，以空观空；其实，既无观者，也无观的对象。这样，观而无观，无观而观，而观无所观，观无能观，是观也。这样就保证了“惺惺”，也保证了“寂寂”。这就是智慧了。改变（无明的）“无记（不思善不思恶）昏昧”而使之“昭昭”然，达到在“契本真空”的同时而不会出现昏沉蒙昧的状态，使之“的的”历历，就是所谓“寂而常照，照而常寂”。寂寂复惺惺，惺惺也寂寂，才是妙性止观，才是智慧朗然。“妙性寂寂，因忘缘而得。灵知历历，由寂寂而生。契寂寂而自历历，悟历历而自寂寂。历历不寂寂，则非灵知矣。寂寂不历历，则非妙性矣。当寂寂而历历，历历而寂寂，则无记昏昧者，昭昭也。契本真空者，的的也。”我们因“止”而忘缘，因忘缘而达到寂寂状态。安静纯净下来了，我们的灵知就能分明，就不会昏昧无明而有了智慧。契合了这种安静纯一的状态，就能历历分明；而悟得了历历分明，则自然安静纯一。如果只是清楚分明而仍然躁动杂乱，那么就不是灵知智慧；如果只是安静纯一而不能清清楚楚，就是昏沉暗昧，就不是妙性。所以，如果我们达到了既历历又寂寂的状态，那么无记昏昧的糊涂昏暗状态，就得以发亮而昭然历历了，我们契本真空时才会的的明白。所以“惺惺寂寂是，无记寂寂非。寂寂惺惺是，乱想惺惺非。”那种大用现前、有用有慧、明明白白（惺惺）的“止定安静纯一”（寂寂）是正确的，那种无明昏昧（无记）的“止定安静纯一”（寂寂）是错误的；那种“止定安静纯一”的“惺惺”是正确的，而“乱想”不定不安不止的“惺惺”是错误的。所以，“寂而常照，照而常寂”，“惺寂二法，本是一体，随用不同，不分而分也”。既要止定安静，又要分明不昧，惺惺寂寂本来一体，不能分割，分则或不止不定不静不纯，不分或则不明不照不亮，皆不能圆融自证。惺寂止观，一也，就是既惺且寂，既寂且惺。以中道思之，则不惺不寂，不惺不寂即既惺且寂；亦不止不观，不止不观即既止且观。皆是“一”，是“不二”。所谓“非遮非照，即遮即照”。这就是阒尔虚寂、似觉无知、一念回光、纤尘尽净、豁然太虚、桶底脱落、圆修顿悟、无觉而觉、当体不顾、一超直入的涅槃境界。

不能说非，也不能说是，说是即执着于是，说非即执着于非，说是非即有分别，有分别即不能寂寂，不能寂寂则心不安止，不安止则不能惺惺，如此，便不可能解脱了。“不二”、“不执”、“无相”、“无念”、无判断、究竟空、妙有真空，是佛教的几大基本原理，处处体之用之。能体之用之，则离佛法不远。佛法是圆融的、无处不适用的，简言之，是无论怎么说都是有理的。说空，对，还要说空空；说假，对，还须知是空假；说因缘是有，说空相是无，有对，无也对；说对即是执对，说错即是执错，所以不能对不能错；说是说非，即执是非；说佛说道，即执佛执道。所以不说而说，无道而道，非佛而佛。这是佛禅之究竟心法。剩下的就是去“证”了。

以此理解止观问题，告诉我们怎样去理解佛家的“止”的问题，就不再是难题了。那么，问题“如何止”与“止于何处”怎么回答？止于不止而止？止于无心之心？止于中道？而若说止于“某某”，即陷入“执”，所以只好无言，无答案。止于某，即执于某矣。所以，无止。无止亦执于无止，所以，只好……

当然，此就最上乘佛法言最究竟之佛道。于凡人、下根器之人、俗谛言之，则“止于中道”，即“圆融纯一”的彻底空无，是不错的答案。

以上即“止观”，是我们观察佛教禅宗之“止”的一个角度。平心而论，止、观皆是功夫，亦是大智慧，非功夫无以成此大智慧。须以专业专心之精神，暮鼓晨钟，青灯孤影，皓首穷经，勤奋修行，时时处处，战战兢兢，体会生之因缘纠缠，观其动乱不安躁动不宁之事相，止之，且保持单一纯粹基础上的不昏不昧，明明白白，诚如神秀大师之偈子所言，“身似菩提树，心如明镜台。时时勤拂拭，莫使染尘埃”。于常人众人而言，何其为难乃尔。若能如捅破一层窗户纸，若能如风吹过后天气清明，若能忽然之间、不觉之际而去蔽而明，那该多好。这是人们的良好愿景，也决定了禅宗的发展方向。于是慧能出而掌握继承五祖单传之衣钵，成为六祖。其主张之“顿悟”，能于一念之间，即登佛地净土，“心性本来清明寂静，何处能有污染尘埃”呢，只要心念一转，离相去执，顷刻之间，即证菩提。

此亦一“止”。其所止之境与前通过止观之勤奋修行所得所到的境界相同，即妙契寰中，境智冥合，寂照双合者，是如此一境界：即有即无、非有非无；即色即空，非色非空；非入非出，即入即出；即是即非，非是非非……所谓无分别、无判断、即空即假、即妙即中的境界。

“止”，是中国智慧的核心要件之一，不只是佛禅心性修养的上乘境界，也是其他各家对于人们的行为准则的最好把握。《墨子》：“知止，则日进无疆，反者，道之动。知足不辱，知止不殆。”曾国藩也云：“人生之善止，可防危境出现，不因功名而贪欲，不因感极而求妄。”并推崇“《止学》乃人生行为之约束，忽略此学，智者必有一失”。李嘉诚认为：“知利之止，知欲之止，为知人生之成局！”如何在进和止之间保持一个合理的张力和平衡，这是非常关键的。只有这样，你才能自得。“人生而有欲”，但贵在“知止”。唯有以“知止”为始，才能以“得”为终。隋人王通，号文中子，以道家思想论处世之道，有《止学》传世。告诉我们：在什么情况下，应该在什么地方停下来的学问。反复之道，表现为事物的相互变化，水满则溢，月圆则缺，所以要“适可而止”。《止学》，是一部条理分明且具体指导人们如何知止行止的智慧之书，所以没有哲学思考，只有行为规制。其主题还是“知止不殆”“止一守中”也。

如是而“止”！

定

国家需要“安邦定国”，个人需要“气定神闲”。儒家“定”于社会之仁爱，道家“定”于齐物之逍遥，佛家“定”于禅悟之“般若”。定于一点，定于一尊，定于一性……

“定”，甲骨文作“房屋”之下有“足”，意思是：结束征战，安居度日。远古男子为了觅食和战争，总是常常外出远行奔波。金文将甲骨文的“足”写成“正”。“定”之成字，有很强的悲壮人生底色，也是一种理想的人生所在。结束动荡不安，安居乐业，“止”于某个地方并安于这个地方，能够稳定而不乱，明明白白、轻轻松松地过日子，就是最好的状态。

有“止”才能定下来。“止”是为了“定”。定者定位，为自己的身定位，为自己的心定位。有“止”之后，才能安定，所以“定”是“止”的下一个阶段和状态。若释“止”有二义，一者是停止、制伏，二者是止于、停驻，那么，定就是“止”内含之一义。《大学》曰：“知止而后能定”，显然是把“定”作为“止”之后的一个状态而言的。“止”是止动，“定”是驻留。

我们认为宇宙万物是相对人而存在的“客观”或“外在于我”的存在，从而在认识论上形成了主体与客体、自我与他者、人与自然的对立相待状态。这样，事物是缘起而生、生生灭灭、瞬息万变、动态虚幻的；而我们的心也是心猿意马、此起彼落、游移不定、模糊不清的。以如此变化之心，去应对如此变化之世界，绝对不会达成心物一体、一元的稳定、安静状态，形成于我们知觉、感觉或意识层面上的挂碍、束缚、痛苦、不安。所以，佛禅所追求的一个方向就是，如何把动荡不安的方面“止”住，使之“驻留”，使之既安且定。同时，以“观”使世界历历分明，使人对世界清楚明白。于心而言，心也要止于安静、对外缘之物历历分明，明确地体察到其存在，既不回避和否定，也不过于投入而迷失自己。这就需要我们取消心与物之间的连接，造成心是心、物是物的分离状态，然后，我们就可以“运心”——积极地选择和采取自己的角度和动作了。大体有三个途径：一是心随物转。当我们把世界单一化、纯粹化、一体化，而去掉了意识层面的对于客观世界之“乱而无定、杂多不一”的认识；当我们把心与此“一”相接，使心物相符相契；这样就是一种物我同一、心物一元的状态，就是无具体之相、无欲望主宰的自我的“物我两忘”状态。那么，物定即心定，物动即心动，心随物转就是很好的结论。二是以心转物。当我们不能把握和掌控外物因缘，只能内向去修炼自己的心性，使之完美和强大到作为宇宙的、自我的、唯一的覆盖力量而包融、统摄外物，使之找到自己的本然之自性而不受外缘影响，自足自在，自己成为自己的主人。此时，面对变化纷乱的世界，我们从自己的主观出发，以一个完全由自我感觉良好的观察视角和态度，去投射到对象的身上，“自我地”“主观地”或“唯心地”“看视”对象，让对象变成为我的、具有“我”性的对象，即所谓“一念地狱、一念天堂”，好坏得失，全在一念之间。三是心如止水，不与外物产生关联，使心成为一个独立封闭的存在。其好处在于，保证了心性自我的独立性、自足性和完善性，可以达到心的超越与解脱。但是，这并不是真正的超越和解脱，一个把心完全排除在外物之外的解脱，是死寂，是无生命，是机械主义的，是进入了牛角尖，是自寻死路，是死禅，不是真正的禅，因而不可能有真正的“禅悦”和解脱。

所以，止而定之“定”，指的是心和物相应相契，要么心物一元一体，物我不二，心物不二，心即物、物即心；要么心随物转，或以心转物，前者是心契物，后者是物契心，还是心物一元、心物一体。学佛参禅，不知一元论、不二法门，就永远站立在禅门之外。而不二法门，是登堂入室的门户。故，“定”，即“定”于心物不二，中正不偏，成己成人，即定于大镜圆智、圆融至善。

举“禅定”之“定”说明。梵文“禅那”，即“思惟修”“寂静精思”之意。按南怀瑾先生的说法，中文翻译借用《大学》的“知止而后有定”，保留原来的“禅”音，配合一个“定”字，因此就叫作“禅定”了。玄奘法师则译作“静虑”，更明显地是借用“静而后能安，安而后能虑”，充分表达出了“思维修”的内涵。南宋朱熹虽反对佛禅，但是解释“明明德”为“虚灵不昧”，明显是受佛禅的影响，属于意思与语汇的双重借用。“虚灵不昧”就是止观，就是安静纯粹，就是寂照分明，就是妙有真空。禅定就是内心处于平静、安宁、专一的状态。致定的方法叫作“止”，即止息烦恼、致力于内心平静的意思。通过禅定功夫，可以达到“无所有处”，即是意识上一切空无所有，进入甚深的静虑状态。努力排除障碍，专心镇定，不起纷扰，平息身心，不使激荡，集中思绪，注于一点。心念逐渐脱离一切执着烦恼，顺次经历禅那四阶段，达到无所谓乐与不乐的绝对清净境界。让心专注于一个特定的目标，它就能够逐渐平静下来，朝着好的方向、善的方向发展。

在经典中，通常将培育到某种高度的定力称为“禅定”。禅定，即心处于高度专注的状态。一个人若达到禅定的境界，其心能够持续地维持在极度喜悦、快乐、宁静和殊胜的状态，并将持续很长一段时间。当禅修者在进入禅定的时间内，他的心不会出现任何的烦恼，甚至连杂念都不会生起。其间，困扰性烦恼完全被强大的定力所镇伏。

正确的禅定，即专注一境，身心寂静，远离散乱之心，以佛教智慧去观想事物的道理，获得人生的觉悟。正定成就果位，定中之慧，有大利益。谓人摄诸散乱，身心寂静，正住真空之理，决定不移，是名正定。而“定心”，就是“修禅行而远离乱意也”。《无量寿经》下曰：“深心定心。”《智度论》二十六曰：“定心者，定名一心不乱。乱心中不能得见实事，如水波荡，不得见面。如风中灯，不能得点。”令心专注于一对象，而达于不散乱之精神作用，或即指其凝然寂静之状态。反之，心散乱不止之状态，则称为散。

丁福保编《佛学大辞典》云：“定止心于一境，不使散动，曰定。心性之作用也。有二类：一生得之散定，二修得之禅定。生得之散定者，欲界之有情亦生之，与心相应而起，专注于所对之境之作用也。俱舍论称为三摩地，以之为大地法之一，唯识论译为定，以之为五别境之一。修得之禅定者，为色界无色界心地之作用，必勤行修习而得之者也。如三学中之定学，六度中之禅定波罗蜜，即指修得之禅定。梵名三摩地，译言定，或等。等持者，平等保持心性之义也。是为散定唯有心也。又有等至等引之二。”

下面梳理一下“定”法。

宇宙芜杂，世界多变。心念辗转不定，外缘纠缠不止。如此而人无有定所、心无定处，心物纷然杂乱，生生灭灭，轮回反复，不得解脱，陷入束缚而痛苦不堪。让我们静处一隅，克服这个状态。其方法有：

一、观一物。眼前心间，无数物象，如野马奔腾不止，川流不息，刹那之间，念头纷然。此时，可以寻找、捕捉一物，跟紧它，咬住而不放松。观看它的动作、动态、去向、各种物理性征。这时，渐渐地，我们就有选择地把其他物象放弃了。心止于一物。接着，把此物虚化、理念化，就如我们推拉镜头一般，极远而使其进入宇宙之无外之大，愈远愈大，终而至于虚空；极近而使其进入宇宙之无内之小，愈近愈小，终而也至于虚空。如此则物我两忘了。

二、观全体。不要集中注意力于一物一体，而是尽可能地弥合物象个体之间的界限，把它们融汇成彼此不分的“一片”。

三、观意识。不看外部，向内看自己的心。看到自己的意识在流动，在滚沸着，此落彼起，更移不休。这时，有意识地控制自己，放慢意识的脚步，把一个念头与下一个念头之间的连接处予以截断，找到二者之间的空隙。尽可能地把这个空隙放大，就好像推开两块冰体，使其缝隙越来越大。这个缝隙是没有念头的地方，是一片虚空的无意识之处，也就是那个“纯粹经验”的区域。当我们把两个具体的物象的距离拉得越来越远，以至于无限远，那么，物象就消失了，我们的意识域里面，就没有了物象，也就没有了念头，一切归于单纯而宁静。

四、绝内外。这是一种理性的认识。人有内外吗？有身心吗？有人我区别吗？我是谁？我存在吗？万物与我，都是生灭不已的东西，念头亦复如是。根本没有一个所谓的我，这个我全是因为人有一个对于假象的执着而虚构出来的。这个世界也是这样。当我作为宇宙构成的一个粒子而感受到世界的存在即知晓宇宙的真相和真理，那我就是佛；当我只是作为一个粒子存在而不能省察，那我就是凡夫。外而无相，内而无我无念，进而不执着于外相内我，无内外之分、天人与人我之别，那就是混沌一片，就是澄明一体。

当我们通过以上诸途径而能进入禅定，则会生出某种喜悦。但喜悦易生狂，亦生对于喜悦之执着。所以要既寂且照，意识到自己可能已经陷入某种新的执着，这时就要把喜悦之心放下，重新观审喜悦本身，以喜悦为虚空、为无常、为因缘之一，为外相束缚。这样，便达到一个新的高度。把“能”感知、意识之心也一并虚之，所有的想法、意念、愿望，都从我们的意识厅堂里扫除干净，使空空荡荡，无一物可在。连无一物可在的感知也没有了。这是彻底空无。但是，事情并没有完结，新的危险出现了，那就是可能进入的昏沉不明状态。这时，我们要保证自己清楚分明。我们明明要感知到一个世界，要感知到自己的存在，感知到自己处在一个“如此”的世界上、以“如此”的态度对待它、“如此”地“在着”。但是，“如此”分明仍然要求我们不能再次陷入动乱与纷然而杂的原初状态中去。那种清楚分明中的虚空，那种虚空中的分明，有而不有，空而不空，即有即无，即空不空，就是我们以止而观、以观而止所最后到达的“定”。

而这样做的结果，就是达到“中道”，就是诚一，就是天人合一、物我两忘、人我不二、身心无两，就是澄明一片，就是安静而分明，就是寂照两用，就是即体即用，就是止于至善，就是妙有真空，就是因止而定、以定而止。

再举儒学之“素位”论说明“定”。此理、此法，于儒学心法修行而言亦然不谬，无差无两。“止”与“定”，在《中庸》中被高度理论化、精致化、深入化、体系化，以很大的篇幅来论述。这就是“素论”。“素论”既谈身，也谈心，以“君子”这一理想人格，涵盖其身心修养。儒者并不把身与心分离开来分别对待，总是把“诚意正心修身”放在一起讲，认为心、意、身就是一个整体，就是一体的。所以《大学》后边讲“一是皆以修身为本”。“素论”认为，君子“素其位而行，不愿乎其外”，亦即，于自我的社会性存在而言，要“素富贵，行乎富贵；素贫贱，行乎贫贱；素夷狄，行乎夷狄；素患难，行乎患难”，选择好自己的位置，即定位；定位之后就安于其位、守其职守，这样就可以“无入而不自得焉”，就可以出入自由，逍遥在我，自由自在。于自我的心性修养而言，“射有似乎君子，失诸正鹄，反求诸其身”，一定要以反省修身为首要任务，一旦出现问题，必须从自身找原因，而不能向外找借口强调客观。无论是作为社会性存在的我，还是作为心性主体的我，所有的心性修养和社会行为，都要体现自内而外、先内后外、内而必外、外而必内的原则，即所谓“推己及人”，即《大学》所谓之“知先后本末，为道之根本”。所以，儒者在《中庸》中不仅提供了关于“正心诚意修身”的一些理论探索和忠告，树立了一个“君子圣人”的人格理想，而且也严格要求人们的行为准则和界限，那就是以德配位、以德配天，德性是最高要求。而德性是什么呢？就是“诚”。诚者一也，诚就是要认识至天人一体、人我合一、身心不二，就是要在社会行动层面上做到五伦、三德、九经的不二而一。所以，《中庸》的精义在于，先“中”而“素”，中以成己，素以定位；后“和”而“仁”，和以成人，仁以定社会。所以，素即定，定即安，安即一即诚，就是不二不分。这简直与佛禅的结论完美映照，不分伯仲，或简直就是精神唯一、趋同而同归于大道。不过一个是从外在的社会而言，另一个纯粹是从内在的心性而言而已。

对比而言，佛禅之细密精细严谨深入，直然而透彻进入人心，可说是泣鬼神；儒家之博大精深、含天包地通天通地、自我及人、自心而身、自道及德、自思想及行动，可以说是胸怀天下、融化万物，那就是惊天地了。佛禅之深密细致，儒家之博大精深，前者深入挖掘人心人性，落实于心性；后者致广大而尽中庸，落实于行为。二者相契相资，互为表里，可以说是珠联璧合，相映生辉，成为中国人理想人格的构建中不可缺少的两个支柱。若再加上道家的诗意与超越，中国人的精神既立足于大地，又超越于理想，则更加完善而趋于完美了。

“定”与“止”，二而一，一而二，互为因果，不分先后，反复运用，交错以行。其义类同，其行无差。故在学习悟解和行证时，二者相参相依，可也。

如是而定！

明

中国人普遍喜欢给孩子起的名字就是“小明”。就像英文里面的Tom、Mary，就像日本人给女孩子起名“花子”“直子”一样。我们经常形容一个领袖伟大，就说他“英明”。我们做人，要明白事理、明智；我们的修行，为的是摆脱“无明”状态；老庄哲学要求我们“明哲保身”；等等，说明“明”这个字，意义非凡。我们有一系列由“明”组成的词语。什么是“光明”？光明就是我们的光照亮了一个对象，让黑暗消失。什么是“明白”？“白”，在甲骨文里是两个大舌头重叠在一起，叭啦叭啦不停地说呀说，表示费尽口舌，极力说明。我们费尽口舌，把问题说清楚了，那么这就叫“明白”。什么是“明智”呢？“智”就是“知日”，而“日”是人类与地球的能源，是根本，是源泉，明白、把握了“日”，就是有智慧。一个人有智慧，就可以驱散黑暗和阴霾，达到有光照亮、看清事实的一种心智状态。什么是“圣明”？“圣”有两个字体，一个是我们现在用的简体字的“圣”，下面是“土”，上面是“共”（供），表示我们敬拜土地神。繁体字的“聖”，是有个大耳朵的人，大耳朵的人能听善听，听得很清楚，表示内心宁静，有敏感超凡的能力，能在自然环境中辨音识相，是大觉悟的成道者，是先知先觉、洞察真相并能作出预言的人。所以“圣明”就是圣人善于察觉的智慧，这种智慧，能够使人认识世界，认识人生，从而让我们处于本来的无遮拦、无遮蔽的本性状态。“神明”“聪明”“高明”……都是因为具有神一样的、洞察一切的这种光，照亮一切，耳聪目明，站在高处，高灯下亮，使我们的智慧之光向四处散播。再比如“泾渭分明”，泾水和渭水在交流的地方，彼此不相混流，分野特别清楚。当我们把事物分开，能够有条理地把握、分析出来，也是一种“明”。“明星”，像星星一样，在天空中被我们羡慕、瞻仰，他们的能力、美貌、智慧，好像天上的星星一样，照亮着我们，吸引着我们的目光。“明理”，就是一个人明白道理，就是对于事理世相、对于现象的本质、对于事件的来龙去脉、对于世界理解的逻辑性，很清楚。还说一个人“明丽”，长得漂亮，又开朗，内心无私，没有潜藏的龌龊，不隐藏什么，又表象漂亮，这叫“明丽”。“证明”，就是找到足够的证据，让人知道事情的真相，证得自己的正确。这些都是“明”字的广泛用法。所以，“明”的意思就是，以光或其他手段，解除误解，驱除黑暗，照亮本质，让事情的本来面目呈现出来。

在甲骨文里边，“明”字是由“日”和“月”两个字并肩合并构成的，表示白天与黑夜发光的两个天体，并肩施惠，太阳在白天发光，月亮在夜里发光，轮番照亮这个世界。有的甲骨文写作，左边是个月亮，右边是个窗户，“床前明月光”，表示月光透过窗户，照亮夜里的房间，所以“明”的本义就是月光或日光将空间照亮，有“洞察”“使呈现”之意。我们看到的窗户这个字，现在被我们用来作“冏”这个字，这很有意思，看看这个窗户，空空洞洞的，还有窗帘、窗洞和窗框，活脱脱地把我们的内心里面“不明所以、空空洞洞”的状态描画了出来。我们在某些时候，就像一个窗户一样，空洞而廓大，不明所以然，不知如何行，就是“冏”这种感觉。

那么“日”和“月”两个字，左右写起来就是“明”，上下写出来就是“易”。“易”这个字，太大、太深、太重要了。“易”有好几个意思，如“简单”，简便易于操作。再如“变易”，即变化运动的意思，世界现象是多样的、变化的，存在的状态和过程是辩证的。还有“不易”之义，说“不易”之“道”作为世界的本质，虽然无声无形无象不可把握、不可执着，却是世界的母亲、本体、来源，它无来无去、不增不减、不垢不净，没有生死，不会变化，所以“不易”。还有普遍性、普适性、广大、全面等意思：“不变化”的这种理性的东西无所不在——总而言之，古人说：“世界作为现象”是“变易”的，世界的本质却是“不易”的、“普遍”的。这很“容易”把握嘛！

知“易”，我们也就能够“明”；“明”了，也就意味着懂得了“易”——世界及人对世界的认识和把握也就极其“简易”。“明”，是人的智慧；“易”，是世界内在的本质。二者互为表里，互为姊妹。可见“易”在我们中国人的心目中和文化中具有不可替代的崇高地位。

“明”和“易”，这两个字都是由“日”和“月”构成的。“日”为阳，“月”为阴，“明”和“易”的理解都要借助于阴阳和合的原理。世界万事万物，从属性上归纳，不外乎“阴”“阳”两类，这就是“道生一”“一生二”而产生的“两仪”，然后“二生三、三生万物”。“阴”“阳”两类事物互为存在、不可分离、紧紧地黏合为一体，却又界限分明，各自为体；二者互为短长，相互弥补，首尾相接；二者在运动中不停地相互转化——这是“明”和“易”二字的共同含义。知道了并能运用“易”这个原理于实践之中，就是“明”；而把握这个“易”的原理的方式和手段，就是“周易”。

下面举两个例子。一个是“明心”，一个是“明朝”。中国文化重视“明心见性”，“明心见性”就是“明心现性”。儒家主张“正心诚意”似的心性建设，加强自己的君子人格修养。道家主张冲破一切外在之物的诱惑的心性退让，回到我们“虚静无为”的“道”的状态：一无所有却又无所不有，无所作为却又一切均为。这都是“明心”。为什么要明心呢？人生来就具有一颗光明的、洁净的、无污染的心，如婴儿一样干净纯洁，无瑕；心静如水，不躁不烦不恼。可是在这个世界当中，面对物质的、文明的、各种外来的、非我的东西及来自各个外在的东西的诱惑，以及为实现自己的欲望而调动生命的所有能量和资源，去挣去抢，挣来抢来的东西，满足了人们的主体欲望，却同时也成为对人的一种强大的压抑力量，使我们的心蒙上了一层尘土，所以要“时时勤拂拭，莫使染尘埃”。明心就是让自己的心走出黑暗，走出污染，回归本来，回到自心自性，被光照亮，让被遮蔽的自我的本来属性敞开来，回到自己本来的、明洁干净的心性上去。这样就“见性”，也就是让自己的本性表现出来了——“明心”让“自我呈现”。所以“明心见性”或者“明心现性”，就是让我们能够摆脱外在的一切压抑一切束缚、一切异化我们的外来东西，回到父母未生我之时的本来面目，回到我自己的本性，回到自己真正的内心，从而放弃一切外相，走出生老病死，以及“爱别离，愿长久，求不得，放不下”等苦难的因果循环，获得一种从苦难的此岸世界到达彼岸净土世界的解脱。回到心性本身，消解心与外物的连接，放下心对外物的执着和依赖，取消二元对立，解除外对内、物对我的压抑与压迫，回到心性层次上的不二一体的状态，回到自心自性本相。对这个“明心见性”，如果用《易经》或者道家的思想理解的话，就懂得了阴阳两种属性既对立又一体的关系。如天与人的关系，叫作“天人合一”，人与自然界不是对立的，是完全融合为一体的。如心物的关系，心是物，物是心，心物不二，心物合一。各种事物的关系，叫作“不一不异”，从现象上看它们完全不同，不是一个东西，但从真相上看，它们绝无不同，都是一个东西。从文化交流的角度来讲，我们也一定要懂得中西文化既对立又融合的耦位关系。这样，我们就做到了天人合一，心物合一，人我合一，中西合璧。

道家亦如是。庄子所谓齐物、逍遥，意思是，任何物没有差异，所谓的差异都是基于一种误解，一种对相对性的肯定，当然也是误解。大鹏与麻雀有什么区别？大鹏“怒而飞，其翼若垂天之云。……鹏之徙于南冥也，水击三千里，抟扶摇而上者九万里，去以六月息者也”，它翅膀那么大，一飞就飞了几万里，很快就能从北极飞到南极。而麻雀呢？在草里面、在树间来回蹦跶，有什么意思？大鹏笑话麻雀，麻雀也笑话大鹏。其实大鹏真的大吗？小鸟真的小吗？大鹏是大鹏就行了，小鸟是小鸟也就行了。各得其所，是其所是，才是应然。大鹏干吗要和小鸟比较，小鸟又干吗去跟大吗比较呢？大有大的用处，小有小的用处，大有大的不好，小有小的好，不要横向对比，只做自己，适合自己就好。没必要在彼此之间进行相对性的比较，一旦打破相对性，就能够做到真正的平等，心态就会平和，就会摆脱外部的压力，真正不受外界影响和束缚、拖累，回归自我的内心，那么这就是“明心见性”。

这里，我们自然会产生一些思维方面的联想、勾连。佛与道皆认为，人之初生，是干净的、平静的、纯粹的，前者以“佛性”表述，后者以“道心”表述。随着成长过程中，主体性的发现、环境的影响、文化与文明的浸染，物质性的力量、污染性的因素、复杂的自然与社会关系，渐渐使人变得复杂、躁动、污染，人也就渐渐远离了本初的道心、佛性，把自己置于受外界如欲望、物性、权力、名誉等的控制之下，使自己异化成为非我的、非原初本性的人。只有经过经验的积累、阅历的增加、感悟的深化、学习的开拓、灵性的潜修、宗教的感悟，人类才能困难地认识到自己的本来面目，认识到自己被异化的困窘与痛苦，才能以各种方式向着原初的自我回归。“道者返之动”也好，“回光返照”也罢，所回归的不过是道心或佛性这个同一的东西。其实，放宽一下视野，我们发现，这不过就是我们耳熟能详的“看山是山，看水是水；看山不是山，看水不是水；看山还是山，看水还是水”的三境界，也不过是黑格尔的辩证法的三段论：正题、反题与合题而已。而这三个境界，或辩证法的三个阶段，不过是运动发展的三个形态，其最终的目的地在于：包含了感性的处于更高阶段的理性即精神，或于世间生存而能出世的超越性审美态度，以及具有丰满、完善的“德性”的道心佛性。所以，“明心见性”“大道归一”之所“明”所“现”、所“返”所“归”之处，不是纯粹的、原始的道心或佛性；而是属于人的、属于社会的，不拒绝社会、政治、道德、法律等意识形态和物质经济利益的，处于此时此地；更重要的，是能够放下、远离、保持距离的、具有超越性的“人”——这就是“人”的意思。“人”，不能是抽象的人、不能是“道”或“佛”意义上的抽象的人、不能是宗教意义上的人，而应该是具体的、社会性的、物性与理性相统一的人，是丰满的、多向度的、自由解放的人。这才是“明”字最好的阐释和表达。

第二个词是“明朝”。明朝是一个历史朝代，也是一个历史概念。从这个词上，我们可以观察一下中国历史和中华文明的运与命。中国文化在周朝时已经非常成熟，我们称之为“礼乐文明”。要讲“礼”，伦理、规矩、规范、体制。“礼”是自然法，也是社会法，更是君子法；还要活得舒心自在，有音乐般的美感，乐是人性和人权。礼乐文明，意味着我们的先民做到了阴阳和合，内外合一，天人合一，社会和谐，其乐融融。无论是天还是人，是心还是物，是家庭社会还是个体，都能既有秩序，又有美好的心态，心性美丽，幸福指数很高。所以周代文明已经达到一个相当的高度。到了春秋战国时期，文化再次新变，达到另一个后世无法企及的高峰。此时，百家争鸣，百花齐放，各种学术思想文化艺术像火山一样喷发出来，中华文明，正是由此而傲立于世界，与两河文明、印度文明鼎立，相映生辉。由此也奠定了我们汉朝文明。现在之所以叫“汉”族，是因为这个民族在汉朝时期真正形成了。汉朝，是在南方与北方、东方与西方，以及我们民族内部纷争的时代洪流中，各种异质文化交相流动融合的环境中形成的，所以汉朝之“大”，表现在经济总量大、人口总量大、国家版图大、军事力量大，毫无疑问，那绝对是世界上第一帝国、第一强国。汉代确立儒家文化作为我们的国家意识形态。精神核心坚固，体制坚固有力，经济发达，文化文学艺术光辉至极，盛极一世。然而纵观中国历史，物极必反，盛极必衰。且中国历史的另外一个特点，就是文明极有生产力的时期，有生产效率的时间，很多都是动乱的历史阶段。因为那种时期往往是知识分子最自由的时期，混乱的社会与匮乏的物质生活，根本不能阻挡他们的创造力。经历了三国魏晋南北朝，中国陷入战乱，也陷入了南北方、东西方的文化与交流之中，它的最大成果就是更加辉煌的唐朝。说辉煌，怎么说也不为过。我们经常讲梦回大唐，唐朝成为中华民族古代历史的最高峰。唐代作为一个混血家族的王朝，其典型的特征就是开放性和融合性、包容性。大街上有很多走街串巷卖艺的胡人。中国的音乐、乐器因西方之助力而变得丰富、发达与成熟起来。很多外国人在中国朝廷做官，那个著名的军事将领高仙芝就是高句丽人。学校里有大量的日本留学生。禅宗也走向最盛时期。女人的衣服开放、性感，性观念也相对开放，所以蔡东藩写“中国历史通俗演义”，说“汉经学、晋清谈、唐乌龟、宋鼻涕、元糊涂、清邋遢”，这个“唐乌龟”，就是说那时的性观念开放。男人们立志效力疆场，荡平外寇，就连李白这样的人也是志得意满，欲手刃敌贼头颅而后快。这是一个外向的时代，连诗文里面也是杀伐声嘶，雄气英发。如果说唐是“阳”，宋则是“阴”，仿佛一个骑马驰骋疆场的男儿，变成了一个拿着象牙板儿浅吟低唱的女子。唐有唐诗，宋有宋词，唐有唐三彩，宋有孩儿枕。宋代的精致，宋代的温柔，与唐代截然不同，别有风味和姿态，别有风情和韵味。此时，中国商品经济发达。文化以阴柔的形式极尽其辉煌，也接近落日的余晖。南宋末年，崖山海战，十万军民跟着小皇帝，在穷途末路的琼州海峡，跳进了大海。这一个壮举在人类历史上是史无前例的，这个壮举是一个象征，捍卫着中华民族的尊严，表达着中华民族宁死不屈的精神。元朝之后的明朝是一个资本主义经济萌芽的时期，也是一个文化上非常压抑的时期，还是一个政治压迫与人性解放共存共在的时期。由于经济的发展，政治上的压抑，造成人欲反弹，欲望横流，所以戏曲文化、小说非常发达，明传奇、世情小说都是人性要解放的一种标志。同时人也想回到自己的内心，所以哲学思想由宋朝的理学发展为心学，包括文学哲学上的“童心说”等。种种迹象表明，中国文化开始转向内部。当外在的辉煌、宏大，不再辉煌、不再宏大，开始内转为内心的敏感与细腻之时，我们的文化，实际上就开始进入下一个场景。清朝开始了文化的总结，考据学、《四库全书》，就在做总结，画句号。相反的，西方经过文艺复兴，高扬起人性和人本主义思想旗帜，经过自然科学与哲学的探索，西方开始进入资本主义。作为不同模式、不同思想、不同展开方式的两种各有优点和缺点的文化，东西方文化的一种移位，标志着人类文化的两种形态、两个面貌、两种特征、两种异质的东西，在不断的交流中，各自成长着、成熟着。历史上，东方文化温文尔雅，没有去压迫和侵略西方；近代以来，西方掠夺性的资本主义经济方式，疯狂病态压榨东方。今天，从传统走来，从西方那里学到了很多，一个东西方文化有机地融汇在一起的民族，在合适的历史时期，再次爆发了巨大的力量，我们将再次变得坚强。

放在中华民族文化史的宏观视角上看明朝，明朝是一个什么角色？我们“明”朝了吗？明朝是中华民族心、中华民族情、中华民族史的一个转折，是一个必要的、从古典文化走向近代文化的一个必然的过渡、一个桥梁、一个历史的宿命。它很重要，但是我们的文明并没有真正地“明”起来。我们从传统、从古典开始走向近代，也同时走向暗淡软弱。清朝在短暂的发展与辉煌之后，走向窝囊与穷途末路。“明”者未“明”，“清”者不“清”，从历史的角度，从文化的角度，“明”而暗，“清”而浊，好不让人悲伤！

神

“神”，在人类的文化当中，是个很重要也很奇怪的东西。人们往往把不可理解之物、不可把握之事，诸如命运、规律、必然、不可知者视为“神”，形成了宗教或迷信。“神”往往就是迷信，这当然是对于这个美好汉字的极大误解和误用。下面我们看一下“神”的真正意义是什么，以及如何用好这个“神”。在中国传统文化中，“神”是对“道”的性质和功能的一种描述，有“神通”“通神”之意。

“神”的性质，是深藏、秘密、无言、无相、至诚、柔软、包容、灵佑、神通等。“神”表现为内敛、博大、通同、功力。神现象为心、慧、道、术。神之主体是真人、圣人、至人、神人。神之功是修养，是法力，是道术，可以通天、同道、安心、修齐治平，无为而无不为、退让、柔性、以损而益。

先看“神”这个字的字源意义。“申”“电”“神”本是同一个字，后分化。“申”，甲骨文像神秘的霹雳、不同方向开裂的闪电。古人认为打雷闪电是至高无上的天神在发怒。当“申”的“闪电”和“天神”本义消失后，金文再加“示”另造“神”：由（示，祭祀）和（申，闪电）组合而成，表示祭拜发出闪电的天公。造字本义：古人祭拜的天公，万物的创造者和掌控者。篆文将金文的写成。隶书误将篆文的写成“申”。在中医观念中，“精”是生命能量的最高级形式，用以化血化气养神，若精气有限，则精竭人枯；“神”来自受孕时的父母“两精相搏”，是统领生命

的天真魂灵，若不自觉持守，容易后天耗散；“灵”是沟通天地万物的通神力量，比“神”更脆弱，要以静心与觉悟特别养护；“魂”是统领精神的神秘能量，也称“阳神”，主动，负责有意识状态下的情感、思想等心智活动；“魄”是统领肉体的神秘能量，也称“阴神”，主静，负责无意识状态下的感知、代谢等生理本能。《说文解字》说：“神，天神，引出万物者也。从示申。”

那么，“神”的“神通”的意义就很明显。自其本义而言，神是古人奉为天地主宰、享受祭祀的雷电。作为名词，神是万物的本源、世界的主宰，生万物并主宰万物。《周易 · 说卦》：“神也者，妙万物而为言者也。”或者，神是掌控肉体的灵魂、意识。《庄子 · 养生主》：“方今之时，臣以神遇而不以目视，官知止而神欲行。”所以，作为形容词，其义为绝妙的，奇异的，如神秘、神奇、神速、神医、神乎其神等；用作副词，则是奇妙地，不可思议地，如神迷、神思、神悟等。

“神”与“秘”常连用。“秘”字本为“祕”，本字“必”。“必”，既是声旁也是形旁，表示包裹、缠绕。“祕”，金文由（门，关闭）和（必，包裹、缠绕）组合而成，表示家中隐而不宣的事。篆文由（示，祭祀）和(必，包裹、缠绕）组合而成，表示隐而不宣的神迹。造字本义：隐而不宣或深不可测的神迹。俗体楷书误将正体楷书的“示”写成“禾”。《孟子》：“圣而不可知之谓神。”即用此义。

“神”字，从“被祭祀的雷电”引申为生育万物、主宰世界的神灵，其性、状、能被细致地描述出来。

“神”之性，为虚、深、秘、容。《老子》第四章：“道冲而用之，或不盈。渊兮，似万物之宗。挫其锐，解其纷，和其光，同其尘。湛兮似或存。”第五章：“天地之间，其犹橐籥乎？虚而不屈，动而愈出。多闻数穷，不如守中。”第六章：“谷神不死，是谓玄牝。玄牝之门，是谓天地根，绵绵若存，用之不勤。”神，在老子那里就是“道”。其特性内含是虚、纳、包容、动态、生命、动力。神是虚而不盈的，虚心、虚体、处下、在深、退隐，具有无限的包容能力。天地之间，犹如一个大风箱，在虚心而包容、在不断的鼓动中创造世界。世界如此复杂多样，但其实质不过是神道的“中”，即一，即和、即融，即与天地一体，无分你我，没有天地，拒绝二元，以冲和、不二、一致、一体为特征。那个深藏不露的神，具有绝对不死的生命力；那个神秘的器官，就是深不可测的道。它是万物之宗主、之母亲、之本源。于神于道，世界无锐、无纷，和光同尘，湛然洁净，透明澄洁。它在，虚而不屈、绵绵若存，但只是“好像在”，看不到它的实体形式。但是，它却实实在在地发挥着生命力，创造着世界、左右着宇宙。

“神”之质，至诚、柔软、处下、退隐。其一，至诚。《中庸》言：“至诚如神。”诚者一也。天地一、人我一、心物一、知行一、神人一、佛魔一、言行一，一而神，即和而神，即不二法门而神、而佛、而道。若能至诚归一，则无处不在，无所不容。其二，柔弱。不刚而胜于金刚，柔弱而无往不胜，不在而无处不在，不为而无所不为。其三，处下。上善若水，水利万物而不争。只求以其本性，利于人利于物，而不与人争，不于世争，虚而待人处世。然而只有处下，因其处下，四方归流于此，方能成其大、成其深、成其容、成其功。其四，退隐。功成身退，以退为进。进取者往往失，退隐者往往得。退一步海阔天空，成功则至悬崖，此时需要勒马，适可而止，知止为上，善退为智。退让、柔性、以损而益，是道心，是神性，是本然，是本质。

“神”之状是无言、无相、无行、内敛，是博大，是通同，是功力。它无处不在，而又不见其在。它秘而不宣，无言，不必宣扬自己的存在。它无相，找不到它的具体形象，不会在宇宙中刷存在感，获得他物或别人的承认与认可。它自足、自在，无须外力证明或资佐其存在。它不必行动，其本身就是行动，以无为而为，为于不为之中。所以它呈现为内敛、包容，因内敛与包容而成其博大，因博大而通世同道，因其为道为神故能左右万物，以成其大功。神者不说、神者不显、神者不行，故神者秘、神者动、神者行、神者神通广大、无往不成。

“神”现象为心、慧、道、术。神是心，神是创新、创生与主宰，而这就是心之力。心在慧。慧者，上为“彗”（扫帚）、下为“心”，即不断地打扫清除自己心上的污垢，使其返璞归真、返本归元，回到真心真性，回归自我自然。自然之我、本来之心、原有之性，就是道，道者非他，道即自然本身及其力量。有道即有术，道者生成与控制世界之力量，术者，此力量生发作用之具体动作与策略而已。《鬼谷子·本经阴符七术》先谈“盛神法五龙”，原文为：“盛神中有五气，神为之长，心为之舍，德为之大；养神之所，归诸道。道者，天地之始，一其纪也。物之所造，天之所生，包宏无形化气，先天地而成，莫见其形，莫知其名，谓之神灵。故道者，神明之源，一其化端。是以德养五气，心能得一，乃有其术。术者，心气之道所由舍者，神乃为之使。九窍、十二舍者，气之门户，心之总摄也。生受之天，谓之真人；真人者，与天为一。而知之者，内修练而知之，谓之圣人；圣人者，以类知之。故人与生一，出于物化。知类在窍，有所疑惑，通于心术，心无其术，必有不通。其通也，五气得养，务在舍神，此之谓化。化有五气者，志也、思也、神也、心也、德也；神其一长也。静和者养气，养气得其和。四者不衰，四边威势无不为，存而舍之，是谓神化归于身，谓之真人。真人者，同天而合道，执一而养产万类，怀天心，施德养，无为以包志虑、思意，而行威势者也。士者通达之，神盛乃能养志。”神作为“一其化端”“一其纪”的道，控制、指令着气，在心这个舍（地方）、在德性的助力之下，“得一”即“得道”，“乃有其术”，有道为先，有道即有术。圣人、真人，天质与方法不同，而其知道以通于心术、“四边威势无不为”，而化育万物，则一也。

“神”的主体是真人、圣人、至人、神人等。如上所引，“生受之天，谓之真人；真人者，与天为一。而知之者，内修练而知之，谓之圣人；圣人者，以类知之。故人与生一，出于物化”。真人生来就是神者，与天合一，他就是天，就是自然，就是道体。圣人是后天学习修炼而知者。无论是真人还是圣人，其得道的途径不同，但他们都能做到人与世界的合一、本来一体，达到“化”——一体、不二、无分别、圆融、澄洁——的状态。《庄子·逍遥游》言：“至人无己，神人无功，圣人无名。”“至人无已”，无已便彻底打破了对立面，进入到所谓“吾丧我”（《齐物论》）的超然状态。“神人”“物莫之伤，大浸稽天而不溺，大旱金石流，土山焦而不热”（《逍遥游》），“堕肢体，黜聪明，离形去知，同于大通”（《大宗师》），“无为名尸，无为谋府，无关事任，无为知主。体尽无穷，而游无朕”（《应帝王》），逍遥无待，大功而无功。“圣人”治道，如自“外天下”—“外死生”—“朝彻”—“见独”—“无古今”—“不死不生”—“撄宁”，终其天年，视死如归，打破一切对立面，又何必什么“至人”“神人”“圣人”的名位！俗人愚人，其心或游于此或游于彼，游于此则非彼，游于彼则非此；至人则“乘物以游心”（《人间世》），而“顺物自然”（《应帝王》），打破自我与非我、非我与非我、自我与自我的绝对分界，即是不是、然不然、可不可，非此即彼的思维方式。打破自我与非我的对立，洗刷内心中功名利禄的观念，本无所谓是，无所谓非，顺应自然规律，无所不是；违反自然规律，无所不非。故要“乘物以游心”，人就活得自由了。所谓“无己”，即破自我与自我的对立。世人遭受“与接为搞，日以心斗”的折磨，主要是因为有个“小我”在。“无己”就是破“小我”。“我”算个什么呢？“夫大块载我以形，劳我以生，佚我以老，息我以死。故善我生者，乃所以善吾死也。”（《大宗师》）生，时也；死，顺也。养生的目的在以尽天年，不在长生不死。死就是回归，“视死如归”。过了生死关，便进入“撄宁”（《大宗师》）、“大妙”（《寓言》）的境界。人自苦其苦、自寻烦恼的意识根源，在于沉溺于“小我”之见，沉溺于主观的是非之中，不能豁达、宽容、平等地对待别人，往往被自己所不能把握的东西搞得心烦意乱。使人体味到事物之间的普遍关系和物极必反、相互转化的道理，这又反过来有益于客观地看待矛盾，认识矛盾，把握规律，游刃于矛盾之中而“与物为春”，就能“安时而处顺，哀乐不能入也。古者谓是帝之县解”（《养生主》）。能无我、无相、无念念之心，即无牵挂、无相对性的牵掣、无妄想，而成逍遥游的神的境界。所以，神并不玄秘，人人可神。

“神”的功用是修养，是法力，是道术，可以通天、同道、安心、修齐治平，无为而无不为。神不是玄奥的，神是一种修养。此修养使人成神——知道、通道、体道、行道。我与天一体，人与道合一，人道即天道，我即世界。我所思者即天之理、地之道，我所行者即替天行道、是天地本身的运作。我之动即道之动，我之术即宇宙规律。为神，即为天，即为人，即天人相通，安外之世界，亦安内之心性，内外一体，内外皆安。大道归一，大道即一，一即禅，即道，即佛，即心，即性，以慧净心，心净而安，心安而定。以内外相通、天人一体之性，尽人之力，也就是尽道之性、之功，修齐治平，有何难哉！此即为何有“无为而无不为”之说也。道者无相、无为，然道无处不在无所不为。若人能修养成为神，则可无为而无不为也。

总之，“神”是不二一体、圆融混一、澄明洁净；“神”是无多言、无显相、无自为；“神”是深藏不露、大智若愚、不为而为、无功而功。做人行事能够达到神的层次，则是最高境界——“通融和谐”。

官

"官"，甲骨文是由"房屋"和兵符、权印两部分构成的，表示放兵符的房屋。造字本义：藏有朝廷所授权印的军政要地，即军营或政府。《说文解字》说："官，吏，事君也。……此與師同意。"就是说，官吏，是服务于君王的人，与"師"中的含义相同。""是"師"的本字。甲骨文是象形字，字形像古代兵符，像是圆块中的一部分。古代朝廷将刻有虎、狮等图案的圆形玉块，切割成裂纹不规则的两块或几块，部分留在朝廷，部分放在地方或军队，朝廷和军队均以所持兵符能否吻合来检验兵权和调动权的真伪。这种有图案的残块是最早的"兵符"。有的甲骨文加（兽尾制成的帽饰或表示权力的道具）写成会意字。该字由（，残块兵符）+构成，表示代表军队最高指挥权的兵符和表明军中最高指挥者身份的虎豹彪尾帽饰（是"尾"的简写）。有的甲骨文误将表示兽尾的""写成（"币"）。金文承续甲骨文字形。篆文誤将金文字形中的（）写成""（币），将金文字形中的写成。造字本义：名词，古代检验军权的兵符。《说文解字》："师，二千五百人为师。"师是军队编制单位，二千五百人组成一个师。因此，"官"和"师"都代指军权，即统帅对军队的绝对领导权和控制权，后来其内涵进一步扩大，泛指一切权力，并借代为掌握这种权力的人和官僚系统。

中国古代的官僚，是位于最高权力中枢即君或王、皇帝与"民"之间的一个庞大的行政权力中间系统；君或王、皇帝——官僚系统——民，构成了中国的政治体制和权力分层。当然，君、王与皇帝分别对应着不同时代的不同的生产关系，并表现为不同的个体特征、权力掌控方式以及与“民”的统治关系。

中国远古时期的历史，夏启之前属于原始部落氏族社会，没有私有财产，土地公有，统治者并不位尊权重、高高在上。他也是普通人中的一员。但是，他必须是德才兼备的，其德性足以为人表率，其能力足以维护部落的正常生活和安全。这个人就是“君”。“君”，甲骨文=（手执权杖）+（口，命令），表示握权执政，管理事务。金文将甲骨文字形中的手执权杖连写成。篆文承续金文字形。造字本义：动词，发号施令，执政治国。隶书将篆文字形中的写成。《说文解字》：“君，尊也。从尹，发号，故从口。古文像君坐形。”所以君为天下至尊。字形采用“尹”作边旁，表示管理万千事务；因为发号施令，所以同时加上“口”字。这是古文的“君”字，像君主端坐的样子。古人称文治天下的智慧首领为“君”。

古代相传的帝王，有巢氏教人们构木为巢，燧人氏教人们取火熟食，他们是渔猎时代的酋长。伏羲氏是游牧时代的酋长，神农氏是农耕时代的酋长。这都是最早的“君”。荀子说，“君者，善群也。群道当，则万物皆得其宜。六畜皆得其长。群生皆得其命”。也就是“天有其时，地有其利，人有其治，夫是之谓能参”。也就是《中庸》所谓“能尽其性，故能尽人之性；能尽人之性，故能尽物之性；能尽物之性，故则可以赞天地之化育；可以赞天地之化育，则可以与天地参”。“君”的主要职能是，把一群当中的事情措置得妥妥帖帖，如处理部落内部的矛盾和纷争；带领大家共同生产；当外来部落侵入本部落领地伤害本部落的利益时，组织并带领氏族成员抵御侵略。所以原始的“君”，其实不过是一个社会的管理者、一个总的首领。因为这个时期的社会是原始部落氏族社会，人口少、地域小，一个“君”可以照顾方方面面。所以这个时候不需要庞大的官僚系统。他主要实行德治、文治，以仁爱之心统领部落，以个人魅力影响和控制他人。部落时代的内部，都是有良好的规则的。君主们按照一定的规则行事，就是圣主贤君。这个时代就是孔子所谓的“大同”时代了。所以，后来的儒家思想就把“君临天下”、行仁政、讲德治、重教养作为政治治理的理想，而“君子”

人格也就成为儒家的理想人格。《大学》《中庸》所谓“明明德”“亲民”“止于至善”，“格物致知诚意正心修身齐家治国平天下”“中庸”“慎独”“素位”“诚”“内圣外王”，以及孔子推崇的名、仁、礼等，既是人格要求，也是君王的属性。这当然是很理想的。然而，这种“君”，这种制度，是以公有制也就是原始共产主义社会的生产关系为基础的。一直到夏启建立政权之前都如此。

夏以后，随着财产私有化，部落内部的利益纷争成为新的常态，部落兼并也导致部落的不断扩大和新部落内部的分层，产生了奴隶和奴隶主，例如，别的部落成员在被征服之后就变成了本部落的私有财产——奴隶。人口增加了，阶级出现了，领土扩大了，部落演变为国家，“管理”转变为“统治”，那么，文治与德治就显得力不从心，其结果，产生了两个变化：一是仁义之“君”必然转换为暴力之“王”，二是必须设置辅佐最高统治者管理社会事务和国家的公卿士大夫。“王”，甲骨文字形像带手柄的宽刃巨斧。有的甲骨文在战斧（士）的基础上加一横指事符号，表示“王”是超级的“士”。造字本义：名词，最大的战斧，借代战场上所向无敌的统帅。金文承续甲骨文字形。有的金文将斧形的简化成，淡去了斧形。篆文承续金文字形。在远古冷兵器时代，军人所使用的武器，代表军人的级别与地位：身在前线用小型战斧作战的叫“兵”；身在将帅身边使用大型战斧的高级警卫叫“士”；手持特大战斧的威猛将帅叫“王”；开创缔枝为巢时代的首领叫“帝”；文治天下的智慧首领叫“君”；头戴金冠的至上王者叫“皇”。《说文解字》说：“王，天下所归往也。董仲舒曰：‘古之造文者，三画而连其中谓之王。三者，天、地、人也，而三通之者王也。’孔子曰：‘一贯三为王。’凡王之属皆从王。李阳冰曰：‘中画近上。王者，则天之义。’”也就是说，“王”是人心所向、天下归附和向往的英杰。董仲舒说“王”字的三道横画，分别代表天、地、人，而能够参悟、贯通这三者的人，就是王。孔子也说：“一贯三为王。”李阳冰说：“‘王’与‘玉’有微妙差异，‘王’字的三横中，中间一横比较靠近上面的一横，而‘玉’字的三横距离均匀。王之所为，就是天义。”所以，“王”不再是文治者、德治者，而是武功者、刑治者（后来进化为法制），治理、管理变为统治，统治的手段主要是武力。“王”是武力最强的人。王，不仅管理本国事务，还要处理其他部落或小国的关系；他具有很多的私有财产和奴隶；有很多的特权；在社会等级当中，处于最高的位置，具有最大的权力。“王”所统治的时期，大体相当于中国历史的夏商周时代。这是一个由奴隶制经分封制向郡县制不断转变的漫长的历史时期。周天子称“王”；东周时列国纷争，诸侯国的统治者，本来称“君”，意味着认为自己的国家不过是原来的部落，必须受“王”的统治。但是，随着礼崩乐坏，诸侯僭越，诸侯诸“君”开始称“王”，原来的周王被边缘化了。当时的大国，如齐、秦、楚、魏等，尽皆称“王”。据《史记·赵世家》记载，五国相王，独赵武灵王不肯，曰：“无其实，敢处其名乎？”令国人谓己为君，认为自己只能管得一国的事。所以，“君”和“王”是有严格区别的。“王”，其本质是武力征服与震慑，所以，王者往往成为霸主。春秋各霸主，是取代周王的地位和权力的。后世儒者往往把“王”与“霸”二者对立起来，希望实施王道而排斥霸道，实际上他们的“王道”，不过是原始部落时代的“君道”而已。

国际关系、国内的阶级关系需要“王”征服、协调和稳定，这样复杂而庞大的工作，是“王”之一人不可能完成的。于是，“王”就把自己的同姓、外戚、功臣、故旧，置于诸部族之上，让他们行使管理职能，协助自己工作。这就是早期的“三公”“九卿”“二十七大夫”“八十一元士”。“三公”，有时是“司徒”“司马”“司空”，有时是“太师”“太傅”“太保”。在虞、夏、商、周时期，“王”还设有四辅，“前曰疑，后曰丞，左曰辅，右曰弼”。“三公”“四辅”，都是助理王者实行统治的人员机构。这就是“公卿世族”。这时候的公卿世族，还没有形成强大的官僚集团，还残留着“君”治部落时代的痕迹。此一意义，看“卿”字可知。“卿”是“鄉（乡）”的同源异体字；而“鄉”是“嚮”（向）和“餉”（饷）的本字。“鄉”，甲骨文=（两个“欠”，两个相向而坐、张着嘴巴的人）+（皀，食物），表示主宾两人隔着餐桌的食物相向而坐，一同进餐。简体甲骨文省去两个“口”，将表示张口吃饭的“欠”简写成“人”，字形由“鄉”变成了“卿”，表示在餐桌上相向而坐、亲密共餐的贵宾高朋。金文“卿”承续甲骨文字形。篆文“卿”将金文字形中相对的两人写成，将金文字形中的“食”写成。造字本义：动词，主宾相向而坐，亲密共餐。隶书将篆文字形中的写成，将篆文字形中的写成。古籍中，本义为“相向而坐，亲密共餐”的“鄉”字，演变丰富而多向：1. 着重表示相向、朝向、面对时，再加“向”（窗口朝着的方位）另造“嚮”字代替；2. 着重表示亲密、亲近时，用简体的“卿”代替；3. 着重表示慰劳、宴请时，另造“餉”（饷）代替；4. “鄉”字则表示名词的引申义“古代相互亲近、彼此宴请的氏族聚落”。《说文解字》说：“卿，章也。六卿：天官冢宰、地官司徒、春官宗伯、夏官司马、秋官司寇、冬官司空。”所以卿是作用突出的大臣，其地位虽然高贵，但其与别人的关系仍然是平等、亲密、敬爱的。所以，“王”之行政效果，离不开“公卿”的辅助，而公卿，仍然是公有制时代的遗留。他们是本阶级利益的代表和维护者，在公有制时代也是普通百姓利益的维护者和保护者。但在进入私有制时代之后，他们成了统治者阶级利益的代表，成了特权阶层，成了与民众对立的阶级，也就成了腐朽和没落的势力。

战国时期，代表地主阶级利益的法家适应社会的进步，开始打倒公卿等世族贵族，“士”开始上升。例如，非常流行的“养士”风气，就因为“士”已经成为重要的社会力量，能够发挥重要作用。再如，自从“学在官府”变为“学在民间”，教育下延到普通人，过去被天子、巫师们控制的、贵族专有的文化和意识形态，现在开始由广大众多的知识分子影响或掌控，并发展成为百家争鸣、百花齐放，为中国营造了一个文化精神发达的时代。“士”，金文像是有手柄（即，是“又”的变形）的宽刃战斧。造字本义：名词，手持大斧作战的武夫。有的金文淡化斧刃、突出斧柄。篆文承续金文字形。隶书有所变形。《说文解字》说：“士，事也。数始于一，终于十。从一从十。孔子曰：‘推十合一为士。’凡士之属皆从士。”士，就是善于办事的人。天地之数，从一开始，到十结束。字形采用“一”“十”会意。孔子说：“能推十合一、从众多事物中推演归纳出一个根本道理的人，就是高明的士。”所以，士有文士，有武士。不论是文士还是武士，他们都是新兴阶级的代表，是“懂道理”的“高明”之人。他们必将取代旧的世族贵族。这样，随着地主土地所有制逐渐取代了公有制和奴隶制，诸侯国也逐次被兼并，国家分裂状态结束，中国成为一个统一的强大帝国，“士”开始登上历史和政治舞台，遂逐渐发展为官僚阶级和集团。与公卿一样，开始时他们是民众的代言人，其利益是与民众一致的，但是，当其作为一个阶级拥有了自己的集团利益并为之苟营，就成为民众的反面了。

秦始皇并天下后，令亟相御史说：天下大定，而名号不更，无以称成功、传后世，于是定最高统治者名号为“皇帝”。按“帝”字本义，并非始皇所期望的。“帝”是“締”的本字。“帝”，甲骨文是指事字，字形在“木”（树）的上端加一横指事符号，写成，上端的“才”（房柱房梁）表示以树为柱、以树为梁，即在树杈上构筑巢居；圆圈指事符号表示系束，即在树杈的框架上大量系束枝条，以构成树上栖居空间遮风挡雨的顶面、四个立面、底面。在没有锋利金属工具的巢居时代，不存在凿孔削榫的建筑技术，古人只能利用竹、藤、绳等柔韧材料来系扎、加固联结物。简体甲骨文字形将树杈形状的“才”简化成倒三角形，将表示系束的圆圈指事符号简化成横写的“工”状。有的甲骨文在顶端再加一横指事符号。甲骨文异体字在“木”（树）的上端和底边各加一横指事符号二，表示利用树木。有的甲骨文异体字在树杈内加一个“口”，表示巢居的开口，门或窗。金文将甲骨文字形中“木”的下端写成似“巾”非“巾”的。篆文承续金文字形。造字本义：动词，在树杈上系扎捆绑，締枝为巢，开创巢居时代。隶书将篆文字形中表示系束的“工”写成“下框”，将篆文字形中似“巾”非“巾”的写成明确无误的“巾”。巢居的发明，使先民摆脱了选择有限、进退不便的穴居困境，为生存赢得了空前广大的自由空间，使中国的史前文明革命性地跃进一大步；而最早締枝为巢的部落首领，也由此被先民尊称为“帝”。当“帝”由动词“締结”引申为名词“统治者”后，篆文再加“丝”（系扎、捆绑）另造“締”代替，表示在树杈上系扎捆绑，締结筑巢。所以，古人称发明巢居、为众民带来新生的首领为“帝”。“帝”是一种尊称，是民众对其首领心悦诚服的敬意的表达，认可这个首领在社会管理和人心中至高无上的地位。所以，“地位最高的统治者”，就是“皇帝”。秦嬴政就是取的这个意思。《说文解字》说，“帝”是最高称谓，又是君王统治天下的称号。始皇帝之后，“王”转成为“帝”；相应地，公卿贵族的职能转变为一个由“士”组成的庞大的官僚系统和集团来完成。从贵族统治到官僚统治，是中国历史的重要变革。原来的贵族的地位是用兵力征服而取得的，加上他们与天子的血缘关系，从而他们可以拥有爵位、封地和财产包括奴隶，天子、诸侯君王、公卿世族等都是；而秦代以后的官僚是帝王任命的，他们只是职能岗位、一个组织系统的具体环节，只能听命于皇帝，实行管理百姓的职责，他们随时可能被免职。分封制结束，郡县制开始。而官僚集团的出现，保证了中央集权，也才能保证庞大的国家的管理、治理的有效性。统治系统变得强大、复杂。原来，“君”是事必躬亲的，与百姓地位是平等的，社会是扁平的；“王”不可能再一如既往地事必躬亲了，但仍然能够通过管理诸侯的方式管理国家，社会是分层的（天子是诸侯们的宗主，只管理诸侯，其权力仅限于这个阶层，诸侯国领域内，天子无权管理；诸侯是士大夫的宗主，其权力只限于这个层次——分层是很明确的）；而“帝”，其地位无限上升，远离世间平民百姓；由帝王任命的官僚集团作为帝王与社会的中介环节，有效行使国家统治权力。这样，帝王虽然不能也没必要更无可能事必恭亲，其权力仍然可以通过官僚系统直插具体而微的社会。郡县制的封建制，不同于分封制的封建制，而是立体的、有机的、效率更高的社会和国家统治系统性组织。官僚集团、官僚阶级的出现，是这个政治形式最典型的特征。

吕思勉先生说：“官僚阶级的性质，从理论上说，往往是如此的：(一）所尽的责任，灭至最小限度。（二）所得的利益，扩充至最大限度。……所以怠惰和贪污，乃是官僚阶级的本性”。“官僚政治的情态是：(一）不办事。(二）但求免于督责。(三）督责所不及，便要作弊。不办事的方法，是（甲）推诿，（乙）延宕。推诿是干脆不办，延宕是姑且缓办，希冀其事或者自行消灭。作弊乃所以求自利，求自利，是一切阶级本来的性质，与其阶级同生，亦必随其阶级而后能同灭的。官僚既成为一阶级，自亦不能违此公例。所以官僚阶级的营私舞弊，侵削国与民以自利，是只能随监督力量的强弱而深浅其程度的。……做事的但求卸责，及监督不及，便要作弊。”（《中国政治思想史》）

官僚阶级的构成，首先是指现任官吏，当然还要包括以下三种人：志愿做官，即准备以官为职业的人；虽非官员而与官相结合托付以牟利的人；辅佐为官的人。本来，中国社会，由于其宗法性质，所以，乡间的自治性很强，比如族长，就具有很大的实权，能够决断乡间事务，其权力或在法律之上。这就是所谓人民用以自治的“乡职”。乡职的利益，本来应该与人民一致，反抗对人民的压迫和剥削，但后来，乡职反多与官僚相结合，去剥削人民了。所以他们仍然是官僚阶层中的一员。读书人是官僚集团的后备力量，也是官僚阶级意识形态的生产者。依据不同的环境，他们有各种表现形态和出路。其一，他们虽然并非一定能得到官职，但是可以做幕友，以学识辅助官吏；背吏，为官吏办例行公事；斯役，供奔走使令。他们或舞文，或敲诈，或与官僚们联合，仍然从属于官僚集团。其二，或者相反，他们变为不问世事的清流，或专门的学者，或纯粹的隐士，总之是无用于民的。科举制实行以后，取中者，是要给他官做的，实在是一种文官考试。然其所考的，则唐朝为诗赋和帖经、墨义，宋朝则废帖经而改墨义为大义，都是和做官无干的。唐朝的进士试诗赋，其性质多近于浮华。明、清的科举重四书义，四书注则采用朱注，所以其士子的性质，多近于迂腐。空疏则不知官吏的职责，迂腐则成为改革的阻力。其三，清代士大夫很少谈政治和社会事务，而集中心力于辞章考据，就政治方面论，大都无用。其四，他们抑或会结党营私。在野之士，慷慨喜言政治，留心政治的人必多，若没有严明君主控制，则可能会演变为党祸。其中的首领可能有公忠体国的人，但大多数附和的人，则都是为名为利。如果加以惩治，恰恰使其名气变得越来越大，而越来越大的名气，则给他们带来更多的利益，正是“正中下怀”了。只要有严明的政治，持之以久，而不为其所摇动，久则是非自见，彼将无所借以鼓动群众，其技即将穷而自止，而党祸也就消灭了。

那么，在这种官僚集团压制之下，凡稍有才力的人，都升入官僚阶级，或远离政治与社会，或无用，或在野而结党营私，则人民方面所剩的，就只是愚与弱了。除以暴动为反抗外，就只有束手待毙。官吏在责任灭至最小限度、权利扩至最大限度的原则下，不会来替你办什么事的；而且你要自己办事，还会为其所破坏。凡人民相生相养之事，在古代，由其团体自谋，而其后由人君代管其重要之事，至此，就没人过问了，人民遂现出极萧索可怜的状态。中国后世的人，都要返思古代，这并不是无因的。因为表现在古书中那种“百废俱举，即人和人相生相养之事，积极的有计划、有规模，而人不是在最小限度之下，勉强维持其生存的现象”，在后世确乎是不可见了。本来，民就是最弱小和低微的。“民”，甲骨文=（目，眼睛）+（是“又”的变形，表示带手柄的利刃），表示用利刃刺瞎眼睛。金文“民”，基本承续甲骨文字形，将甲骨文字形中带手柄的利刃写成锐器形状，同时省去了甲骨文字形中眼睛的瞳孔，写成，强调“民”是无瞳的瞎子。篆文误将金文字形中的“目”写成，导致“目”形难辨。造字本义：动词，手持利器刺瞎战俘眼睛，使其无力逃跑，成为顺从的奴隶。隶书进一步变形。所以，在早期，“民”就是奴隶，后来是没有土地的雇农、佃农，再后来意义扩大，阶级属性不再那么明确，就统统把社会底层的“百姓”称为“民”了。孟子曾谓“民为贵，社稷次之，君为轻”，并没有为“民”翻案，让他们做高于君王的主子，拥有很高的地位。因为这个“民”，仍然是奴隶和最底层的农民，而那个“君”，与这些“民”是没有差别的。孟子的意思是：“君”也没有什么了不起的！这是对战国时代的君王们的讥刺和规谏。对外而外，在国内，君主所行的是政治，政治是实际的事务。凡实际的事务，总是带有调和的性质，即是求各种势力的均衡。官僚和民众的利益，处于相反的地位。而这两个阶级，都有相当的势力，做君主的，不能消灭哪一方面，也不能过于牺牲哪一方面，只得求其势力的均衡。所以做君主的，也只能将官僚剥削平民限于某一限度以内。过此以往，便不能为人民帮忙。这正是“民”之可怜处。

静

儒家讲“心斋”，讲“居敬守一”；道家讲“大道集虚”“归根曰静”；佛家讲心念不起、静心禅定。“静”下来，才能认识自己，认识外物和他人，才能处理好自己和外物、他人的关系，才能使心灵高洁，安静而干净，才能集中精气神，与“道”相接相应，才能穿透表面现象而进入本质，才能以不变应万变，才能做事不急不躁，一气呵成，切磋琢磨，精益求精。

“知止而后有定，定而后能静，静而后能安，安而后能虑，虑而后能得。”面对世界万象、宇宙时空中的纷扰杂乱、痛苦纠缠，作为主体的人就应该能知能识能思能觉，以既止且观的形式想办法让自己的心停止下来。我们似乎不能控制外物因缘（此就常人而言，对于儒家所谓圣人君子和佛家禅宗之许多开悟的高僧大德，则可以以心转物，运万象于股掌，控世界于心田，归客观于主体），但是我们至少可以控制自己的心（意识），使其断绝与外物因缘的关系，或找到一个圆融一体的状态，总之是在心地上下功夫。当心能够停止下来，我们就成功了第一步，但是，心止之后仍然存在两种可能，一是稍事休息，继续动荡不安，二是定于某处。止者，已经没有了相对运动，但是还没有固定于某一点、某一处、某一位置，所以下一步需要定位，即儒家所谓“素其位”：定在那个位置，并且纯粹一点、干净一点，一丝不挂，毫无挂碍，动脱如意。如同一个人流浪既久后，建立了一个自己的家，而“安定”下来。所以，“定而后能安”。安者，安于自己的位置；安者，安心安静。心安即静。其状，或如夜间万籁俱寂之时，或如处于山野寺院之中，无外界之纷扰，无任何无用信息之刺激，无任何冗余之杂事，心识之能开始舒展，开始真正地面对世界和自己，分明清楚地看到世界和我心的具体性状，在心物一体圆融平衡的境界中，得到心灵的喜悦；其高深者，物我两忘，喜哀俱无，我物一体，内外不二，真正是一片澄明，得明镜圆智、无上正觉。此就是因定而静，以静而安，安之可思，思而后能得。得者，依儒家意，即是正心诚意修身，即是修齐治平，即是诚一以对天下、仁爱以待社会；依佛禅意，则是得其圆融智慧，得解脱即涅槃。依儒家意，能有此得即是善始善终、止于至善；依佛禅意，此得并非终点，真正的终点在于不得而得、无有而有。所以佛家当然也要经过知止、定、静、安、虑、得的修行过程，但是得之后却还要继续前行，达到无得而得、无空无有、无是无非、无我无相的彻底无、毕竟空。所以，佛禅之得，是无得而得，是绝对自由自在的无得无待无二无别的彻底圆融。两相比较，佛家更为深入一些，若能以佛家之旨，行儒家之实，可谓最高品者。

动静之论，实在是难。说万物皆动，无绝对静者，是。说动静相依相待，只是相对而言，实际上无所谓动静，是。其实，若我们把关注点放在外物上，则世界是动是静，实难了知。动与静，只能相对于我们的心而言：我看是动就是动，我看是静即是静；外物本无动静，动静关乎一心。这就给我们修止观的功夫打开了一扇可能的窗口：心可以止物，可以动物，可以无物，可以心物一体而一片、混融不分。

心与物的关系是动与静的根源。“万法唯心”之论，不是说我们的客观世界是由我们的主体生产制造出来的，而是说，我们的心即主体之能，可以以其强大的主观力量，改变自己的认识，在“心”上达成与外物的一致，或改造世界万物。恰如拿手电筒去照亮对象一样，心识的“能”，就在于“它照亮”，世界就是亮的；它不照亮，世界就是暗的。它打出了彩色的光，那么世界就是彩色的。照，就是心的作用，就是建构“我们的世界”的强大工具，可以说，也是唯一的资源。我们身处于其中的世界，绝对不可能是一个客观的世界。“我们的世界”，一定是“为我”而造的，也一定是“由我”而造的，更必然是由我的心而造的。所以一花一世界，一人一世界，不同的观点、不同的观察角度，也有不同的世界。

如此说来，静者动者，即非客观世界之物理性征，而都是我心主观性的外在投射。我心动，则外物必动；我心静，外物何以能动？所以，要止要观，必须先“知”，即说明所有的行为，必须取决于我们主观的“知”，即“能”。所以如果把“能”理解成“能力”“能不能”之能，显然是太窄狭浅薄了。此“能”，是哲学意义上“能所”之能，即人的主体能力、主观意识之功能。它强调主体性，所以佛禅在说开悟时，往往说“能所两忘”，就是二元世界中的主观与客观、我与外界、认识主体与认识对象、认识能力与认识内容，一个是能动，一个是所动，一个是施动者，一个是受动者，两者统统忘记，或者说根本就没有这个“两者”。

那么，世界之动静，全是我心的动静的外射。当我心静，外界就无吵嚷纷扰，再无动荡不安。定，我们定位于具体的某处某点，此时，我们的心不再彷徨无定，而是止定一处，动荡的世界就忽然也安定下来，以往的风声雨声市井嘈杂也忽然消失了。那种分裂的、多重的、多元的、动荡的、嘈杂的、无序的、闹心的……全部消失于寂静之中，一种一体性、一片感、圆融态、分明而安详的境况倏然生成，把“我”放置于这个无我无物、圆融无碍的美妙之中。世界是如何还是如何，任何一方都没有改变；但是，在静的境况之中，自在喧嚣的世界对我无言，躁动不安的人物对我而安，它自有声音，它自有生灭，但是在我的心里，它们无声无息，安静安详。世界在我的心里，却不留下任何痕迹；我在世界上存在、走过、消失，也没有占有、带走任何非我之物。我与世界交往交织，其状历历分明；而我与世界本无纠葛，其界也历历分明。心如明镜，彻照世间人我一切，明明白白；世间一切人我，却从来没有真正进入到镜子之中去。正如心如止水，水止而静、而净，如镜子一般，照见世间人我一切，历历分明，但是人我世间一切，却并不纠缠而纳于水中间。徐志摩《再别康桥》的名句：“悄悄的我走了，正如我悄悄的来；我挥一挥衣袖，不带走一片云彩”，即是禅静的极佳写照。

——此所谓静也，安也。何虑何得哉？无虑无得即虑即得也。

笑

自然的笑、甜蜜的笑、眉开眼笑、会意而笑、又说又笑、低头含笑、哄堂大笑、哈哈大笑、苦笑、假笑、皮笑肉不笑、狂笑、嘲笑、冷笑、淫笑、狞笑、奸笑、阴笑、冷笑、微笑、偷笑……

“笑”字看多了，你就不认识它了。你每天都在笑，可是你却不一定注意笑本身。

“夭”，既是声旁也是形旁，表示扭动身体，挥臂起舞。“笑”，籀文=（口，嘴巴）+（夭，扭着身体），表示因为快乐而身体扭动、嘴巴张大，发出笑声。篆文=（甲骨文“眉毛”的变形，像张大嘴巴哈哈大笑时的眼眉弯着的样子）+（夭，的变形，扭动身体），突出当嘴巴张大、发出笑声时的眼睛形态。有的篆文以“颜”（脸）代“夭”，强调“笑”的特殊面容。造字本义：因生理或心理受刺激，手舞足蹈并发出兴奋、快乐的声音。篆文的“夭”经过隶化后，楷书误写作“天”。

所以，“笑”字的第一个含义是高兴时的动作：身体扭动、眼睛眯起，嘴巴张大，发出笑声。

《说文新附考》：“笑，此字本闕。”“臣鉉等案：孫愐《唐韵》引《说文》云：‘喜也。从竹从犬。’而不述其義。今俗皆从犬。”有的篆文则误将开心的眼眉形状写成“竹”，导致字形费解。李阳冰刊定《说文解字》从竹从夭义云：“竹得风，其体夭屈如人之笑。未知其审。”

真的“未知其审”吗？从竹从犬从夭，种种猜测，让人以为费解。其实不然。这就是文化——人文“化”出的一种“文”——“美”。确实，如李阳冰云：“竹得风，其体夭屈如人之笑。”且“俗皆从犬”。我们可以看到一个佛意盎然的画面：在一个丛林修竹的园子里，亭台楼阁的深处，有轻轻的音乐婉转悠扬着。你坐在草地或一把藤椅上，或干脆是打坐在蒲团上。有清风徐来，水波不兴。风吹几竿竹，竹密岂妨流水过，也不妨风过，而风过无痕，水流亦无痕，风水皆无意。一只小狗从草地上悠闲地摇着尾巴走过。竹子在风的轻轻吹送下，扭动腰肢，飒飒作响……此时此刻，此情此景，你笑也未？笑即不笑，不笑而笑呀！

所以，“笑”字的第二个含义是：一种禅境，一个生活，一张画面，一片心性。

“笑”的核心是“夭”。“夭”是“妖”的本字。“夭”，甲骨文像一个人舞动两臂的样子。造字本义：女子妖娆起舞。金文承续甲骨文字形。篆文将金文字形中的“人”写成，表示扭动脖子侧着脸的舞姿。当“夭”的“妖娆起舞”本义消失后，隶书再加“女”另造“妖”代替。我们通常说“妖怪”“妖娆”“妖气”“人妖”“妖媚”……可见人们对“妖”字的感觉之多、之复杂：既肉体观感地欣赏享受，又道学地口诛笔伐、坐怀不乱。岂有坐怀不乱者哉？未尽然也。一个女子，扭动腰肢，跳舞歌唱，媚眼含春，顾盼生姿。这是人间最美的意象了吧？所以，从人类感性的角度看，我说你“妖”，说你“媚”，是对你最大的褒奖和赞赏。这也就是我们常说的性感。不过性感与妖媚比起来，深刻性、可想象性却差得远了。

这是“笑”字的第三个含义：妖媚，也就是对一个人的性感最高的赞赏。

妖媚地舞动肢体，就是舞蹈。没有道具的舞蹈为“夭”，有道具的舞蹈为“無”。“無”与“舞”同源，至篆文分化。“無”与“舞”，甲骨文像一个人两手挥动花枝。有的甲骨文在手挥花枝的人的头上加“口”（歌唱），像祭祀者双手挥着花枝吟唱祝祷。金文将花枝与手分离，并在两束花枝上各加一个“口”。有的金文字形淡化“口”形、“手”形，同时加“辵”（行进），表示在行进中舞蹈祭祀。在金文字形基础上，篆文“舞”加双足“舛”写成，强调双足配合双手，和着乐曲，有节奏地踢踏跳跃。“舀”，既是声旁也是形旁，表示掏出舂好的米。“蹈”，篆文=（足，脚跟）+（舀，手持勺子从杵臼中掏出谷物），比喻脚跟踩土。造字本义：舞者翘着双足踩地、踢土的动作。舞蹈是肢体运动的造型艺术，挥手做姿叫“舞”，劈腿踩踢叫“蹈”——一个美女，弯弯的眉，含春的眼，双手举着鲜花，腰肢扭动，双脚应和着音乐的节奏踏着大地，边扭边唱。

那么，“笑”字的第四个含义是：让我们伴着音乐，手捧鲜花，载歌载舞，庆祝一切的美好！把我们的心声发表出来，与世界的韵调和合！

然而，如辛弃疾之“叹人生，不如意事，十常八九”。李白应之以“明朝散发弄扁舟”，是仙家风范，是站在高处的审美的态度，却不是人间的实实在在。孔子乐观豁达、积极进取且泰然处之，可能是更好、更切实的应对方式。《论语·子罕》达巷党人曰：“大哉孔子！博学而无所成名！”子闻之，谓弟子曰：“吾何执？执御乎？执射乎？吾执御矣。”一个村民说：“孔子真够伟大的！什么都通，就是没有什么特长，没有成就和名气。”孔子以近似玩笑的风趣语气对学生说：“那么我要专攻什么呢？驾车呢还是射箭呢？我还是专攻驾车吧。”达巷党人怎么能知道孔子的鸿鹄之志和高深城府！孔子因而笑了。

据《史记·孔子世家》记载，孔子在周游列国到了郑国时，与弟子走失，孔子一个人孤零零站在郑国东门外。郑国有人对子贡说：“东门外有个人，高高的个子，脑门很高，好像古代名人的样子，然而那副垂头丧气的站立样子就像那丧家之犬。”后来子贡就将此话转告孔子。孔子开心笑道：“样貌形状像不像古代帝王我不知道，倒是说我像丧家之犬，他说得没错，没错！”豁达大度，一笑而过！孔子在陈蔡之间遭遇不明真相之人围堵，“不得行，绝粮。从者病，莫能兴。孔子讲诵弦歌不衰”。面对危机，能够弦歌不衰，这种对于人生的穿透感、从容态，让人景仰。

我们没有孔子的智慧，何不演义一番？“笑”，上边是“竹”，下边是“天”！天啊，这不是我家园林中生了春草的池塘中的倒影吗？流水落花，很美；水面的睡莲，很佛意；而天落在水里，很博大；我把这一切看在我眼里，留在我心里，我很“道大”！天是什么？“一”加“大”。“大”就是

“一”，“一”就是“道”，“道”就是“天”，“天”就是“太极”，就是可止应止之处，即“至善”，即最高最美的境界。我们何以会笑？因为我们知道、明道、体道、行道，因此而广博、高远、无限、包容。我们深入世界，同时出于世间；我们平等待之，却也居高临下。《中庸》：“君子中庸，小人反中庸。”为什么？“中庸”，就是“至者”，就是“善者”“素者”“纯者”。“中庸”，经伦夫妇之义，成乎君臣之礼。有鬼神之德，圣人之性。五道九经，通乎中庸。“中庸”者，明也诚也，知道尽性也，变也化也，成也宜也，豫也知也，永久无息。“中庸”，“博、厚、高、明、悠、久”，“致广大而尽精微，极高明而道中庸”，纯素一道。一言之，“中庸”就是“道”，就是“大”，就是永恒，就是纯粹与精诚合一。儒者经济社会、和谐自然、通达人心、心物不二。儒者，其大无外，兼容并包。如是，我们可笑矣！

所以，“笑”的意义是：大度从容，淡然处之，所谓“笑口常开，笑天下可笑之人；大肚能容，容天下难容之事”。够大，才会笑到永远。笑你，笑我，笑天，笑地。我们剩下什么呢？剩下手捧鲜花，饰以野草，扭动腰肢，以眉的妩媚回应世界、回应自我，在旋转和融化中，将一切具体包容净尽。

于是，我笑了，你笑了。我看着这个“笑”字，止不住地在这个封闭的书房里浅浅地笑了。只有书页被风吹起的沙沙声。我不知道你在做什么，旁边有何物，有何人，但我衷心地祝愿你：笑着。

爱

小爱多恨，大爱无疆。爱非只男女之爱，男女之爱扩大而至于宇宙；普遍世间之爱，皆同男女之爱者，方是大爱。

先看一下“爱”字的字形字义变迁。“㤅”是“愛”的本字。㤅，金文=（欠，一个人张着嘴巴，表示呵气或喃喃倾诉）+（心，同情、疼惜），表示疼惜、呵护，倾诉柔情。篆文将金文字形中的“欠”写成。繁体篆文再加“夂”（倒写的“止”，行进），表示因疼惜对方而奔波。造字本义：动词，用心疼惜呵护，喃喃倾诉柔情，为之奔波辛劳。隶化后楷书將篆文字形中的“欠”写成，将篆文字形中的写成，将篆文字形中的写成。简体楷书“爱”采用行书字形，依据草书字形将正体楷书字形中的“心”和“夂”简化成“友”。楷书由“愛”简写成“爱”，不仅导致金文字形中的“欠”形（温柔的呢喃）消失，连正体楷书字形中的“心”形也消失。

我们可见“爱”的画面：怀着同情、疼惜和一体不二的心念，伏于对方的脸上、胸膛，喃喃倾诉，这是心与心一致、身与身一体的愿望的表达；两个个体之间是甘愿付出与给予的关系，双方愿意为了对方的幸福而努力奋斗、奔波、劳苦。爱，是一个静止的画面，也是一个动态的过程。爱的核心是同情——具有相同的情感，可以称之为情感共鸣或共振。无论是父母与子女之爱，还是情人之爱，都是一种不可分离、相互依赖、以体贴温暖和甘心付出为特征的情感关系。

当然，“爱”字字形的变化是一部形象的爱情、情感演变史。随着社会的发展、历史的变迁、汉字字形的不断进步和简化，爱的意义和表现形态也发生了变化。两个有爱的个体，各各分别，自身并不能成就自己，自己的存在一定是依赖对方的，所以，两个个体生下来就是相互亏欠的，这种亏欠感需要两个人用一生为对方的付出来弥补。这是“欠”。《周易》的太极图，其中的两条阴阳鱼，彼此是不能离开、分离的，自我以对方的存在为存在的前提和保证。可以说，这个图式是“爱”最形象的表达。为此，每个人都要努力奔波、劳苦，自强不息，获得足够的物质资料、精神成果，以汗水或者泪水，贡献于对方。这是倒写的“止”。所有的这一切都是源于一颗爱心，心是所有的物质交换、情感融合、社会行动的基础，是爱的大道、基本原理和动力。这是“心”。然而，字形演变到今天，“欠”“止”“心”的元素或消失，或隐而不见。也许，越是原始时代，人们的爱越是接近生命的真实：那种彼此依赖的社会关系、那种发自内心的贡献、那种为爱而自强不息的劳作精神，都是爱的必然本义。随着社会文明的发展，权力、秩序、物质、资本的操控力越来越大，人的本然性越来越变得无足轻重。爱情变成伦理的牺牲品，变成道德的附属国，变成资本的运作对象和商品，变成生育的工具，从而，现代社会的爱，变成了表面上的浓情蜜意、故作多情而实际无情，变得经不起外力、欲望、环境的干扰。本于基本意义的爱情在现代人类的生命与生活当中越来越奢侈。这也就是有人追求无功利的、纯美的爱情，必然走向失败、无果而终的原因。

爱的真义：没有两个相互区别的个体。它们本来就是一体的，以相互亏欠的形式存在着，无论多远甚至无论性别（性别也是一种分别，是假相，而这种分别的假相，正好是人们能看到和体验到的相互“亏欠”，正如太极图中的阴阳二鱼一样）。我们是一体的——我的任何变化、任何感受，在观测的时候表现为你和我的变化和感受，然而事实上，这种变化和感受就是纯粹的变化和感受，没有“你的”和“我的”之别。这世界本来没有“二”，没有区别的“你”和“我”。所以，真正有爱的人，不是朝夕相处，不是共存共荣，尽管这种状态是美好的，而是没有距离和分别的相互亏欠、相互需要，就是不分你我的感受与变化。在此，笔者拒绝使用“共同”这个词汇，因为“共同”意味着非纠缠、非整体、非一体的分裂状态。我爱你，实际上是我爱自己；我爱自己，实际上就是我爱你，因为没有你和我的分别。

如果从我们的自然状态上“看”，有一个我，有一个你，那么你我的所有状态和变化都是共同的：这两个个体之间，没有可以测量的距离，没有任何可物理化的状态的区别。爱，就是不二，就是一体，就是无区别、无相对。难怪庄子说，爱，或说逍遥，就是要去掉相对性的区别心；难怪佛说，这世界本来无二无别、整体圆融、不二一体，没有过去未来现在，没有时间与空间，没有你没有我，没有心没有相。本来无一物，本来都是不二，你区别什么、对待什么、痛苦什么，又因何烦恼？你爱谁？谁爱你？本无你我。我们只是“爱”就行了。这就是大爱，即所谓“慈悲”——给人快乐，助人出离苦海。你留住于世间、虚妄的自然界间、以自己的五识五蕴来定义和认识这个世界，那么，在相对性、区别性中，你就会有贪心、嗔恨和痴迷，就有了颠倒梦想和恐惧，就有了永远摆不脱的轮回，就处于深重的污染不净之中。所以你痛苦不堪。

所以，爱就是一，是符合宇宙大道的不二一体。最基本的爱情形式就是男女之爱。男女之爱是那种你我不分——即使姑妄分之为男女，也只能体现为太极图式的那种亏欠、相互缠绕、相互纠缠。当我们去掉了我执、他执，我们才有真爱。更进一步，当我们去掉了我与别人的对立性区别，我与他人才是真正的爱，那就是儒家之所谓“仁”。我们的儒家文化是充满爱心的文化。事实上，中国文化的核心就是“爱”。依据儒家思想家们的思考，作为社会性的动物，人的生存依赖于一个社会共同体，这个社会共同体在某些时候是必然要有规则的，以应对因个体的本能、本性、自然的属性而带来的人与人的相互冲突。人只有在一个有规则（伦理、道德、法律等）的共同体里面，才能有和平、幸福可言：幸福与和平是以局部牺牲个人的某些天赋权利为代价的。这也是道德、法律的基本原理。所以，周代发明了“礼乐”文明，简直可以说是人类伟大、精明、有效的发明。在“礼”这个规则规定与规范、约束之下，我们才能有“快乐”和“音乐”——音乐一样的和乐、舒适、幸福和快感。这也就是政治、社会学上的阴阳之学：一阴一阳谓之道，阴阳和合，万物因而生，万物各有其位，万物呈良性存在并健康发展。所以，我们讲爱，是以“仁”这个社会学概念而不是自然概念来讲的：社会群体中人和人的关系，那种和合、平等、包容，才是真爱，才是大爱。当人们把社会当作一个整体，即以礼或法律、道德等形式把世界“做”成一个整体，实际上是以人为、人文的手段把已经远离自然的社会回归基本然的自然状态——不二一体、无分无别的“自己的样子”，我们才有真爱。所以，父慈子孝、忠孝仁义、诚信友爱、齐家治国、天下一家，是阴阳和合之大道，是社会和谐之大道，是政治治理之大道，也是暗合了量子物理学的粒子纠缠之本相的。

再进一步，当我们去掉了人与自然的区别，人与宇宙即是一体的。再也没有任何对立。一切东西无色无味无形无动静无变化无消长，一切东西不过就是道体本身，就是佛性、佛心、太极、无极、理念。我心即是宇宙，宇宙即是我心。我即宇宙，宇宙即我。我与宇宙同体不二，同形状同速度同情感同温度，一切皆同，因为它们本来就是一个。这是坐禅的状态，是“坐忘”的状态，是逍遥的状态，是感性与理性相互融合的状态，是无我无物无相无念的状态，是真空妙有的状态，是自然而然的状态——这就是大爱！

既然，爱是不二一体，那么，我们作为一个个体的人寻找自己的另一半，也就是要找到自己的本来面目，要找回自己：我存在于与对方的纠缠中，也就是我存在于我自己当中。寻找爱就是寻找自然的自我。

所以，爱，是本能，是自然。不可改变。只是，人能否从小我之中走出来，成长为一个大智慧的人，把自己看成对方，把对方看成自己；把自我看成社会，把集体看成个体。穿越历史，放弃时间观念；穿越空间，放弃空间观念，达到佛的智慧和心态，一体不二，懂得真爱，懂得大爱，这才符合宇宙的原理。当人顺应着宇宙之道而在，他就是自由自在、齐物逍遥的，他就是神仙，就是圣者，就是君子，实际上，就能够控制自己了。

儒

什么是“儒”呢？“儒”字由“人”和“需”两个字组成。“需”是“濡”、“偄”、“儒”的本字。“需”的金文字体是由“大，成人”和“水，汗”两个部分构成的，表示一个人腋下、腹背出汗。有的金文误写成和。当“需”的“体虚盗汗”本义消失后，篆文再加“人”另造“儒”代替。造字本义是“体虚盗汗，软弱无力”。所以，《说文解字》说：“儒，柔也。术士之称。从人，需声。”章太炎也说，“儒”在古文字中本来是写作“需”的，而“需”则是求雨的巫觋（“太古始有儒，儒之名盖出于需。需者，云上于天，而儒亦知天文、识旱潦……庄周言，儒者冠圜，冠者知天时，履句，屦者知地形，缓佩玦者事至而断，明灵星舞子吁嗟以求雨者谓之儒……古之儒知天文占候。”）。胡适写了一篇《说儒》，说儒是“殷民族的教士”，以“治丧相礼”为职业，也就是我们今天婚丧嫁娶仪式上的司仪。还有人从《周易·需卦》的卦辞中考证，“需”是“术士所操之术的动作行为”。也有人考证“儒”之起源，与乐师即早期掌管教育和仪式的“乐官”有关……

虽然说法很多，但综合起来看，“儒”字首先是柔弱之人，引申为儒雅之士，后来，“柔弱”的意思就消失了；最早属于巫师、术士阶层，是殷周时代参与仪礼操持的巫祝史宗一类文化人。就是孔子自己曾经也说过，自己和巫觋有很深的关系。马王堆汉墓帛书《易传》中有一篇《要》，其中就引了孔子的话说，“吾与史巫同涂而殊归也”。为什么与史巫同途？据孔子解释，巫是“赞而不达于数”，史是“数而不达于德”，“赞”通“祝”，《周易·说卦》“幽赞于神明而生著”，“数”是历算推步星占一类知识。可见孔子也认为他自己与巫祝史宗是同出一途，只是他从“祝”“数”进一步求“德”，所以他说自己与史巫不同，“吾求其德而已”，“我后其祝！我观其德义耳也”。实际上，远古时期，文化、权力是由巫师们把持的，因为只有他们才有通天地、识人事的能力和资格，天子也是巫师。所以，他们是文化人、掌权者、贵族阶级。（章太炎《原儒》说：“是诸名籍，道、墨、名、法、阴阳、神仙之伦，旁有杂家所记，列传所录，一谓之儒，明其皆公族。”）后来的儒家思想，其实就是基于巫师们的天地观念，以及由此衍生出来的大一统的国家观念、和谐万邦的社会观念、专制与仁政的政治理念，还有礼乐文化、伦理道德秩序等，都是巫师们创建的文化成果。周代的思想就是这种思想的集成。据吕思勉先生说，农家是神农时代的思想，道家代表黄帝时代的思想，墨家代表夏禹时代的思想，法家代表东周时代的思想，而儒家，则代表西周时代的思想。所以，“儒”是巫之后来的知识分子形态，儒家思想是早期的部落意识形态。儒家思想自天地而尽于人事，讲究积极进取，致力于社会、国家、政治体制上的和谐秩序的建构，故，“儒”正是“人”之“需”。

周秦时期，“学在官府”的文化垄断被打破，“学在民间”，平民知识分子阶层崛起，经过春秋战国数百年的动乱、整理和文化上的创造性、爆炸式探索，中国的政治、文化走向成熟，儒生们开始从民间走向庙堂，干预、参与并主导政治。广义的“儒”，通指有知识的人，春秋战国时期的百家者流，皆称为儒。狭义的“儒”，指的是儒家，即孔子开创的思想学派，专门指称儒家知识分子。“儒”们所做的工作，早期是作为巫师沟通天地人事，后来就成为教育工作者，“儒之名于古通为术士，于今专为师氏之守……以书数为本”。“儒者，知礼乐射御书数。《天官》曰：儒以道得民。说曰：儒，诸侯保氏，有六艺以教民者。……《吕氏》曰：皆六艺之人也。”“六艺”正是孔子开办教育培养人才的“培养方案”和教学内容。孔子的伟大，就在于他率先开办私学，开展面向民间的普及教育，培养了大批人才，他们成为统治阶级的主体。有文化有思想的统治集团，就是“儒”的第三个角色。“儒”是官僚阶级的主体，也是政治家、思想家包括经学家的集团。“《七略》曰：儒家者流，盖出于司徒之官，助人君顺阴阳明教化者也。游文于六经之中，留意于仁义之际，祖述尧、舜，宪章文、武，宗师仲尼，以重其言，于道为最高。”（以上皆引自章太炎《原儒》）所以，“儒”最早作为巫师，是观天地察人事的、拥有知识和权力的人。他们把天地的结构和秩序顺推到人事、社会以及伦理道德领域，依照天地的模式和规律，设计了政体、社会组织范型，并发展出天地阴阳、不二合一的思维模式，规定了君君臣臣、父父子子、男尊女卑的伦理纲常以及仁义忠孝友悌等德性修养、诚意正心修身的心性修养。

汉代，儒家思想成为压倒其他学派的主流思想，上升为国家意识形态。“儒家”思想为什么能上位为国家意识形态呢？因为他们既是统治阶级的代言人、张本者，又是中国人心性修养的规则制定者，更是中国传统文化精神、体制的奠基者和设计师。

首先，儒家是理想主义者。不过这种理想是把上古三代作为理想国的，具有明显的复古性。他们逆时代潮流而动，知难而进，执着地坚守他们的理想。事实上，除了法家思想外，儒墨道农等诸家思想都具有这个特征，都是往回看的、复古的，所以吕思勉在他的《中国政治思想史》里说，“先秦诸子的思想，都是落伍的”，“假使先秦诸子而真见用于世，见用社会，而真本人所学以行事，其结果，怕会弄得很糟的”。但诸子的贡献是巨大的。须知，春秋战国时代是一个历史变革的时代，是生产力进步、生产关系调整的时代，是地主阶级、知识阶级上升而奴隶主阶级、贵族阶级没落的时代，而周文明当时已经是非常成熟而发达的文明，所以春秋战国又是一个中华文明革命新变更生的时代。这个时代过去之后，秦汉帝国确立了真正的封建制，这个封建制继承了周代礼乐文明的精神核心，张扬并实践了儒家、道家等各家有用的政治理念和理想。所以，东周知识界和思想界的反动性，历史地看却不是反动的，其无用性历史地看却是有大用的。

儒家的理想社会是“大同”社会。《礼记·礼运》说：“大道之行也，天下为公，选贤与能，讲信修睦。故人不独亲其亲，不独子其子，使老有所终，壮有所用，幼有所长，鳏、寡、孤、独、废疾者皆有所养，男有分，女有归。货恶其弃于地也，不必藏于己；力恶其不出于身也，不必为己。是故谋闭而不兴，盗窃乱贼而不作，故外户而不闭，是谓大同。”作为保守的一派，孔子要恢复周公时代的领主制；赞美尧舜时代，认为它是大同之世、太平社会，意欲建设一个固定的、巩固的、不变动的封建制度，恢复周公时代的制度。这个制度既是宗法制，又是礼乐制，讲“亲亲”和“尊尊”，君仁臣忠，父慈子孝，男耕女织，四世同堂。人们讲诚信，爱和平，男人有职业，女人有归宿，弱势群体有人照顾，路不拾遗，夜不闭户。然而夏以后，中国进入“小康”：所有人都只爱自己的父母，只疼自己的孩子，人人为己，财产私有，职位世袭。于是，人们筑建城池，确定礼义，划分领地，豢养爪牙，因为非如此不足以保护财产，不能够规范关系。阴谋、战争成了常态。大同是“天下为公”，小康是“天下为家”。天下为公，就是公有；天下为家，就是家有。与大同相比，小康之世是文明时代，也是道德堕落时代。正如老子所说：“失道而后德，失德而后仁，失仁而后义，失义而后礼。夫礼者，忠信之薄，而乱之首。”大同就是“道的时代”，小康就是“德的时代”。失道而后德，所以周公讲德。失德而后仁，所以孔子讲仁。失仁而后义，所以孟子讲义。失义而后礼，所以荀子讲礼。真是每况愈下！然而，儒家说，大道没了，还可以有中道。中道就是“小康”，就是仁政，就是王道。仁政就是最基本的底线，能以仁政治国也不错，但不能再退了。

无论是“大同”还是“小康”，“礼制”是共同的、不可或缺的。所以孔子讲“礼”“名”“仁”。其精神要义在于建构并捍卫一种合理、合情、有效、持久的政治与社会秩序，这就是“礼乐”文明社会。这种秩序是比照天地、基于人心的。礼，追求建立一种上下有差别、等级有次第的差序格局，用于整顿人间的秩序。儒者不仅懂得外在仪礼的种种规则，而且更加重视其表现的思想和观念，以及这些思想观念对于社会秩序的意义，“非礼勿视，非礼勿听，非礼勿言，非礼勿动”，为的是培养一种遵循仪节的自觉习惯；“君君臣臣父父子子”，为的是形成整个社会井然有序的差序结构。当世上的每一个阶层、每一个个人都按照这种礼仪来规范自己的行为和举止，那么就有了秩序。礼仪不仅是一种动作、姿态，也不仅是一种制度，而且它所象征的是一种秩序，保证这一秩序得以安定的是人对于礼仪的敬畏和尊重，而对礼仪的敬畏和尊重又依托着人的道德和伦理的自觉。没有这套礼仪，个人的道德无从寄寓和表现，社会的秩序也无法得到确认和遵守。

秩序的保持，需要各正其位、各定其名。《论语・子路第十三》："子曰：必也正名乎？……名不正则言不顺，言不顺则事不成，事不成则礼乐不兴，礼乐不兴则刑罚不中，刑罚不中则民无所措手足。故君子名之必可言也，言之必可行也，君子于其言，无所苟而已矣。""名"，就是象征性符号，而这套象征性符号就是事实世界本身，它们整饬有序，暗示和促进事实世界的整饬有序，而它们的崩溃，就意味着世界秩序的崩溃。这样，人们常常希望通过"符号"的再次清理和重新确认来达到对"事实"的清理和确认。人们希望通过"正名"来正"实"，换句话说，就是借助对名义的规定来确认或迫使社会确认一种秩序的合理性，从而建立一种上下有序、协调和睦的社会。所以，儒家思想也被称为"名教"。魏晋时期的解放思潮，就是以"越名教而任自然"的口号，对禁锢人的儒教进行挞伐的。荀子的弟子如李斯、韩非都是法家的重要人物，法家的"循名而责实"对于"名"的重视就源于儒家。因为儒家与法家都意在重建或维护某种秩序，二者是血脉相通的。

然而，以"名"确立的"礼"，会不会过于冷酷、无情、压抑、机械呢？有这个可能。再说，这个"礼"，人们凭什么要遵从它？有没有人性、人心的根据呢？孔子说，有，那就是"仁"。"礼"之所以必须"履"，是因为它符合"仁"，"名"之所以必须"正"，是因为这样才能达到"仁"。"仁者爱人"，这种"爱人"出自内心深处的平和、谦恭和亲热之情，扩展为一种相当普遍的感情、一种将心比心的体验、"己所不欲，勿施于人"式的发自内心深处的对"人"的平等与亲切之情。这种感情的普遍性，源于它可以追溯到血缘亲情。"性相近也，习相远也"，这里的"性"就是人的本性，而血缘之爱是从血缘中自然生出来的无可置疑的真性情，这种真性情就是"孝""弟"。《论语・学而》中说，"君子务本，本立而道生，孝弟也者，其为仁之本欤"。人有了这种真感情并且依照这种真感情来处理自己与他人的关系，就有了“爱人”之心，从爱此到爱彼，感情由内到外、由己及人，层层推衍，一个既有等级秩序又有情感温度的社会就形成了。仁，就是建立理性社会的心理基础，也是“礼”的秩序得到自觉遵从、“名”的象征得以长久稳定的内在保证。这里，思想深入到了人的内心世界，儒家思想中讲求心性修养的思孟学派已初露端倪。

其实，整个儒家思想更重视内圣外王式的个体修养。行王道、仁政，积极进取，经世济民，“齐家治国平天下”，是外王，是“亲民”；而“格物致知诚意正心修身”，是内圣，是“明明德”。内圣与外王两者，内外兼修，相辅相成，则无论是个人、家庭还是国家各大小层面，都能做到“止于至善”。就内圣而言，个人要“慎独”，人与人之间要忠恕孝悌仁爱，做事要坚持“义”，这都是很重要的伦理规范和道德修养。立身处世的原则是中庸，中正温良，执两用中，不偏不倚，不走极端。不缺位，不越位（《中庸》里的“素位”），不过头，不掉队。凡事恰到好处，就是中庸之道。做人要质朴、真诚、坦率、原色，但不能粗鄙，因为“质胜文则野”。相反，如果太讲修饰，过于文雅，便难免装腔作势，显得虚伪，因为“文胜质则史”。所以要文质彬彬。处理好文雅与质朴、文与武、刚与柔，以及一切矛盾对立的双方的关系，就是“文质彬彬，然后君子”。这就是“中”。“庸”本义是城墙，意味着实践行动的界限。例如报德与报怨的问题，你认为应该怎么回报，能够怎么回报，那就这么回报。这种回报，可能是以德报怨，也可能是以怨报怨，还可能是既不德，也不怨，干脆不报。至于是哪一种，全看应不应该，能不能够。这样大家就都能做到了，因此是“庸”。庸，就是不唱高调。至孟子，心性修养一脉更上一层楼，提出“万物皆备于我”“不怨天，不尤人”“富贵不能淫，贫贱不能移，威武不能屈”的“大丈夫”人格。人不可有傲气，但不可无傲骨，不骄不媚，养“浩然之气”。浩气充盈胸中，就是“美人”，叫“充实之谓美”。如果还能放射出光芒，就是“大人”，叫“充实而有光辉之谓大”。如果这光辉还能感化影响别人，就是“圣人”，叫“大而化之之谓圣”。如果这感化和影响还不知不觉，就是“神人”，叫“圣而不可知之之谓神”。美、大、圣、神，是人格修养的四种境界。只要有此浩然之气，就会以天下为己任，以正义为担当，至大至刚，至正至强，光明磊落，坦坦荡荡，成为顶天立地的男子汉。

以上两个方面，一则偏重于社会、集体、伦理，其精神核心是礼乐文明、等级秩序及其和谐仁爱，二则是个体的心性道德修养，其核心是中正中庸充实高尚。所以，儒家思想既是国家的、社会的、政治的思想和行动指南，也是蓝图和体制设计的圭臬，更是个体内在特性、心性德性修养的标准和人格理想。这两个方面，一外一内，一集体一个人，互根互依，相辅相成，中国文化，由此而稳固、灿烂，辉煌无限。

儒家思想的历史和时代生态，也很有意思。在诸子时期，儒墨并为显学，但墨学的兼爱，没有人性依据；墨学的艰苦作风又悖于士人的生活风尚；墨学的语言学、逻辑学和自然科学也与中国文化基因里的诗性原则、和合思维不和谐；墨子学派代表的是下层劳动者，他们当然不能成为知识界的主体，所以，他们被边缘化甚至在后世沦为游侠。所以，墨家学派很快就没落了。道家学派主张示弱处下退隐无为，深度契合后世知识分子的精神肌理，其“无为而治”的思想也时而被统治者比如汉唐之初期的统治者拿出来“休养生息”一下，但终究缺乏对集体主义、国家主义的宏观层面的关注，也没有制度层面的积极设计，没有积极用世的致用精神，所以也只能游走于政治、社会思想的边缘，更多地配合着知识分子的内心抚慰，成为美学的超越性境界的依托。儒家之被拣选出来为时代所用，是必然之义。汉代以后，佛教东来，佛儒道三家，边打边和，互通有无，在对立中和合通融；儒家学习佛教从而深化了修心养性的一面，宋明理学和心学、佛教关联甚大；佛教也适应了中国本土的国家主义、集体主义和仁义诚善的理念，自觉地配合儒家思想对国家、政治和社会的制度性管理以及满足统治阶级的政治需要，虽然有时也能上升为国家意识形态，然而毕竟属于短暂的辉煌，最后还是在玄学、诗学的影响之下，演化为禅宗，去喝茶品道欣赏山水云林洒扫庭除进行美学的观照和审美地生活去了。虽说儒道佛是中国文化的“三驾马车”，儒治世而能积极用世、佛治心而能离世度人、道治身而能审美地超越，三者各有分工，彼此帮扶，互为表里，积极配合，使中国人的精神和中国文化精致圆满，使中国的政治、社会、经济等思想和实践牢固地建基于人心人性之上，但是，中国社会的需要、文明发展的价值设定，还是把儒家思想作为不可替代的思想主流来认同和使用的。所以，“儒”要么在乡间积极地耕读，要么在庙堂参与政治管理，而“道”和“佛”，则要么流离于山林草莽枯索地优哉游哉，要么深藏于心性深处坐忘涅槃了。

当然，儒家学派和儒家思想，其政治命运和形象也在不断地被重塑着。儒家思想是站在当政者或者说执政党的角度立论的，是统治阶级的意识形态，其价值在于为统治者张本。所以，统治者就把孔子尊为至圣先师，把儒家思想作为国家意识形态；而必然相反地，被统治者、造反者或没落者，必然把孔子作为自己的敌人，必欲毁之而后快。范文澜先生在《中国通史简编》里说，统治者在未取得政权时，毁侮孔儒；取得政权之后，尊孔敬儒。历史证明统治者在未得政权、已得政权以及政权将要崩溃的时候，对孔子的态度是不同的。汉高祖一开始看不起儒生。后来做了皇帝，用太牢（牛羊猪）祭孔子。

另外，“儒”曾经泛指“有用的”“知识分子”，包括三教九流、诸子百家，后来，儒家思想上升为国家意识形态，“儒”这个字被“儒家”专用了。“儒”生们在中国两千多年的历史上，一直是被人尊重的。但是，儒生们也并非人人可以受尊重的。部分儒生，是没有人格、没有主体、没有信仰的，这部分人在战国时代被称为“贱儒”。那时候的“士”，作为社会中间阶层，看不起老农老圃，不愿意吃苦劳动，但贵族并不承认他们的地位，很少有机会做大官，故憎恶世卿把持权力和财富，要求登进贤才，希望做官食禄，最好做国君宰相，周公相成王是理想，次之做世卿家臣也可以。士，想维护旧统治者地位，可是摇摇欲坠；想反对世卿大臣，可是他们仍然有实际权力；想做大官，可是被压抑；想安于贫贱，可委曲了治国平天下的学问。于是就产生了一批贱儒。齐王田辟疆与儒者匡倩的对话很有意思。齐王田辟疆问儒者匡倩说：“儒者赌博吗?”匡倩说：“不赌博。因为赌博以枭为贵，杀枭才能胜利，杀枭是不合理的，所以不赌博。”又问：“儒者射鸟吗?”匡倩说：“不射鸟。因为鸟在上，射者在下，下害上，是不合理的，所以不射鸟。”又问：“儒者弹瑟吗?”匡倩说：“不弹瑟。因为瑟小弦发大声，大弦发小声，大小贵贱变乱位次，是不合理的，所以不弹瑟。”田辟疆听了喜欢道："很好。"这匡倩真是典型的贱儒。可惜的是，这种贱儒代有人出，不绝如缕，似乎逢迎拍马、吹舔抬谄、价值观念扭曲、丧失人格和人品、放弃主体性和自尊，才是唯利是图、高高在上、名利双收的不二法门。这与孔子的君子人格、儒家修养相去甚远，也应该受到社会的鄙弃。但是，有这么多的人，鄙弃得过来吗？"儒"，真的需要"吾日三省吾身"了。

修

修身、修道、修佛、修仙、修心、修学……“修”，在中国传统文化中是一个关键字眼，指向人的学习、修养、调心、健康的各个方面。凡事都要“修”，要功夫，要精进。

1. 修道

烦恼，都是因为一个“缘”字。“缘”是人与物、人与人之间的物质利益关系、距离远近关系、判断关系、情感关系、逻辑关系，总之，就是一个“关系网络”。人们生存于这个网络中，会产生世间矛盾、心物对立，乃至于我自己与自己的对立。所以除去烦恼的办法，一定是想方设法解除这种关系的纠葛和限制。

道家修“道”，其心法有两种。一曰“独”，二曰“一”。前者就是把自己从复杂的关系纠葛中独立出去，切断自己与外在的价值关联；后者是根本不承认这种“缘”纠葛纠缠。这是世界观，也是方法论，是逻辑前提，是行为状态，更是修行结果。

《老子》论“道”时说了一句“独立而不改”。即“道”处于一般因果系列之上、之外，不与他物相对存在，不受其他因素影响。如果你能达到“道”的状态，你就是完全自由自在的解脱状态。“道”就是“独”，“唯一”“无他”“独立”，超越于因果和利益，无名无相无逻辑。故《庄子·大宗师》南伯子葵问道于女偊，何以年长矣而色若孺子？答曰：“吾闻道矣。”此所谓“闻道”，女偊称其次第为：外天下、外物、外生、朝彻、见独、无古今、入于不死不生。“外”，就是“排除”，忘记世故，忘记外物，忘记生命，达到“朝彻”之境，而见道悟道之后即可无时间、入于不死不生之境界。所以能长生不老、鹤发童颜。“朝彻”即“心境清明洞彻”的境界，如“死生一观”（方生方死，方死方生，即生即死，即死即生）、“物我兼忘”（无物无我，即物即我，物我一体，物我两忘）、“慧照豁然”（以智慧之光照亮黑暗，使道途显豁，物相明白显现），像朝阳初启的状态，就是“见道”，即“见独”。“见独”即“见道”。这个“道”，庄子述为“杀生者不死，生生者不生。其为物，无不将也，无不迎也；无不毁也，无不成也。其名为撄宁”。道生物，道也灭物，而道本身不生不灭。“道”之于物，无不送走，无不迎来，来去自由；来则照之透彻，去则任其自去，心自为心，微波不兴；“道”的功能，既毁灭一切，也成就一切。庄子称之为“撄宁”，也就是于扰乱中保持安宁。“道”，其状态为“朝彻”，其功能是“撄宁”。无死无生、无物无我，一体观照，如初日豁然。这是状态。在这个状态中，无关系、无因果、无动荡、无尘杂，也就是佛禅所谓的“净”且“静”。所以在其所发挥的作用上，就可以于扰乱中保持安宁。观之世事，纷扰无极，有相有别，有我有他，有心有物，有得有失，动荡难安，心绪不宁，杂乱无章，纠结纠缠，轮回不休，这些都是世人烦恼之源。若真能于扰乱之世事中持守安宁，解脱烦恼，就必须“无外”“无生”“无事”“无我”“无心”——“无”，就是排除各种干扰自己本性、本相的东西，达到清洁干净幽雅清静的境界，就是“独”的方法。

“修道”的第二种方法是“一”。“一”者，一死生，一内外，一时空，一人物，一心物，总之，所有分裂的、矛盾的、对立的、二元的，统统“一之”——把它们统一起来，同一成一个整体，就是“不二一体”的“圆融混沌”的那个“道体”。世事纷扰无极，千头万绪。世人熙熙攘攘，潮涌潮生。喜乐无度无端，生死多恐多惧。各种对立、矛盾产生痛苦，而对立矛盾并非世界的本相：一切二元对立都是相对的，相对的就不是实际存在的本来样子。所以，如果我们能够放弃相对性的差异，认识到世界“不二一体”的本相，把复杂的对立矛盾看成“一”，而这个“一”的过程和结果就是“无”——取消了对立与矛盾——返动为静，归有于无。此时，为何物烦恼？没有对象了；还有一个“谁”在烦恼？没有主体了。总之，“独”“一”，都是“道”，都是修道之心法、修行之大要。“见独”与“圆一”之“太极”道，都是切实可行、效果显著的修道心法。

佛家谈缘起性空，承认世事世人与世间烦恼，强调烦恼之源起，为“缘”，为关系。“缘起”导致人、物、事皆无定性、处于生死轮回之中而永无休歇。而“性空”无定性、无固定状态，把握不住，所以不执不住。它“无相”（没有形象表现）、“无我”（没有自我的欲望、执着）以至于“无念”（没有念头、判断）。这个不可把握之对象的属性，就是“空”。佛家缘起性空，求净求静，于心中放下世间万物。而道家“朝彻”“撄宁”，“见道”“见独”，一万物、去相对。道者积极，佛者消极；道者身，佛者心。然而它们的目的却同是“去烦恼”，求解脱，得自由，入涅槃。“空”即“道”，即“性”，即“心”，即“佛”，即“仙”，即“禅”。而无论道之“撄宁”或佛之“禅境”，均尊重世间的物性活动，尊重在世间之内超越。立身于世间，立心于对境而无对境：于入世间，于具体间，于事实间，于生于死间，于时空间，于矛盾纠葛间，而能持守本真之心之性，超越于因缘运转，求得人之生之独立自主、自由自在。此即于世间拿捏稳准，不入不出，即入即出，出入自在。修道“心法”，就是一句“无他无异无二无差”。在现象层面表现为：无个体，无分别，无动静，无有无无，即有即无。在心理层面表现为：无是无非，即是即非，即无判断。千差万别，波浪滔天，这是现象，是心之“表”“末”；唯一混沌，沉静固圆，这是本质，是心之“里”“本”。如果真能由表及里，舍末返本，就是成佛、了道、登仙了。道法自然，自然即本然，圆融混一，澄明通透——本来如此，何劳对境双举，以我度物而生烦恼！

2. 修行

无大无小之分，相对者即是假。大小的相对，只不过是受制于认识的局限性造成的，都是由于我们的主观使然，是对自然的割裂。这种割裂的状态，是人们生存之所依，也是生命之牢笼。同样道理，没有无限，也没有有限；没有生和死，没有梦境和现实。一切都是虚相，甚至连“无”也没有，所以没有任何外物的束缚，能够自由自在。这就是自然。道法自然，道即是自然。如果能自然而然、顺其自然，是其所是，非其所非，不要做是非判断，只是沉浸于生活的当下，才好。所以，如果能够去除主观，远离主观认识的谬误，摆脱认识的局限，就是回到自然。没有了这些局限，人们生存于无所依无所待之境中，即可自在逍遥。“逍遥”，即是“游”。如何才是“游”的状态？我与外物没有区别、没有界限，没有主观和客观，没有别人和自己，没有欲望和对象，总之，万物总是一体，在这种大道自然的状态中，人就可以时空束缚，随心所欲，无所拘泥，遨游于天地间。在实践行为领域，无大无小无相对，不受制于大小相对性的约束，小则小之，大则大之，能大能小，能进能退，适可而用，量材而用。不要掺杂太多的人为因素，顺从天地时势、运势而为。

“相对”，是主观的相对，为非，为假相。世界本相，浑然一体，本无分裂、分立与区别。人自无限中划出有限，自他人中找到自我，从无时空中划出时空，以此为自己画地为牢，以为得计。人有国有家有自我，以此获得自我之认识。这都是主观之所为，而主观之所为，必因限于自我之有限而成绝对错误之认识。人反而以为真理！庄子说，人“闻人籁而未闻地籁，闻地籁而未闻天籁”。“人籁”，指的是由人之主体的感情所生发出来的。宇宙世界，本来是“大”“全”“周”“备”的。而“人籁”，一定会使五音不全，万物割裂。“朝三”与“暮四”本无别，是人自己赋予它一个区别。昭文善于鼓琴，却因其善于鼓琴而五音为之不全。人们雕刻出来的雕像，虽然成一形像却失去了更多的东西。人的言语也是这样。本来一体的宇宙天籁，由主观意志裁剪为若干支离破碎之物，削足适履，成就人们的正误是非判断。况且，语言的能力极其有限，语言不仅是模糊的，而且是抽象的，不可能一一对应于事物。语言对情感、情绪的表达尤为艰难，所以，语言总是有很多不能表达的。只有那种模糊性的语言，如诗，才能因其模糊性的语用，才能更好地表达。所以，善辩的人，一定要争论个是非短长，而争论的结论，并非自然的真相，而是对自然的主观判断与设定，所以，即使你胜了也是错误的，所以庄子说“辩无胜”。知“道”即“不知道”，不知为真知。所谓“知”，就是“误”。“强不知以为知”，这就是“知之为不知”的意思。“格物致知”，以“知”为“知”，却不知道“知”并非“真知”。以知为囚，多么危险！万物的存在，标准不一，人为标准不是绝对标准，以人的主观来臆断物，岂非夜郎自大、坐井观天而曲解自然之道?！自然之“天籁”本无哀乐，“人籁”以喜怒哀乐的立场狭隘地框架住“天籁”，这就不是自然的本体状态。天生万物，万物平等，并存并生而互不妨碍、互不相害。人有“欲望”，故有“自我”，故有“他我对立”，故自己与他人的矛盾，有对他者的排斥。人有身体，亦有意识，身体不可自主，而是以意识为主。以“心”体悟自然，即可回归正道。实际上，心即是道，即是性，即是自然。所以“人为”的、语言的、判断的，都是对自然大道的伤害、曲解、相对化。再说“判断”，是依托语言符号的判断。名称概念，并非天然本身，而是人的命名。命名时，我们说天为“天”就有了今天我们语言中的“天”，而当时若称“天”为“地”，那么今天我们语言中的“地”就是“天”了。命名是随意的、偶然的、约定俗成的。所以，语言判断中的概念，因为名词的符号性、抽象性，并不是物之本体。语言指涉愈远，愈非真相。语言因其抽象性、经济性（用最少的文字代指尽可能多的对象内容）原则，而离本来之相愈来愈远。所以，用语言符号来判断，能不产生错谬吗？比如，是是非非，标准为何？什么是“是”？什么是“非”？怎样才能分别？我认为“是”，你却认为“非”，相反亦如是。所以老子说，“大道无言，大音希声”。庄子说，“言未曾言”；佛陀说法四十九年，最终也说“未曾说一字”——所谓“言语道断”。上乘境界是：无知无识，是非本非，浑然不觉，无言无断，物我两忘，齐同万物。这也是佛禅的“净”“静”，这才是心之本。归纳一下，即是：无大无小，即小即大；无有无无，即有即无；无是无非，亦是亦非；无出无入，即出即入；无心无物，即习即物；无我无他，即我即他。总是万物一体，万法平等，无时无空，大道归一，道法自然，当下即是。生死本一，肉体非本，唯心非物，大宗为道，大道唯心，师道为宗。老庄之道，解构万相之相对、主体之迷误，穿透一切，平明净洁，入于豁然而浑然之境矣。

所以说，养生处世，本乎一道。我是个人的存在，社会是群体的存在。把自己的养生之道，推衍而至于社会群体相处，同样适用，其法术道德，完全一致。

对自己而言，无知无识，顺乎自然之变。自然，就是天生、本来，不能以主观逆之。是其所是（认可、承认、顺从自然规律），安于现状。摈弃主观观念，本于大道精神而行。生于应生之时，死于应死之境，安心适时，顺应变化，自然而然，无悲无伤。“不以物喜，不以己悲”；物是使人束缚于外者的东西，能够去除物欲而存在，是自由自在之本。物欲恰如牢笼，笼中之富裕安康，远不如笼外的自由逍遥。去除物欲而宗法精神，返归自由，这就是养生的根本。“以有间入无间”，就可以无阻无害而游刃有余。“薪尽火传”，薪之为物，必无；道之之为道，却可以永久流传。养生，不是养形体而是养精神。形体可死可腐，而神道不灭。养生的关键在于体道、悟道、行道、宏道。与道同体，就能游弋万物，出入于空隙之间，以“大道”运作世界万物，霍然若无，上善若水，避实就虚，浑然两忘，自然而成。心神意会，从道而行。安处当下，适时任命。遇水不冷，遇火不热，处处无碍，如影若风。为善无名，为恶勿惊。摈弃荣辱，保养身心。精神逍遥，重于生身。养生，就是养神。

对社会而言，君臣必保持距离，进退必留有余地，凡事做到有分寸、有度量。然而最重要的，是不求名利，与世无争，以期明哲保身。忘掉心智之机巧，保护心智之空灵，感应万物，与自然相接相应，以“心斋”的方式体验自我、自性、大道、本相，并用以指导自己的行动。不为公，不为己，不为名，不为利，感人化物，心静以净，就不会纠结成败，食睡不宁，焦心如焚，急欲饮冰。庄子说，天有大法，曰“命”与“义”。父母君臣，心之所系。唯行大法，行所能行，尽力而为，倒不必计论功过。勿以螳臂挡车，行为过分；也不要如槁木死灰，不精不进。与人委婉相处，与人群志同道合；做事就事论事，导引向善，化解危机而寻找生机，就可以有所成就。对于恶人坏事，不要强求，不要执念，顺其性情，不拂不逆，指摘抱怨，必生祸端。保智养慧，不争不论，这就是养生善生。面对强要者要示弱，背对剑锋而行动，以柔克刚，因势利导，百川归海，万线一宗，自然而然。

从价值论上看，无用而用，功成身退，才是长养之道。譬如无用不祥的，丑陋无形的，畸弱贫穷的，都能得以保养而能长寿。智者不计较残缺丑陋，出入进退时能把握时机。“世人知有用之用，不知无用之大用。”聪明者大多迷误，智慧者虽愚而智慧。讲“道德”，要求“尊道贵德”：依于大道而立，行动本着美好的德性，就能有所“得”，有所成。依自然之道而行，体大道本一之整体齐同，就是“德”。据庄子的说法，形骸生死，名利竞争，都能弃之身外，则能“德充”。生于自然，死于自然，顺乎自然，德行圆满。生身死尸体都是肉，不同者在乎有无精神。不能以好恶损害自己的德性，不要有过分的感情和意志，而须知“大体同情”——情感是宇宙通同融贯的。本着这个大道而养生，就是“大宗师”。对于他而言，体道则遨游天地之间，得道则与天地融为一体。何谓“真人”？不以力量弱小为逆，不因为有所成就而扬扬自得，不冷漠地对待别人。有了过错不是后悔而是善于反思反省，做事恰当却并不骄矜自满。这样，修行的结果就是登高不栗，入水不濡，入火不热，其寝不梦，其觉无忧，其食不甘，其息深深。不因生而高兴异常，不因死而悲伤无度；能出世有成就不会欣喜过度，若世道不佳隐居世外也不拒绝。翛然而往，翛然而来，没有时空的限制。不忘其所始，不求其所终，善始善终，终始如一。受到“道”的恩惠而喜，忘记了就把它找回来，这就是“不以心捐道，不以人助天”。心灵不动不移，容止不动声色，鼻息轻微若闭，表情凄然似秋、煖然似春，喜怒通四时，适应于自然万物所应有的样子而并没有主观的意志或做作。

顺于天时地利，顺乎情感情势，一个“顺”字，道尽古典智慧。死与生、夜与旦，都是自然现象。善生者，乃所以善死也。有所得、有所不得，都是人之常情。“相濡以沫，不如相忘于江湖”，能够互帮互助固然是道德仁义之举，但不如各有所得、各尽基宜，自我圆满、自我适宜来得更为理性。与其誉尧而非桀，不如两忘而化其道，赞誉与非议，都没有意义，倒不如忘其好坏，而思考结晶其中的“道”。藏舟于壑，藏山于泽，藏小大有宜，但仍然可能会被偷盗。如果藏天下于天下，就不会失去，这是自然界的“大情”。个人所有之物，早晚会失去，包括生命与身体；而一无所有，天下皆是我的天下，即能无所不有。“有”，意味着最大的“失”，真正有智慧的人，不滞于物、不执着物，而能逍遥于物，所以才能常相保有而无所失去。譬如圣人用兵，灭亡人家的国家却能不失人心，是上上之策；行政利泽施乎万世，却不是因为爱民，这是大爱。所以，顺乎天物之情势，才是圣人；不是小亲小爱的仁义而是大道的德性，才是圣人；利害相通才是君子；适人之适，适天之适，适己之适，才是大智慧。古之真人，神情嵬峨而不矜持；有所不足也不有所求；态度安闲自然、特立超群而不执着顽固；襟怀宽阔虚空而不浮华；怡然欣喜似不得已；容颜和悦，德性宽和，人乐归依；气度博大，高放自得，无有限制，绵邈深远好像喜欢封闭自己，心不在焉若忘其言。所以，他喜欢的与不喜欢的，都是“一”而无差别；他认为的“差异”与“相同”，也是“一”而无差别。他的“一”是“一”，“不一”也是“一”。当他从“天道”的角度看问题，就是“一”；当他从“人道”的角度看问题，世界社会就会呈现出千差万别。能够认识到这个道理，应该“一”的时候就是超越，不应该“一”的时候就乐于当下的状态。安命乐世，以道为友，无心而为，无生无灭。不以聪明自持，不以形体为念，弃绝自我，坐忘于当下，完全融入生活细节当中，应因顺道。这就是“真人”。

所以说，于自然，顺乎自然，天人合一；于人间，非仁非义，相忘江湖；于自我，德充人间，超越世间。于行为方式，无言无声，大音稀声，做到沉默是金，内涵内敛。无大无小，无长与短，观点不同，迥然相判，无判莫断，不要主观。生死何在？人鬼何异？人寿长短？相对而然罢了。综合起来看，我佛慈悲，老庄萧淡，道佛无异，道德超然。都认为世界均质，不二一体，无分别无判断，混沌澄明、圆融浑然。以入以出，当入则入，当出则出。用心可多可少，用情宜浓宜淡。只要顺乎本心，当下便是自然。

3. 修仙

中国传统文化基本的理念是：宇宙万物，圆融浑一；万法平等，相对而立；无分无异，无我无相，无念无住，无执无放；故勿以主观判断，勿以能动左右，有所不为，无为而为。这就是“道法自然”，就是羽化则登仙的境界。“仙”，是对做人的一种理想状态的描绘，也就是合乎大道地做人的表达。

如，为人须虚藏如镜。应当本诸自然混沌之本，而行虚藏如镜之实。不要为了名利而孜孜以求，不要用太多的策略谋划事情，不要被事务性的繁杂拖累住自己，也不要成为自己意志和知识的奴隶。应该体悟到无穷广大的道境，应用变化于无有穷尽的高明博大之中，而逍遥游于无物无我的原始境界；承受自然本性，没有主观知见，没有任何得失，心境清虚淡泊，忘却自我而已。“至人”用心若镜，空明而照；对外物他人，如镜子照物之影，不阻挠，也不迎接，来者就照，去者不留，听之任之，应而不藏。这样，为虚为藏（自己就是集纳一切的大道，心量广大，能够保有一切），虚己无为（自己的心胸因为博大而虚心如壑，无为而为），以虚而藏（因为虚心博大而能够包容），不为人所测（不会被别人臆测和控制），虚己而顺应（因为虚心如壑而真正能顺应情势），胜物而不伤（在与外界环境产生矛盾和逆境时不受伤害）。这样，心胸舒泰，纯真质朴；去谋离智，任顺自然；自然而然，化贷万物，与万物同体同情而不独立于自然之外，不堕入物我两分之“困境”，而入于物我两忘之“至境”。

如，在社会上安化悠游——安静、安定、悠然、逍遥而至于“化境”。其卧徐徐（睡觉休息时宽缓安闲）；其觉于于（清醒觉悟时优游自得）；任人“一以己为马，一以己为牛；其知情信，其德甚真，而未始入于非人”（人们的智能能够任率自得，情感因此无须矫饰。这种不受任何一定道德标准约束的抽象道德，是最纯真的。忘情于物与我的自在精神状态，一切都无区别。意思是是牛可，是马亦可，作什么是非判断。只要情真德善，就可成为真正的自己）。浑同自然，毫无物累，也不受他人的毁誉左右，也不受体制的评判与得失之累，“无物”“无名”“无功利”，就是未始陷入于物之中，是真自由、真自在。

如，与道神游无害。至人神矣！大泽焚而不能热；河汉冱而不能寒；疾雷破山，飘风振海而不能惊。若然者，乘云气，骑日月，而游乎四海之外；死生无变于己，而况利害之端？游于阴阳之间，与造物者为朋友。他们可以“乘夫莽眇之鸟，以出六极之外，而游无何有之乡，以处圹埌之野”。他们心境寂寞恬淡，“游心于淡，合气于漠（游心神于恬淡之域，合形气于寂寞之乡），顺物自然而无容私焉”。当然，能够如此无损无害的，唯有心灵。心灵非物质性形体，神游宇宙内外，上天入地，无所畏惧，无所不能。如果经过潜修，消除了肉体的拖累，或把肉体与心灵融合到心灵之中，就会无害了。这是由人而成神仙的必经途径。

如，在政治治理上游心自然而无为。顺乎民情，行不言之教，听任人之所为，不治为治，无为而为。敏捷果断地做事，鉴物洞彻、疏通明敏地做人，孜孜不倦地学道，因为过多地强调人为的技艺策略，使自己身体健康受损伤，使心灵受惊吓，都是多余的、愚蠢的。好的管理者、统治者，若功盖天下而好像天下事与自己无关，恩泽化育施予万物而不恃功自傲；顺应事物、社会的自然状态，不要人为地过多干预；心境清静幽隐，似乎深不可测，真正游弋于无有、游心于自然无为之境地，就是神仙。

如，心口无是非利害。《列子·仲尼》载："子列子学也，三年之后，心不敢念是非，口不敢言利害，始得老商一眄而已。五年之后，心更念是非，口更言利害，老商始一解颜而笑。七年之后，从心之所念，更无是非；从口之所言，更无利害。夫子始一引吾并席而坐。九年之后，横心之所念，横口之所言，亦不知我之是非利害欤，亦不知彼之是非利害欤，外内进矣。而后眼如耳，耳如鼻，鼻如口，口无不同。心凝形释，骨肉都融；不觉形之所倚，足之所履，心之所念，言之所藏。如斯而已。则理无所隐矣。"这又是几上不同进阶的"境界"：一则不敢言是非利害，二则于悟后再言是非利害，三则从心所欲而无是非无利害，四则外、内、口、心、人、我均无利害。无是非利害，真正是最高境界。

壶子有三境。一者"杜德机"，如死灰、如止水静。非静非动，块然若土，心境寂静，犹大地寂然，萌茫蒙昧，不震不止，体征和神情寂然，而生命自在运行并未停息。杜塞生机，犹如死气，这是"死寂"的静深不测之境。二者"善者机"，如天壤、如流水动。闭塞中稍露动变端倪，不为名声和实利所动，不能进入到内心，而机发于踵，一线生机从脚跟生起。按，呼吸从脚跟而起为佛教心法内功即"须陀洹"（"名为入流，而无所入。不入色声香味触法"）。出入自在，这是"生机"。三者"衡气机"，非静非动，变化不定，精神恍惚，无得无相。虚心凝寂，动静无别，阴阳之气均衡而又和谐，变化无方。这是"冲淡"。四者无形无相，万象俱空。无所执着，无所表示，随顺应变，捉摸不定。如草遇风披靡，一无所恃。如水随波逐流，一无所滞。如是无所执着，随顺应变也。这是"空无"。列子到了什么境界呢？他更高一层：忘其贵贱，无矜张意，万物平等，于事无亲疏偏私，遂雕琢复朴，返归于道，块然独以其形立。离却世间纷扰，持守大道本真。终身如此。回归平常心态，是其所是，随顺当下，无我无相，无判无断也。这是“禅境”。

这就是中国古典智慧的修行之路。人，要达到一个很高的境界，如君子、神仙、佛菩萨等，必须先修大道，再应用于实践行为中修持，然后才能进阶到修仙的高度。至若大道至朴，圆融混一，天人合一，人我无分，心身不二，骨肉交融，去滞累而升腾，实在是庄禅道佛共通之大道。这些智慧，想说明白却很不容易，世人也可能因为这些东西迷离恍惚以为无用、以为迷信。精道明体，定有大用。当然，有用无用，本无绝对，由于根器高低，取舍由己而已。